エストニア
ガルオヴ川
第5章
モスクワ
オカ川
キエフ
ベラルーシ
ワルシャワ
ポーランド
第1章・第2章
キエフ
ロヴァキア
ドニエストル川
ドニエプル川
ウラル川
ハンガリー
モルドヴァ
ドン川
ウクライナ
ヴォルガ川
ルーマニア
第3章・第4章
ドナウ川
ブカレスト
第6章
ロシア
ソフィア
ブルガリア
黒海
グルジア
イスタンブル
トビリシ
ギリシャ
アルメニア
アンカラ
エレヴァン
アゼルバイジャン
アテネ
トルコ
シリア
イラク
地中海
レバノン
ベイルート
ダマスカス
バグダード
イスラエル
エルサレム
アンマン
ティグリス川
ユーフラテス川
カイロ
ヨルダン
エジプト
サウジアラビア

スラブ・ユーラシア叢書

多様性と可能性のコーカサス

――民族紛争を超えて

前田弘毅［編著］

北海道大学出版会

コーカサスの民族分布

出典：テキサス大学図書館サイトより。
http://www.lib.utexas.edu/maps/commonwealth/ethnocaucasus.jpg

なお，ソ連崩壊後の混乱による住民の移動や行政単位の変化などが十分に反映できなかった部分があることを了承されたい。また，ここで示す集団名はあくまで「言語的な差異」を基準に分類したもので，「〜人」といっても，民族的な集団意識には濃淡があることも付言する。

[コーカサス諸語]

●アブハズ系
- 1 アブハズ人

●チェルケス系
- 2 *A* アディゲ人
- 3 チェルケス人
- 4 カバルダ人

●グルジア系
- 5 *G* グルジア人
- 6 メグレリ人
- 7 スヴァン人

●ダゲスタン系
- 8 アグル人
- 9 アヴァル人
- 10 *D* ダルギ人
- 11 *I* ラク人
- 12 *L* レズギ人
- 13 ルトゥル人
- 14 タバサラン人
- 15 ツァフル人

●ヴァイナフ系
- 16 チェチェン人
- 17 イングーシ人

[インド・ヨーロッパ語]

●アルメニア系
- 18 *a* アルメニア人

●ギリシャ系
- 19 ギリシャ人

●イラン系
- 20 *K* クルド人
- 21 *O* オセット人
- 22 ターレシュ人
- 23 山岳ユダヤ人

●スラヴ系
- 24 *R* ロシア人

[アルタイ語]

●テュルク系
- 25 *Z* アゼルバイジャン人
- 26 バルカル人
- 27 カラチャイ人
- 28 クムク人
- 29 ノガイ人
- 30 *T* トルクメン人

●モンゴル系
- 31 カルムィク人

その他

＊人口過疎地もしくは無人の地域は白色で表した。

カズベク山

カズベク山を望むゲルゲティ聖三位一体教会

そして遠く、彼方には、不均衡な
しかし永遠に誇り高く穏やかな堆積として
山々が連なっていた —— カズベク山は
尖った頂を輝かせていた。
ひそかな心からの悲しみを胸に抱きながら
私は思った、「人間とは惨めなものだ。
何を彼は欲しているのか!・・・空は明るく
その空の下には、すべてのもののために、たくさんの場所がある。
なのに、いたずらに、そしてやむことなく
ただ人間だけが反目しあっている —— なぜだ?」

レールモントフ『ヴァレリク』(一八四〇)

トビリシ旧市街

5,000mを超える峰々が連なるコーカサスは
多くの河川に育まれた植生豊かな土地である一方で
カスピ海からヨーロッパへの
石油・ガスパイプラインの通る要衝でもある。

BTCパイプラインの起点であるサンガチャル基地（アゼルバイジャン）

ダゲスタン・イスラーム界の大立者
サイド=アファンディ・チルケイスキー

世界的に有名なワインやヨーグルト，
多様な宗教，言語，民族。
「豊饒」と「混沌」の地。

ダゲスタンにおけるイスラーム復興のシンボルである
マハチカラの金曜モスク　一四〇〇〇人を収容できる

口絵写真提供：前田弘毅，廣瀬陽子，松里公孝，マゴメド=ラスール・イブラギーモフ

はじめに

本書出版の経緯

泥沼化し、未だ出口のみえないチェチェン紛争、モスクワ劇場占拠事件(二〇〇二年)や、ベスランの学校占拠事件(二〇〇四年)は、ロシア国内のみならず世界中に大きな衝撃を与えました。チェチェン共和国が位置するコーカサス(カフカース)地方は、黒海とカスピ海の間に存在します。ユーラシア大陸の要衝として、古くからの独自の文化を誇る地域ですが、ソ連崩壊以降、民族紛争やエネルギー問題(カスピ海原油・パイプライン)、民主化革命(グルジアのバラ革命)といった国際的な政治問題の震源地としても知られるようになりました。

その一方で、コーカサスは、ソ連時代から、長寿の郷、ワインの故郷、ポリフォニー(多声合唱)や勇壮かつ優美な民俗舞踊など、伝統芸術の宝庫として世界的に知られてきた地域です。ヨーロッパでは、古いキリスト教文化の基層を伝える場所として高い関心が持たれています。わが国でも、近年は、カスピ海ヨーグルトなどの食文化や世界遺産などが次々に紹介されており、少しずつ知名度が上がっています。

紛争の絶えない流血の地と、美男美女の集う桃源郷。コーカサス・イメージの両極端な違いは、何に起因するのでしょうか？　残念ながら、人類史の秘境ともいうべきコーカサスを直接知る機会は、長い間日本ではほとんどありませんでした。これにチャレンジしたのが、北海道大学スラブ研究センター公開講座(二〇〇六年度)です。

日本全国から現地の問題に精通する若手を中心とする専門家が集結し、日本で初めて、このコーカサスの歴史と文化に焦点を当て、連続講義が行われました。会場は未知の地域に関する知識を吸収しようとする受講者の熱気に包まれ、講演者もそれにつられてボルテージを上げていきました。本書は、この公開講座の記録をベースにして構成されています。

実は、コーカサスの長い歴史を特徴づけるのは、有史以来、巨大な国家や文明体にのみ込まれることなく、言語や文化の多様性を保ってきたという特異な背景にあります。文明の十字路に位置する一方、コーカサス山脈という自然障壁に守られたコーカサスの人々は、内側では多様な言語・宗教に基づく共生の文化を築き、周辺世界ではマイノリティとしてのネットワークを生かして独自の地位を確保してきました。植生の多様性(りんごやぶどうの原産地)や人間文化の多様性(民族・言語のるつぼ)は、豊かな文化資源の供給地として、時代を先取りしたコーカサスの魅力を私たちに伝えるのです。

他方、本書でも繰り返し述べられるように、コーカサスは、近代化とグローバル化の中で、強制移住、民族浄化などの悲劇が繰り返された場所でもあります。したがって、コーカサスについて考えることは、中東・ロシア・ヨーロッパやアメリカの知られざる側面と、現代世界の持つ構造的な欠陥について観察することにもつながるでしょう。

本書の構成

人類社会の多様性を一カ所に凝縮したかのようなコーカサスについて、そのすべてを七章で切り取ることは容易ではありません。そこで、本書では、一つの大きなテーマを設定し、その上で三部構成として二章ずつ配置しました。大きなテーマとは、ユーラシアの結節点としてのコーカサスの地政学的環境に配慮して、周辺諸地域との政治・経済・文化の相互関係を特に念頭に置いて、コーカサスという地域を観察することです。

本文中でも繰り返し述べられるように、この小さな地域について、驚くほどさまざまなレッテル貼りやステレオタイプづけが行われてきました。それは、いささか逆説的ですが、この地域が、周辺の大きな文明や帝国に「組み込まれない」辺境に位置してきたからなのです。西欧やロシアの文献では、「文明の外に位置する」コーカサスの特異性が強調されてきました。私たちも無意識のうちに、そうした言説に影響されてきたといえます。さらに、コーカサスの人々も自らの独自性をしばしば強調します。

本書ではあえて異なるアプローチでこのコーカサスという未知の地域を探索してみたいと思います。何らかの固定観念で想像された「コーカサス」という地域を自明のものとせず、周辺世界との関係性において観察するのです。こうした隣接諸地域との関連性においてコーカサスという地域を相対的に浮かび上がらせる作業は、これまで軽視されがちでした。しかし、この作業を通して、周辺地域との相違が明らかになって初めて、地域の独自の特徴が浮かび上がると考えられます。そして、より広い文脈でユーラシア世界におけるコーカサスの位置を捉えることも可能になるのです。編者は、こうした視点は、「他者へのまなざし」を相対化しつつ地域を認識するという意味において、日本研究も含めてあらゆる「異国研究」に応用できるのではないかと考えています。

本書では、まず前田による序章「コーカサス史の読み方」において、コーカサスという地域の読み込みに関する試論が提示されます。コーカサスの歴史を考えるときに何より興味深いのは、そこが辺境であるがゆえに、常に世界の抱えるヒズミを露呈させる・ないし反射させるということにあります。結果として、この小さな地域の住民は、一九世紀にはロシア帝国やオスマン帝国といった当代一流の「文明国」による数十万単位の強制移住や虐殺の犠牲者になりました。コーカサスは、また、現代ではソ連崩壊前後の民族紛争の嵐に見舞われたり、アメリカによる対テロ・民主化作戦の最前線となっています。

　また、コーカサスは長い歴史の中で、世界史を動かす重要人物を輩出したことでも広く知られています。時には、グルジア出身のスターリン(本名イオセブ・ジュガシュヴィリ、一八七九〜一九五三)のように、周辺国の指導者の地位に登りつめたコーカサス出身者が、コーカサスの強制的な秩序づけ(当然多大の犠牲を伴う)を行う場合もありました。このように、矛盾に満ちたコーカサスの歴史は、多くの教訓を私たちに与えるのです。序章では、こうした複雑な歴史の背景として、諸世界の周縁たるコーカサスの位置づけを読み取り、世界情勢と連動するその具体的な姿を素描します。

　続く第一部「カスピ海研究の可能性」には、近年エネルギー供給の動脈として経済的にも脚光を浴びるカスピ海研究の観点からコーカサスに注目した二つの論文が収録されています。コーカサスの位置については、ロシアとの報道では「北」、ヨーロッパや黒海沿岸諸国との結びつきでは「西」との関係が注目されます。しかし、現在では注意をあまり払われない「東」や「南」との関係こそ、歴史的にはより重要でした。二つの論文は、バランスよく地域を観察しており、このことを私たちに実感させます。宇山論文は、中央アジアとコーカサスの交流史を豊富な歴史エピソードを交えて描いています。ユーラシア大陸の要衝として発展してきた両地域は、遊牧文化やペルシア語文化など、共通の文化基盤を多く有してきました。さらに、帝政ロシアの時代にも、商機をうかがって進出するアルメニア人やイスラーム教徒の世界的なネットワークの拡大などを通して、相互に深く結びついていたのです。筆者は、安易に両地域をひとまとめとせず、むしろ違いを強調しています。その一方、カザフスタンのオイルマネーが現在グルジアに流入しているエピソードなどから、時代によって変容しながらも絶え間ない両者の交流を読み取ることができます。

　廣瀬論文は、カスピ海をめぐる国際的環境を、コーカサス側に特に目を配りながら、丁寧に説明します。筆者の十八番ともいえる国際関係はもちろんのこと、カスピ海の法的地位をめぐる隣接諸国の利害問題など、記述には現地の情勢にも細かい配慮がなされています。筆者が指摘するように、民族対立の根は深いのですが、一見すると世界的な対立と争いの渦に巻き込まれてばかりいるようにみえるコーカサス諸国家が、実際にはデリケートな国際秩序の中で、時にはしたたかに立ち回っている姿も観察することができるでしょう。

ユーラシア大陸を東西に結ぶ経路としてカスピ海沿岸地域の役割は今後も一層増していくに違いありません。一般に、中央アジアはロシアや中国の「裏庭」として捉えられ、コーカサスはヨーロッパにひきつけて考えられる場合も多いのですが、両者の知られざる交流は今後も大いに注意を払われるべきテーマです。文化交流史と国際関係論という異なるアプローチをとりながらも、その「地政学的位置」を具体的に理解させるこの二つの章は、ユーラシア地図に対する新たなまなざしを提示するものです。

第二部「コーカサスはイスラーム・テロリズムの温床か？」に収録された北川論文と松里論文は、チェチェンとダゲスタンという北東コーカサスに位置する二つの共和国をそれぞれ扱っています。両論文は、切り口は大きく異なりながらも、ロシアとコーカサス・イスラームの関係について、われわれの常識に挑戦するものです。

通常、チェチェン紛争をめぐっては、チェチェン民族とロシア民族の数百年の怨念の歴史とか、イスラーム教とキリスト教の文明の対立など、大上段の議論が大手を振って通っています。しかし、北川論文は、現在のチェチェン紛争の成り立ちをあくまでペレストロイカ以降のロシア政治の展開と結びつけ、わかりやすく解説します。さらに、特にチェチェンの野戦軍司令官に注目することで興味深い結論を導いています。

北川論文の前提として、次の点を指摘しておきたいと思います。チェチェンの政治勢力については、独立問題の際にロシアへの軍事的手段行使に対する態度と、宗教への態度をめぐって、あくまで試論ですが、四つの分類が可能であると思われます。それぞれ代表的な人物の名前を挙げて記せば、軍事・世俗派（マスハドフ）、軍事・

「広域」イスラーム派（バサエフ）、非軍事・「ローカル」イスラーム派（カドィロフ）、非軍事・世俗派（アルサノフ）に分けて考えることができるのではないでしょうか。なお、非軍事はもちろんロシアからの独立をめぐるスタンスの問題であり、軍事的手段の軽視では決してないし、イスラーム派も政治的な主張の問題で、個々人の信仰的態度について述べているわけでは決してありません。

北川論文は、純粋に軍事指揮官に注目することで、ソ連体制下で育った軍事・世俗派エリートの強硬路線が行き詰まる経緯を鮮明に描き出しています。そして、そこにいわゆる西欧とロシアの「独立派」への態度の違いも読み取ることができるのではないでしょうか。ロシアは好むと好まざるとにかかわらず、公式には自国民の一割を占めるイスラーム教徒の「イスラーム性」を擁護せざるを得ません。それが、むしろチェチェンやダゲスタンのローカル政治におけるイスラーム（を政治的資源とする）勢力が幅を利かせている一因であるように思えますが、一方でイスラームの政治性を警戒する西欧とのギャップにもつながっています。対照的に、西欧が時に親近感を示してきた世俗的な民族主義者は、モスクワ中央によって徹底的に押さえ込まれてしまいました。ソ連軍の将軍と大佐を初代・二代大統領に選んだチェチェン情勢の悲劇的展開は、一般に喧伝されるイスラームの脅威や対テロ戦争という大国の政治的言辞とはかけ離れたコーカサス情勢の複雑さを物語っています。

続く松里論文は、チェチェンの隣に位置し、カスピ海にも面するダゲスタンのイスラーム社会を論じます。現地での豊富なインタビューの成果を踏まえ、「イスラーム政治」の虚と実に切り込み、読み応えのある論文です。コーカサスの中でもとりわけ民族構成が複雑で分かりにくいダゲスタンですが、その民族地理を説明しながら、イスラームというファクターが単なる個人の信仰心の問題を超えて、世俗政治に密接に結びつき、あるいは世俗政治の影響を受けているか、詳細に論じています。これは、いわば「生活としてのイスラーム」ともいえると思いますが、とかく宗教と世俗を切り離して考えがちな日本人が見すごすことが多い点ではないでしょうか。

論文はいささか議論が専門的なので、前提を少しここで解説しましょう。ソ連崩壊後、各地でイスラーム復興がなされました。ダゲスタンでは、スーフィズムという、集団で祈禱行事を行う組織が伝統的に発達していたのですが、これを復活させようという動きが現れ、他方では、イスラーム世界で近年強まっている潮流の一つであるサラフィズムという、預言者ムハンマドの時代に戻ろうとするより先祖返り的な動きの輸入の二つが顕著になりました。後者(サラフィズム)は、ロシア国内ではいわゆる「イスラーム原理主義」を意味する「ワッハーブ主義」という名前でレッテルを貼って呼ばれることが多く、外国からの危険思想の輸入として大いに警戒されています。注目を浴びたチェチェンに比べると、ダゲスタンの宗教事情は世界でもほとんど知られていないだけに、本章の記述はたいへん貴重なものです。

この二つの論文もまた、それぞれ一見全く異なった切り口を採用しながら、北東コーカサスの二つの地域の極めて対照的な運命を鮮やかに浮かび上がらせています。ソ連崩壊の混乱の中、ロシア中央の政争とも絡んで指導部を一新したチェチェンは、やがてモスクワとの対立を辞さずに独立への道を突き進みました。一方、ソ連以来の指導部が温存されたダゲスタンは、むしろ内部の微妙な対抗関係を維持して安定を保ったのです。一般に山岳民・イスラーム戦士のイメージが強調されるチェチェン人ですが、ソ連期に石油産業が栄えたコーカサス随一の工業都市グロズヌイを擁していた点を忘れてはなりません。ソ連期にも比較的伝統的社会を保存したダゲスタンでは、イスラーム復興の一方、曲がりなりにも平和が続き、むしろ強制移住や産業発展などソ連の近代化の波に強烈にさらされてきたチェチェンで紛争が発生しました。さらに、宗教意識そのものと、その政治的な利用はあくまで「ローカル」な条件を考慮しなければならないことも両地域を比較するとよく理解できます。(おそらくある種の意図も含めて)一般に一様なイメージで捉えられがちなイスラーム教徒社会は、隣接する北コーカサスの二つの地域でもかくのごとく異なっているのです。

続いて、第三部「美的表象とコーカサス社会」には、それぞれロシア文学とトルコ民俗舞踊の中に投影されるコーカサスの人々を主題とする中村論文と松本論文が収録されています。

まず、中村論文は、ロシア人がみたコーカサス・イメージを中心に扱っています。そこには、私たちが今日一般に抱くステレオタイプを形作ったロシアのコーカサスに対する見方が、国民詩人プーシキンの例などから詳細に説明されます。詩人は、コーカサスを訪れることでそのインスピレーションを啓《ひら》くのですが、それは、現代にまでつながる悲劇的な二分法の始まりでもありました。コーカサスを自己の外部に位置づけるロシアの態度は、コーカサスの脅威が強調されるたびに再生産され、現在まで大きな影響を与えています。一方、少数ながら、自立した対等な異者としてコーカサスを捉える見方も存在してきました。筆者はそこに未来につながる希望を見出しています。

松本論文は、舞踊を切り口に民族アイデンティティの諸相を論じており、オリジナリティの極めて高い論考です。トルコでの豊富な現地体験を踏まえながら、コーカサスの文化的象徴として諸外国でも親しまれている民俗舞踊をめぐって、トルコ現代史の裏でさまざまな葛藤があったことを明らかにします。帝国に翻弄された悲運の歴史を持つ一方で、前向きにトルコ社会で生き抜くコーカサス系住民の姿をそこに見出すことができるでしょう。

この二つの論文が鮮やかに描き出すロシアとトルコの対比は、たいへん興味深いものです。一九一七年、ロシア帝国が崩壊しましたが、その後成立したソビエト連邦はその領域の多くを継承しました。そして、コーカサスを支配領域に改めて組み込む中で、民族自治の原則を打ち出し、「民族共和国」を創出していきました。ソ連は「少数民族」を積極的に認め、これを区分して管理する方向を選んだといえます。

一方、一九二二年にオスマン帝国が消滅した後、アナトリア半島部分のみに成立したトルコ共和国は、「民族」ではなく、トルコ国民としての一体性を強調する道を選びました。国家を構成する国民と、国民を成り立たせる民族の矛盾に満ちた関係は、近代社会において世界各地で観察される現象ですが、ロシアがエスニシティ(民族的帰属)をよりはっきりさせる方向をとったのに対し、国の規模が極端に収縮し、列強の草刈場にもなったトルコにはその余裕がなかったともいえます。

このように、両国は「民族」の扱いについて対照的な手法を採用しました。ロシアは自治を与えた点については寛容ともいえるし、民族芸術は様式化されて世界の聴衆を魅了する美しいものに昇華されましたが、民族アイデンティティを「国営」のものとして押し付けたり、「他者」としてのコーカサス人に対する見方を現代にまで残してしまった点に禍根を残しました。一方、民族を否定し、「トルコ国民」を一様に強制したトルコにおいては周知のようにクルド問題等の民族問題やアルメニア人虐殺・大追放に関する歴史の精算などが未解決のままです。他方で、草の根レベルで昔ながらの踊りが残り、自発的な文化保存団体としての「民族」グループ組織が民間団体として発生していきました。このように両国の事例は対照的で極めて興味深いと思われます。すなわち、コーカサスは、トルコやロシアの国と社会のあり方も私たちに教えてくれるのです。

「諸文明の衝突」論を超えて

一時よりは収まったとはいえ、サミュエル・ハンチントンの投げかけた「文明の衝突」という問題意識は、9・11テロ事件やイラク戦争を通じて、われわれの社会の中でより内在的に理解されつつあり、結局は「われわれ/他者」の境界は乖離する一方にみえます。しかし、他者理解に努めなければ、民族にまつわる紛争がなくなることはないでしょう。ますますグローバル化していく高度情報化社会の中で、国家も社会も亀裂が入りやすくなっていますが、問題を投げ出したり、あるいはその負の側面を隠蔽するのではなく、その対応のあり方についてより理解を深める必要があるのではないでしょうか。

コーカサスという小さな地域について考えることで、民族、宗教と国家の関係といった世界の人々が共通に抱えている普遍的な課題が浮き彫りになります。文学と踊りに映るコーカサスは美しく楽しいところですが、同時に、戦争とテロの恐怖におびえるコーカサスは危険に満ちた危ない場所でもあります。しかし、そうした一部を取り出してレッテルを貼るのではなく、等身大の実像としてのコーカサスを知ることこそ、まさにトルコを知り、ロシアを知ることにもつながるのです。中村論文で最後に強調される「他者の声を響かせる」ことができるかどうかに、コーカサスだけではなく地球上のさまざまな地域の将来がかかっているかもしれません。

「秘境」コーカサスとこの地域を取り巻く問題は決してわれわれと無縁のものではありません。むしろ、コーカサスには、既存のロシア研究や中東研究といった「地域割」の研究を乗り越え、新たなユーラシア世界像を構築するためのアイデアやヒントがつまっているのです。本書を通して、読者が新たな知的関心の扉を開くことがあれば、その目的は十分達せられたことになるでしょう。

編　者

目次

序　章　コーカサス史の読み方

――歴史における「辺境」と「中心」

前田弘毅

世界情勢のリトマス試験紙

広大なユーラシア大陸の中で、カスピ海と黒海に挟まれたコーカサス地方は、ほんのわずかな空間を占めるにすぎません。アゼルバイジャンの石油資源は独ソ戦など現代史の中でそれなりに世界的な注目を集めてきたとはいえ、日本とは政治面でも経済面でもこれまでほとんどつながりはありませんでした。ソ連崩壊前後に凄惨を極めたコーカサスにおける民族紛争も、日本ではロシアの片田舎で起こっている、どこか遠い異郷の出来事のように感じた人も多かったのではないでしょうか。さらに残念なことに、近年は特に、モスクワの劇場占拠事件やベスランの学校占拠事件など、流血の惨事ばかりが伝えられ、そうした時も事件が起こった背景について詳しい解説はほとんどなされてきませんでした。

たしかに、コーカサスは地域それ自体として世界情勢に与える意味はさほど大きくないかもしれません。しかし、諸文明の交錯する場、あるいは結節点としてのコーカサスは、歴史的にさまざまな新しい動きの目撃者であり、参加者でもありました。私は、コーカサスを「世界情勢のリトマス試験紙」のような地域と考えています。

この猫の額のような土地でロシア革命に貢献した多くの有力政治家が生まれたり、さかんなイスラーム運動が繰り広げられてきました。すなわち、その当時の世界情勢に大きな影響を与えるような出来事が真っ先に現れたり、顕著な形でみられることがしばしばあるのです。

ロシアにとって北コーカサスの安定は時の政権を左右するような大きな意味を持っていますし、ソ連崩壊後に独立した南コーカサス三国(アゼルバイジャン、アルメニア、グルジア)の動向は、資源問題や世界情勢に絡んで、ユーラシア秩序の今後を考える上でとても重要な位置を占めています。すなわち、コーカサスは、日本が世界の動きを知るために、決して見落としてはならない地域なのです。

興味深いことに、この小さな地域は世界を動かす人物を多数輩出してきました。近現代の政治家ではグルジア人のスターリン、エドアルド・シェヴァルドナゼ（シェワルナゼ、一九二八〜）が有名ですが、ロシアだけではなくエジプトやイラン、イラクなど中東地域の有力指導者を輩出してきた歴史があります。モンゴルの皇帝の親衛隊も北コーカサスからリクルートされました。「ミスター五パーセント」こと石油王カルースト・グルベンキアン（一八六九〜一九五五）やロッキード事件で日本に知られたコーチャン、最近では八九歳にしてＧＭの大株主として注目を集めたラスベガス長者カーコリアンなど経済人ではアルメニア人の強さが特に目立ちます。世界情勢を変えたかどうかはともかく、文化面での貢献も目覚ましいものがあります。世界中の聴衆・観客を魅了するハチャトゥリアン（作曲家、一九〇三〜七八）やヴァレリー・ゲルギエフ（指揮者、一九五三〜）、ニコ・ピロスマニ（画家、一八六二〜一九一八）、ニーナ・アナニアシヴィリ（ニノ・アナニアシュヴィリ、バレエダンサー、一九六三〜）、セルゲイ・パラジャーノフ（映画監督、一九二四〜九〇）らは、皆、コーカサスにルーツを持つ人々なのです。

本章では、コーカサスという地域の持っている歴史地理的特徴を描き出し、コーカサス史から何を私たちが学ぶことができるか考えてみたいと思います。コーカサスは日々変化する世界情勢の鏡であり、この小さな領域には世界の縮図ともいえるさまざまな問題が内包されています。したがって、コーカサス史の特徴とその現代世界における意味について改めて考えることで、日本ではなじみの薄い「世界的な課題」について知ることができるのです。

コーカサスの位置

さて、未知の地域について考える際に、その地理的特徴を理解する必要があります。その意味で、教科書に載っているような地図は私たちの世界の見方、あるいは先入観を形づくります。多くの方は、コーカサスというと、やはり旧ソ連の南部地域を思い浮かべるかもしれません。現在のニュースでも、コーカサスに関する事件は未だにロシア南部という言及がなされることが多いのですが、日本の外務省のホームページでグルジアを調べてみても、ロシアが地図の八割ぐらいを占めて、一番下の南のところに小さくグルジアと書いてある地図が出てきます。未だにソ連時代のモスクワ中心的な見方がなされる傾向は強いといえます。

しかし、現代世界を理解するためにコーカサスに注目するのであれば、まず一番強調すべきなのは、ユーラシア大陸の中央部に存在している地域であるということです(表見返し地図)。例えば、二〇〇三年にバラ革命という政変がグルジアで起こると、アメリカのラムズフェルド国防長官は早速現地を視察しましたが、その足で向かったのは北イラクのキルクークでした。改めて地図を開き、中東からコーカサスを眺めてみれば、その近さに多くの方は驚くでしょう。歴史的にコーカサスは中東との関係が深いのです。グルジアに入っている日本の会社の中にも、アラブ首長国連邦のドバイから出資している場合もあると聞いています。他方、ヨーロッパの主要都市からも数時間のフライトであり、中国やインドにも意外に近いのです。すなわち、東西南北の大きな枠の中で、改めてコーカサスを考え直すことで、私たちのユーラシア地図の見方も変わってくるのです。

コーカサスはその歴史の古さでも知られています。古代オリエント文明を統一して初めての「世界帝国」を築いたアケメネス朝(アカイメネス朝)ペルシアや、ローマ帝国、アッバース朝、モンゴル帝国、ロシア帝国など、ユーラシア大陸の広大な地域を支配した帝国は、いずれもこのコーカサスに進出しています。今日の世界情勢では、アメリカ合衆国による一極支配を強調する見方と、EU(欧州連合)、ロシア、中国など広域文明圏の勢力均衡を重視する見方が並立していると思いますが、超大国アメリカが世界戦略の上でもっとも重要視している地域の一つがコーカサスなのです。

それではなぜ、私たちは、コーカサスをロシアの南の辺境として意識するのでしょうか。それは、名前を挙げた世界帝国の中で、南北コーカサスを完全に自国の版図に組み込んだのが、一九世紀後半のロシア帝国と後継であるソ連だけだからです。もっともその支配も安定感を欠くものでした。コーカサスは常にユーラシアの巨大国家と交渉を持ち、時には征服されながらも、どの国にも完全には組み込まれなかった点において特徴的です。

さらに興味深いことに、ソ連・ロシアを通じて、この地域で噴出した変動が、モスクワ中央の政治情勢にも大きな影響を与えてきました。大文明、大国から離れたところに位置し、独自のスタンスをとりながらも、中心に大きな影響を与える世界的に注目すべき事柄が起こるところ、それがコーカサスです。広大なユーラシアの中で、さまざまな政治的社会的課題が凝縮した地域でもあるために、分かりにくいことも多いのですが、私たちがもっと注意を払うべき地域といえるでしょう。

コーカサスは世界の中心？

コーカサスでは、遠く離れた日本の新聞を賑わせるような出来事がしばしば起こるわけですが、その理由の一つは、コーカサスが常に「辺境性を帯びる位置」にあるからです。近年、日本でも、辺境や周縁、あるいは異境とか異形という言葉が歴史学などで積極的に用いられるようになってきました。これは、周辺をみることで、「中心」についても考えてみようという逆転の発想によるものですが、コーカサスの歴史をみれば、こうした見方の有効性がはっきり示されると思います。

ここでは、簡単に一例としてスターリンを挙げてみましょう。グルジアの田舎から出て世界的な革命家・独裁者となったこの人物については、さまざまな見方が存在しますが、彼の出自がその人生に影響したことは間違いないように思われます。アメリカの著名な歴史学者リーバーが「スターリン、境界地域の男」という論文の中で触れていることですが（論文については本章末の文献目録を参照のこと）、スターリンは実は二七歳までもっぱらグルジア語で文章を書いていました（逆にその後、ロシアの中央部に進出したスターリンはロシア語でしか文章を書かなくなります）。一方、スターリンがソ連共産党中央の権力を掌握する過程で、集権化に激しく抵抗したのがグルジアの共産党でした。後年、このスターリンの母国は、度重なる弾圧により徹底的に服従させられますが、これを主導したのも、スターリンの腹心であったグルジア人のラヴレンティ・ベリア（一八九九〜一九五三）でした（図序-1）。

図序-1　タマズ・ナトロシュヴィリ著『グルジアを覚えていたのだろうか……』
出典：Tamaz Natroshvili, *Akhsovda t'u ara Sak'art'velo*, Tbilisi: Damani, 1994.

民族のるつぼコーカサス出身で、自身民族問題の専門家として活躍したグルジア人スターリン率いるソ連中央に対してもっとも激しく抵抗したのも、また、コーカサスの人々でした。したがって、コーカサスを研究することは、必然的に、この小さな地域に留まらない多様かつ広範囲な論点を追求することになるのです。ここに、コーカサス研究の一つの可能性をみてとることができるでしょう。それでは、具体的にコーカサス地域をどのように捉えることができるでしょうか？

コーカサス史の可能性

初めに触れたように、コーカサスの辺境性の特徴は、さまざまな文明圏や政治勢力の周縁としての特徴が重なり合っている点にあります。例えば、はるか古代世界に遡っても、ギリシア神話でも特に有名な話に、『縛られたプロメテウス』という作品があります。古代ギリシアの三大悲劇詩人アイスキュロス（前五二五〜四五六）作で、主人公のプロメテウスは、神から火を盗んで人類に渡し、そのために神の怒りをかい、峻険な山の中に監禁されます。大鷲に心臓をついばまれるという責め苦にさらされるのですが、この場所がカウカソスの山中すなわちコーカサス山脈です。

二〇世紀最高のソプラノ歌手ともいわれるマリア・カラス（一九二三〜七七）がパゾリーニの映画の中で演じたことでも知られる王女メディアは現在の西グルジアに存在した古代王国コルキスの出身とされています。このほか、女人族アマゾネスの暮らしているアマゾンも、古代ギリシア人の地理感覚では現在の北コーカサス周辺に設定されていました。ギリシア人にとって、黒海の向こう、現在の西グルジアあたりが文明の境で、それより遠くは異境の地だったのでしょう。

実は、プロメテウスの話はイラン起源の神話ともいわれています。そして、舞台であるコーカサスのグルジアにも「アミランダレジャニアニ」という名前でこの話の変形が残り、そこでは、主人公はアミランという名前で呼ばれます。ところが、グルジア語でこの作品が記録されたのは、『縛られたプロメテウス』のはるか後代のことになります。したがって、ギリシアにこの神話が入った経緯や、現地グルジアでの伝承過程など、そのすべてが東西交流史の興味深い対象となるのです。

言語の面からは、こうしたコーカサスの多様性と複雑さをよりはっきり読みとることができます。コーカサスは言語的にもたいへん複雑な地域として知られています。大語族に属さないコーカサス系言語の話者もまた、相互に全く通じないさまざまな言語に分かれています。さらに、インド・ヨーロッパ系、テュルク系といった大語族の話者も、さまざまな系統に分かれます。

一九世紀には、印欧祖語研究という学問がさかんでした。ヨーロッパ人が一九世紀に祖先を学問的に追求する中で、このコーカサスという地域が注目されたのです。それは、ヨーロッパ世界のもっとも近い「異境」としてのコーカサスとその言語が、歴史的な大陸間交流史において、重要な手がかりを与えてくれていたからです。

それではそのコーカサスという社会が、どのような歴史的な経緯を背景としてできあがっていったのか、そのことについて次にみていきたいと思います。

「避難所」としてのコーカサス

歴史的にコーカサスはさまざまな民族の避難所として知られてきました(口絵地図参照)。前近代ユーラシアにおいてさまざまな民族が興亡を繰り返しますが、例えば平原での勢力争いに負けると逃げ込んだのがこのコーカサス地方でした。コーカサスというのはもともとの多民族地域である上に、非常に地形の複雑なところですから、外からもいろいろな人がやってきて定着したわけです。これは、平家の落人部落の規模を壮大にしたような話です。

例えば、第一章の宇山論文でも触れていますが、現在コーカサスの中央部分にオセット人という、イラン系の言語を話す民族が住んでいます。ロシアの著名な指揮者ゲルギエフがこの民族の出身です。彼らの祖先を言語系統からたどると、スキタイやアランといったロシア平原で活躍したイラン系遊牧騎馬民族の言葉の系統を引いているといわれます。ところがスキタイ人がスキタイ人のままコーカサスに残っているわけではありません。ユーラシア大陸を席巻した遊牧民の言葉を継承する人々が、コーカサスに一〇〇〇年以上の永きにわたって暮らしているうちに、習俗が現地化し、現在のオセット人に至ったわけです。

面白いのがコサックの事例です。通例、コサックはロシアの非常に古い気質を残した人々として知られています。コーカサスにはコサックはもう五〇〇年住んでいるのですが、常にロシア帝国のために征服の先頭に立って活動してきたというのが、一般の認識です。コサック自身もそのように自覚しているようです。

ところが『帝国のエッジ（辺境）で』という本でバレットという学者が明らかにしたことは、コーカサスに住み着いたコサックが、服装から何からすっかり現地に同化していたということでした。コサックダンスは膝を使った独特の踊り方で有名ですが、コーカサス舞踊の影響を直接受けています。皮肉なことに、純粋なロシア人とみなされ、本人たちも自認しているコサックは、歴史の実際をみてみると、非常にコーカサス化したロシア人だったわけです。

単に習俗の面だけではなく、歴史学者としてバレットが明らかにしたのは、具体的な利益関係の様相でした。ロシア帝国のコーカサス進出の過程で、コサックは先兵として活躍したというより、むしろ、もともと居住している現地人としてモスクワの政策の被害者にもなったという点を指摘したのです。例えばロシア帝国が山を切り開いてチェチェン人を一層山奥の方に追いやったために、コサックがチェチェン人との間に持っていた交易ルートが破壊されて、コサック自体も非常に困ったといいます。また、この環境破壊により、洪水が頻繁に発生するようになり、低地に住んでいたコサックも大きな損害を被ったのでした。コサックは純粋なロシア人で、コーカサス人にとってはロシア帝国の手先であるというステレオタイプ的な見方は、現地の歴史的事情に即して考えると全く当てはまらないのです。

服装や踊りだけではなく、系統の異なる言語の間にも、共通項を見出すことができます。言語的特徴として、声門閉鎖音という発音がコーカサスの言語では一般的です。のどの奥を一度閉じて、口の中に残った空気を放出することでコルクの栓を抜いたときのような歯切れのいい音を出すのですが、外国人には難しい発音です。例えばグルジア語にはプ、トゥ、ク、チュが閉鎖する音と閉鎖しない音の二種類ずつあります。この発音は、周辺では使われていない変わった発音ですが、興味深いことに、言語的にはインド・ヨーロッパ系のアルメニア語にもこの発音が入っているのです。

近代になってヨーロッパ人はコーカサスを学問の「宝の山」として、勝手に分類して切りとり、学問的に再構成していったわけですが、歴史的にみれば違いよりも共通性がより強調されるべきでしょう。すなわち、これだけ個々の要素は多様な中で、全体としてお互いに影響を与え合い、似ているところがたくさんあるのです。

現代は、情報や物の流れが一つのところに集中する傾向があります。地方と中央の関係では、中央がどんどん太っていくようなイメージですが、そもそも前近代においては、辺境というものは大きな文明の周辺、端に位置しても、必ずしも貧しいとはいえないし、中心に影響を受ける度合いも低かったと思われます。コーカサスは、大きな文明と接してはいますが、常にどこか距離を保っていました。さまざまな民族が逃げ込み、それぞれの文化・言語などを保持しつつ、文化的親和性を形成して共存してきた空間だったのです。

もちろん近隣でもめ事は絶えなかったでしょうが、それは征服戦争が続いている状態ではなく、お互いの決まり事を尊重した上で住み分けていたと思われます。

それでは、コーカサス現地の人々は、「世界の周縁」たる自分たちの世界をどのように捉えていたのでしょうか？　これから、その点について具体的に触れていきたいと思います。

スターリンの愛した英雄とコーカサスの開放性

私たちは、コーカサスをソ連の辺境と捉えて、限られた土地を多くの民族が争っている、いわば「閉じられた空間」とみなす傾向があると思います。しかし、スターリン期に称揚された歴史上の英雄ギオルギ・サアカゼ（一五七〇頃～一六二九）の人生を知れば、こうした見方が偏見であることが即座にお分かりいただけると思います。

ギオルギ・サアカゼは、一七世紀前半に活躍したグルジアの政治家・軍人です。日本でいうところの有名な戦国武将などを想像していただければよいでしょう（図序-2）。ただ、その活動のスケールがグルジアに留まらない点は、ユーラシア大陸中央部のグルジアの面目躍如たるところでもあり、悲劇の源でもあります。

サアカゼは、アズナウリと呼ばれる中小豪族の身から出世してグルジアの実権を一度握りますが、大貴族の圧力からイランに亡命します。当時のイランはシャー・アッバース（サファヴィー期第五代シャー、在位一五八七～一六二九）という、大帝と呼ばれ現在でも王様の代名詞になっているような人物が治めていました。サアカゼはこのシャー・アッバースに仕えて、インド国境のカンダハール（現アフガニスタン）や現イラクのバグダード征服戦争など各地を転戦し、武人として目覚ましい活躍をみせました。シャー・アッバースの信頼を得たサアカゼは、シャーの軍隊の力を借りてグルジアに舞い戻り、復権を果たします。しかし、この時、シャーは一〇万以上のグルジアの住民をイラン内地に連行するなど、無数の血が流されました。

再度のグルジア遠征を企画したシャー・アッバースの派遣軍にアドバイザーとして従っていたサアカゼは、一六二五年春、突然反乱を起こして、イラン軍を壊滅させました。ただし、その後またグルジアの中の争いに敗れて、今度はオスマン朝に亡命します。そして、またすぐに有力な将軍として勇名をはせ

図序-2　ギオルギ・サアカゼ　17世紀イタリア人宣教師の画集より

出典：Don Kristoporo de Castelli, *T's nobebi da albomi Sak'art'velos shesakheb*, ed. Bezhan Giorgadze, Tbilisi, 1976.

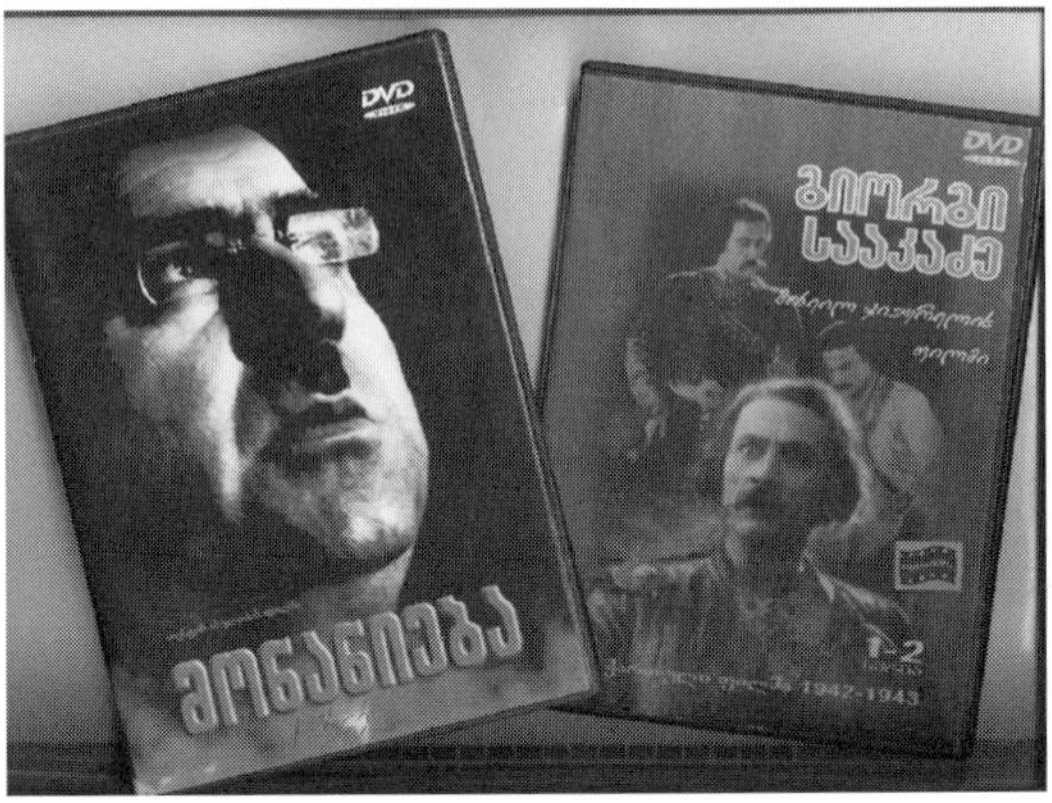

図序-3　グルジア映画『ギオルギ・サアカゼ』(右)と『懺悔』(左)

コンヤという地方の統治も任されます。このように、たいへん優秀な軍人だったのですが、最後はオスマン朝の対イラン遠征軍に同行途中、勝手にグルジアに戻ろうとして処刑されてしまいました。

　彼の劇的な人生を気に入ったスターリンは、その名声を利用し、第二次世界大戦直前の一九四二年に伝記映画を撮影させました(図序-3)。それは、サアカゼの人生が階級闘争史観や外敵との戦いに向けた愛国主義高揚に応用できたからです。つまり、ソ連期に形成されたグルジアの国民史では、サアカゼの反乱は、イスラーム教徒の占領軍(イラン軍)に対する国民的蜂起として大いに称揚されたのです。こうした映画をみても分かることですが、同じ戦乱の時代でも日本の戦国時代と大きく異なることは、常に周辺の大国が絡んでくる点です。そして、その大国の中に飛び込んで、その大国の内政・外交まで動かしてしまうような傑物をまた、コーカサスは生み出してきたのでした。

　さらに興味深いのは、サアカゼについて、常に二つの見方がグルジアで存在してきたという点です。豊臣秀吉のような、下からたたき上げた英雄かつ郷土を外敵から守ったという愛国者のイメージが一方にあるかと思えば、イランやトルコを股にかけ、その力を利用しながら一〇〇〇年近く続いたグルジアの王家を乗っ取ろうとしたともいわれる野心家の側面は国の裏切り者として激しく非難されてきました。グルジア人はいうなれば四〇〇年の間、この人が国の愛国者か、裏切り者か議論を続けてきたわけです。

このように、サアカゼの生涯を例にとるまでもなく、コーカサスの諸民族は周辺の豊かな文明に好むと好まざるとにかかわらず絶えず接触を繰り返し、大国との葛藤の中で決して閉じていない複雑な歴史を獲得してきました。しかし、こうした感覚は、近代国家の成立とともに、大きな挑戦を受けることになったのです。

ラベリングと階層化の近代

近代に形成された国民国家システムの特徴は、領域の設定です。明確な領域とその中で暮らす「国民」の権利が確定しなければ現代国家は成り立ちません。近代的な国家システムが世界を覆う中で、世界中で「国家」と「国民」の境界が定められていきました。そして、コーカサスについていえば、とりわけ「民族」による国民の分類にこだわった(パスポートには居住しているソ連内の共和国のほかに、「民族」籍が記入されたのでした)ソ連の政治システムの中で、現代社会が築かれていきました。すなわちソ連は擬似的な「民族国家」を創出し、すべての国民を民族という「固定的な要素」を基準にして分類する形で、「ラベリングの近代」を推進したといえるのだろうと思います。

先行するロシア帝国を、「民族の牢獄」と位置づけて新しい国づくりを行ったソ連は、ある一定の規模の民族には自治領域を与えました。さらに枠を設定された民族に、自分たちの民族の歴史を考える権利というものを認めて援助を行いました。日中の歴史教科書問題が浮上したのはそれほど昔のことではありませんが、ソ連崩壊前後に発生したコーカサスの民族紛争は、歴史認識の問題と密接に関わっています。コーカサス研究が近年、欧米でとりわけ注目されているのは、現代世界の抱えている共通問題が極端な形で噴出してしまうからにほかなりません。

かつて、「身分制」が強固な社会では、宗教イデオロギーが国家と社会にとって重要でも、話し言葉や「民族」の優先順位は著しく低いものでした。しかし、特に一九世紀後半以降、世界中で「民族」のルーツや歴史が研究されるようになりました。国を挙げて発展する時代には、優秀な市民の供給が重要課題となります。近代教育を施して識字率も上げ、国の発展に尽くす国民を生み出さなければなりません。忠誠の対象としての祖国とその歴史が、教育の現場でも、具体的な教授行為として再生産されていくようになりました。もっとも、うまく民族を区分できる地域であればよかったわけですが、コーカサスでは多くの問題が存在していたのです。

まず都市と農村という二分法で考えれば、ユーラシアの都市では、ある程度民族によって生業が分かれていました。例えばアルメニア人であれば商人で、アゼルバイジャン人なら野菜づくりなどを得意としていたわけです。それがグルジア共和国はグルジア人の国、トビリシはグルジアの首都、グルジアの公用語はグルジア語で、学校で教えるのはグルジア(人)の歴史と決めてしまうと、ほかの民族は居づらくなってしまいます。さらに、国という枠を与えられなかったより小さな民族の中から強い反発が出てきました。

また、中央によって一方的にルールが決められた、あるいはそのように地元の人が考えてしまったことも大きな問題になりました。近代国家をつくって行政をするには、例えば人口調査など組織的に行わなければなりません。国というものは効率的に動かさなければなりません。そしてもちろんコーカサスの人も発展をしたいわけです。大規模な投資も欲しいし、機械も一緒に買ったりしたい。実際、ソ連は上からの過酷な近代化によって抵抗する人々を排除しながら、一つの近代社会のシステムを作りあげていきました。それは現在考えられているように全てがマイナスであったわけではありませんでしたが、いったん中央の指導力が弱まると、それまで溜まっていた人々の不満が爆発してしまったのです。

前近代であればグルジア人で武人として優秀であれば、イランやトルコで大活躍をした人もたくさんいました。

現在のイラクをオスマン朝配下のコーカサス系軍人集団が治めていたのは、わずか二〇〇年ほど前のことにすぎません。ところが、現在は当然国境を越えることは容易ではないし、外国の軍隊に別の国の国民が入ることは普通は考えられません。コーカサスの「開放性」は、近代社会とソ連システムの中で、「辺境」として押し込められ、身動きがとれない状態になってしまったのです。

強制的な人の移動の悲劇

コーカサス情勢の混迷にさらに拍車をかけたのは、大国による勢力争いでした。近代の足音が近づくにつれ、コーカサスでは住民の大規模な移動が起こりましたが、その多くは住民の意志を無視したものでした。前に触れたように、シャー・アッバースの治世下、一七世紀初めにはすでに大量のアルメニア人とグルジア人がイラン内地に強制的に移住させられています。一九世紀に入り、ロシア帝国の版図に入った北コーカサスでは、特に北西部に居住していたアディゲ系住民が故地のほとんどから追われ、オスマン帝国に逃れました。イスラーム教徒であるという理由で、ロシア帝国から強制的に追放されたり、あるいは自主的に退去したのです。

二〇一四年冬季オリンピック開催が決まった黒海沿岸のソチという町がありますがグルジアへの帰属でもめているアブハジアと目と鼻の先です。ソチには一五〇年ほど前まで、ウビフ人と呼ばれる原住民が住んでいました。彼らの言語ウビフ語は、世界でもっとも多くの子音を用いる言語として有名でした。なんと八〇近い子音を区別していたのです。しかし、現在、ソチにはウビフ人は住んでいません。そして、残念ながら約二〇年前に最後の話者が死亡し、この言語は死滅してしまいました。ロシア帝国の弾圧を逃れて現在のトルコへ民族が総脱出したのですが、やがてトルコで言語的に同化してしまい、言葉を自由に操ることのできた最後の古老が死去したのが一九九一年のことでした。

トルコに今も居住するコーカサス系避難民の子孫については、第六章の松本論文で詳しく触れられています。当時、帝国勢力は「原住民」の犠牲より、文字通り弱肉強食の国際社会での勝ち抜きに全力を挙げていたわけですが、その傷跡はコーカサスとその周辺の至るところで今も生々しく残っています。

一方、オスマン帝国でも悲劇が起こりました。今度はキリスト教徒のアルメニア人がその最大の被害者となりました。歴史的には、アルメニア人は現在のアルメニア共和国より西の、アナトリア東部から地中海に至るかなり広範な範囲に一〇〇年前まで住んでいました。しかし、二度にわたる大量虐殺と追放により、アナトリア東部からその痕跡を完全に消されてしまいました。この問題は今もトルコのEU加盟のネックになるなど、大きな負の遺産を現代社会に課しています。

近代に入るとロシア人もコーカサスに移住してきますが、その移住過程も複雑なものでした。ロシア帝国は、住民の流出を埋め合わせする意味もあり、ロシア内地からコーカサスへの農民の移住を認めました。ところが、移住者にはいわゆるロシア人というよりはウクライナ人や、コサック、あるいはモロカン派というような独特な正教信仰を持っている異端的なロシア人がたくさん入ってきました。もともと民族的に複雑な場所が、近代の大きな人口の変動により、ますます複雑になっていきました。国家の都合による強制移住の悲劇は、わずか六〇年前にも繰り返されました。チェチェン人などが敵性民族として根こそぎ中央アジアへ強制移住させられたのです。

歴史の奪い合い

このように、人の移動が激しく複雑なコーカサスでは、近代に入り、記憶と歴史の奪い合いが顕著になりました。これもまた、すべからく近代国家がはらんでいる難しい問題です。もちろん国籍をもって国家に帰属すると考えれば、日本国のパスポートを持っている人が日本人と考えられますが、実際にはさまざまな考え方が存在することは容易に理解できることです。こうした問題が極端な形で現れてしまったのがコーカサスの民族紛争であると考えられます。

アゼルバイジャン共和国で発生したナゴルノ・カラバフ紛争は、ソ連末期に噴出した民族紛争の中でも、事実上共和国間の戦争にまで発展したために非常に大きな衝撃を与えました。例えば、アゼルバイジャンという名前の国はソ連になって初めて成立しました。アゼルバイジャンという呼称自体、現在のイラン北西部の領域に当てられており、現アゼルバイジャン共和国の領域は、歴史的に別の名前で呼ばれてきたのでした。アルメニア人は、こうした背景から、アゼルバイジャンという国家を疑い、一方、アゼルバイジャン人はというと、アゼルバイジャン共和国の中でアルメニア人が多数を占めていたこのナゴルノ・カラバフという地域に歴史的にアルメニア人がいたことも否定するようになりました。

かつて、現在のアゼルバイジャン共和国を中心とする領域には、コーカサス系の言語を話したアルバニア（バルカン半島のアルバニアとは別）という民族が住んでいました。アゼルバイジャン人は、このアルバニア人を自らの祖先の一部とみなしています。そして、カラバフのアルメニア人は、アルメニア共和国のアルメニア人に宗教的に同化されたアルバニア人の子孫とみなすのです。古代アルバニア人がトルコ語化したのが、アゼルバイジャン人であり、アルバニア人の正当な後継者としてカラバフを領有する権利があると主張しています。

そもそもこの地域は、さまざまな民族が流入して構成された多民族社会ですが、必ずしも具体的にその来歴が追えるわけではありません。日本を考えてもそうですが、古代史というのはどこの国でも闇の部分が大きいと思います。そうすると、確証がない中で、イデオロギーや感情だけが先走って、あるいは国家が都合のいい情報を住民に出して、それが一般化してしまう。ソ連では自生主義と呼ばれる「先住権」を強調する考え方が次第に強くなり、「民族」の政治権利の大きささら左右したため、こうした議論は単なる学問論争ではなく、政治闘争の一部と化していきました。時間と空間の奪い合いが嵩じて極端な言説の応酬が、ソ連という秩序の崩壊により殺し合いにまで発展してしまったのです。

もっとも、次に紹介するアルメニア前大統領ロベルト・コチャリアン（一九五四〜）の告白からは、こうした「憎しみ合い」も、アゼルバイジャン人とアルメニア人の宿命というよりは、ソ連の中での近代化のゆがみが大きく影響したことが読み取れます。

コチャリアンの告白

これまで述べたように、近代国家は、戸籍を作り、住民票を作り、パスポートを発行し、税金を住民からとり、平等な権利を保障する国家として立ち上がってきました。そして、その枠組みを自ら設定し、周辺に認められることで「国際」社会の仲間入りをしました。国際連合がUnited Nationsすなわち「（主権）国家連合」であることは、よく知られています。ソ連崩壊後、コーカサスは、主権国家の産みの苦しみの中にあるともいえます。しかし、ソ連という国家の中でいったん近代化されたという社会背景を踏まえれば、それが決してコーカサス独自のものとはいえないことが指摘できます。ソ連は、民族ごとに領域を分け与え、あるいは線引きをして、その地域に国民ではなくいわば民族を創出したのです。そして、その領域に、上下関係をつけることで、垂直的な集権型システムを構築していました。

では、具体的にこの線引きはどういう影響を与えたのでしょうか。ここでは、後にアルメニアの大統領を務めたコチャリアンが、かつて自らの経歴について語った発言を紹介したいと思います。これは、約一五年前、コチャリアンがまだナゴルノ・カラバフの指導者であった時代にアルメニア系のアメリカの学者デルルグイアンが行ったインタビューに基づいています。ソ連時代、アゼルバイジャン共和国に属していたナゴルノ・カラバフ自治州に居住するアルメニア人は、アルメニアへの編入を求めて独立運動を行い、ついには全面的な武力衝突に至りました。コチャリアンは、この運動で指導的な役割を果たし、戦争を勝利に導いたことで政治家としての名声を確立して、ついにはアルメニアの大統領にまで出世した人物です（図序-4）。

インタビューの時点では、戦争直後であったこと、また、コチャリアンはカラバフ独立派の首相であり、アルメニア政界に直接コミットしていなかったことから、彼はより自由に答えていると思われます。余談ですが、インタビューをしたデルルグイアンは北コーカサス出身のアルメニア人です。同じ民族であり、しかも、ともにアルメニア「本国」の外の出身であるという点も胸襟を開いて話した背景として重要でしょう。そういう人間が学者としてのキャリアを積むアメリカはやはり問題が多くとも懐の深い国という気もします。

さて、このインタビューで彼が語る自らの経歴は非常に興味深いものです。彼は一九五四年生まれですから、まさに青年期から壮年期にかけて、ソ連型市民社会の成熟と落日の中で人生の只中を過ごしてきた世代といえるでしょう。コチャリアンは、大学進学に当たって、初めにバクー大学を受験したといいます。バクーはアゼルバイジャンの首都ですから、ナゴルノ・カラバフ独立の闘士、すなわちアゼルバイジャン側からみれば分離運動の親玉コチャリアンは、最初はアゼルバイジャンの大学に行こうとしたことになります。ところが「コネもお金もない」ので、二回失敗をし、仕方なく別の共和国だけれども民族

図序-4　アルメニア共和国第二代大統領ロベルト・コチャリアン

出典：アルメニア共和国大統領府公式サイトより（http://www.president.am/，コチャリアン在職時）

的には一緒の、アルメニアのエレヴァン大学の通信教育で、エンジニアの資格を得ました。

ところが、卒業後、コチャリアンは別の壁にぶつかります。ナゴルノ・カラバフはアゼルバイジャンに属していましたから、アルメニア共和国内にコネがないわけです。また、アルメニア共和国のアルメニア語と、カラバフのアルメニア語も相当違うといいますから、やはりみえない壁が存在したわけです。そこで、大学は出たけれども、アルメニアで働くこともできなかった。そこでコチャリアンはカラバフに留まって、地元の共産主義者青年同盟に勤務しました。そして、青年同盟に続いて共産党キャリアで上の方を目指そうとしたのですが、ここでも別の障害が存在していたといいます。すなわち、カラバフの共産党組織の一番上の部分というのは、アゼルバイジャン人エリートと通じた、バクーのアルメニア人が牛耳っていたのです。インタビューでは、バクーのアルメニア人は、アルメニア語も理解せず、ロシア語で会話をするような人たちだったとコチャリアンは話しています。

結局、カラバフのアルメニア人は、アゼルバイジャンの中でも将来はないし、アルメニアに行こうと思っても将来はない。カラバフの中にいても将来がなかった。だからもう自分たちで決めざるを得なかったということを、彼はいいたかったのだと思います。結局、八方塞がりの中で、カラバフのアルメニア人の権利を自分たちで守るしかなくなったというわけです。

近代における非対称性と不平等性

もちろん、コチャリアンの告白は、すべての政治家の発言がそうであるように、自己正当化の論理が透けてみえます。特に、自分はいかに迫害されてきたかということを多分に強調しているきらいはあるといえるでしょう。彼の父親はカラバフではそれなりの地位にいた人だといわれておりますし、彼の発言をすべてそのまま信じる必要もないでしょう。ただ、後にアルメニアの大統領を務める人が、最初はバクーの大学に行きたかったと述べているのは、ソ連的な民族領域編成と共産党による一元的支配システムの達成した部分と、その限界を示して象徴的だと思います。少なくとも、彼の発言からは、カラバフの人々が、最初からアゼルバイジャン社会のすべてを否定して何が何でも独立しようと考えていたと思えません。

ところが実際にこのナゴルノ・カラバフでアルメニア人が立ち上がり、アゼルバイジャン人と戦争を始めると、今度はアルメニア共和国から義勇兵が流入し、事実上アゼルバイジャン人とアルメニア人の全面戦争の様相を呈しました。結果として、カラバフではカラバフに住んでいたアゼルバイジャンの人々が家を失い、一方でバクーにいたアルメニア人もその居場所を失ってしまったのです。これは非常に皮肉な現象ともいえますし、民族紛争の複雑さを表しています。

同じような悲劇は、実は、グルジアでも起こりました。グルジアの中央政府とアブハジアという地域が対立をして、その最大の犠牲者はアブハジアに住んでいたグルジア人、それも標準グルジア語とはほとんど意思の疎通もできないグルジア系の言葉を話す人々メグレリ人だったのです。

さらに皮肉かつ複雑なことは、かつてソ連期には彼を受け入れなかったというアルメニア本国の大統領にコチャリアンが選ばれたことでしょう。これは、ソ連の枠組みの中で「活性化」ないし「硬直化」した「民族主義」の影響力の表れという意味でも、ポストソ連期の社会力学を如実に表している事象です。ソ連の民族政策と共産党一党支配の弊害は決して過去の問題ではなく、そして、単に政治だけではなく、人々の感情や経験、メンタリティーも含めて、現在までコーカサス社会にたいへん大きな影響を与えているのです。

山岳地帯で多民族がひしめき合うという構図から、コーカサスにおける民族間紛争は、昔から戦争ばかり繰り返している原始的で野蛮な部族間戦争といったイメージがあるかと思います。しかし、このコチャリアンの告白をみると、共産主義政権がある種の近代化を推し進めて、国をつくり、知識人をつくり、しかしそれが非常にゆがんだ形で展開したために発生した、極めて現代的な戦争であるということが指摘できます。

また、共産主義にすべての原因をなすりつけるのも妥当とはいえません。日本も含めて、共産主義という「進歩的」思考様式は二〇世紀の世界に大きな影響を与えました。その影響の正負はさておき、ここで触れたような近代化（工業化や平等化、効率化）という事象自体は世界全体がより密接な一つのシステムに収斂していく中で、世界中で競争的に追求されたのです。しかし、ソ連は自らが作り出した「民族」というカテゴリーの利益の調整に最終的に失敗したのでした。

グルジア映画『懺悔』の世界

このように、コーカサスは、決して閉じていない、それどころか新たな時代の潮流に常にさらされてきた地域といえるでしょう。最後に、そうしたコーカサスの人々の問いかけが、彼らが属し、彼らの命運を握っていたはずのより大きな国家や政治体制に決定的な影響を与えた事例の一つを取り上げたいと思います。それが、グルジア映画界の巨匠テンギズ・アブラゼ監督（一九二四〜九四）の作品『懺悔』（グルジア語原題はモナニエバ მონანიება、ロシア語原題はパカヤーニエ Покаяние）です（一二頁図序-3）。

この作品は、ペレストロイカ期の一九八六年に公開されました。主題は、スターリン時代の粛清、すなわち政治的な理由による大量殺人です。当然、この出来事はソ連時代には大きなタブーでした。もちろんその死後にスターリン批判が行われたとはいえ、同時代を過ごした人々にとっては、もっとも触れたくない過去でもあったでしょう。しかし、その社会病理的ともいえるヒステリックな様相を正面から取り上げ、粛清の残酷さを訴える映画がグルジアで製作されたのでした。この映画は、ゴルバチョフ改革の目玉の一つであった情報公開（グラスノスチ)という方針ともマッチして、公開後わずか二カ月の間にソ連中で約四〇〇万人が鑑賞したといわれています。

内容について簡単に触れると、映画は冒頭、党幹部(元市長)の葬式から始まります。非常に格式張ったお葬式の様子が出てきますが、この人物が粛清の張本人だったという設定です。おそらくスターリンの側近であったベリアをモデルにしていると考えられますが、実際にはスターリン死後の政争に敗れて処刑されたベリアとは異なり、映画の主人公は生をまっとうして、遺族もたいへんな豪邸に住んでいます。ところが、この党幹部の遺骸が何者かに掘り起こされるという事件が起こります。その後、何度埋葬しても墓が掘り起こされてしまいます。祖父を敬愛する党幹部の孫が張り込み、犯人を捕まえてみると、なんと「墓掘り起こし人」は女性だったわけですが、この女性が裁判で、自分の生きている限り絶対に墓に入れさせないと主張し、彼女の回想として残虐な粛清の実態が描かれていきます。

女性の父は画家で、市が教会を爆破して新たな科学実験所を作るという計画に反対する中で、市長に目をつけられ収容所に送られます。ここでは科学文明万能という当時の風潮とそれに対する疑問も呈されています(ちなみに全くの偶然とはいえ、公開された年にチェルノブイリ原発の事故が発生したのは象徴的です)。途中で市長が、この粛清される若い画家に向かって先祖が一緒だと述べる場面も出てきますが、画家はこのことを知りませんでした。これはおそらく市長は庶出であり、革命前の貴族社会では貧しく差別されるような出自であったということが暗示されているのでしょう。このほかにもさまざまな暗喩やある種グロテスクな風景描写も現れます。

しかし、こうした細かな仕掛け以上に、この映画の秀逸なところは、この市長の個性自体にも独特な魅力を与えていることでしょう。粛清の張本人である市長の苗字はアラヴィゼとされます。これは、グルジア語で「誰でもない」という意味の造語であり、実際、市長は神経質で常に気を張り詰め、どこまでも空虚な独裁者として登場します。一方で、彼の乾いた心にも、どこかには人間的でユーモラスな感情さえ込められているかのように描かれています。登場人物のこうした複雑な性格づけは、スターリンにしてもベリアにしても同じ民族であったという、グルジア人の複雑な思いが投影されているように感じられます。

そして、キリスト教の問題を正面から取り上げたというのも、やはりグルジアならではといえるかもしれません。そもそも映画の題名そのものが、「罪の告白」を表しているのです。この映画は、冒頭で教会の形のケーキをむさぼり食う、粛清者である市長に傾倒する小男のシーンから始まりますが、最後もまた信仰の問題に深い問いかけをして終わります。老女が「この道はどの教会に通じているんだい」と尋ねるのです。尋ねられた人は「いや、どこの教会にも通じていませんよ」と答える。そうすると「そんな道に意味があるのかい」といって終わるのです。

このように、『懺悔』はいわば共産主義国家ソ連のタブーに全面的に挑戦した映画といえるでしょう。アブラゼはすでにグルジアを代表する監督として名声を確立していた人物です。その彼が、なぜこうした映画を撮影したのでしょうか？　そして、何よりも、なぜグルジアで製作されたのでしょうか？

実際には、グルジアはスターリンによる粛清でたいへんな被害を受けたといわれています。グルジア出身のスターリンやベリアは現地の事情に精通しており、個人的な知り合いも多かったため、余計にその被害も大きかったと話す人もいます。私がグルジアで教わった先生には、もともと知識人や貴族の家柄出身の人が少なくありませんでしたが、両親や親族が粛清の犠牲になった人は一人や二人ではありませんでした。知識人の過半が身内を失っているといっても過言ではないと思います。

しかし、この映画は単なる被害者意識から撮影されたとは考えられません。グルジアでもっとも尊敬されている知識人の一人は、自分の父親を密告し死に追いやった人物の名前を知っているが、その息子の名誉のために公言はしないとある雑誌のインタビューで述べていました。彼らにとって、粛清の犠牲者だけではなく、これに関与したすべての人々は未だに記憶の中だけでなく現実にも生き続ける存在なのです。そう考えれば、この映画の目的は、起こったことの告発よりも、起こしてしまった悲劇を記録し、考え直すことにあったといえないでしょうか。つまり、これは、まさにグルジア人にとっての現代史とアイデンティティの問い直し作業の一つではなかったかと思うのです。

ちなみに、私は、この映画の上映会をできないかと思い、調べたのですが、日本にはフィルムがないということが分かりました。ロシア映画の版権を扱っているロシア映画社の方にうかがったところ、当時これだけの衝撃を与えた傑作にもかかわらず、事実上、日本では公開されなかったそうです。それも注目度が低かったから公開をしなかったのではなく、注目度が高すぎて公開ができなかったというのです。

これはゴルバチョフ政権の負の側面ともいえますが、ソ連は市場経済を部分的に導入しつつありました。この話題性十分の大ヒット映画をアメリカの会社に高値で売ったわけです。ところが大枚をはたいてこの映画を買った会社が、その後まもなく倒産してしまい、債権が焦げ付いてしまいました。誰も引き取れず、そのまま時機を逸して、日本では結局公開がされなかったそうです(関係者の方の奔走により、映画祭に含むような形で何回か上映されたことはあったようです)。スターリン体制を正面から批判する映画が、アメリカの資本主義の論理のために日本では公開されなかったという、コーカサスの話をすると何でも矛盾に満ちていますが、これもその象徴的なエピソードの一つといえるかもしれません。

再生されるコーカサス

グルジアのような小さな国で、ソ連という巨大な政治体の負の側面を告発する映画が製作され、それが国そのものを崩壊に追いやるほどのパワーを持った。このことは、決して看過できないことです。グローバル化する社会において、中心とか辺境という言い方自体があまり適切でないかもしれません。むしろさまざまな文化、民族の交錯する場としてのコーカサスは、芸術、政治面のみならず、より広く世界情勢一般や近代社会の諸問題についてもいろいろと学ぶべき、あるいは注目すべき話題を提供している地域といえるのではないでしょうか。ロシアがイスラーム世界と接する、そして世界のグローバル・パワーが注目する開かれた境界地域として、これからも注目し続ける必要があるといえます。

ソ連の末期、真摯にソ連時代の悪弊を問い直した一方、際限のない民族紛争に突き進んでいったコーカサスの人々は、ソ連を崩壊させたことによって塗炭の苦しみを味わうことになりました。現代社会の抱えている矛盾に敏感な彼らに注目することは、宗教・民族などのファクターが、国際社会と現代政治において大きな影響を及ぼしている昨今、とかく閉じた社会を形成してきた日本人にとって大切なことであると考えます。

〈参考文献と解説〉

・北川誠一・前田弘毅・廣瀬陽子・吉村貴之『コーカサスを知るための60章』明石書店、二〇〇六年。
コーカサス地域を知るための邦語による基本文献。

・木村崇・篠野志郎・鈴木董・早川眞『カフカース――二つの文明が交差する境界』彩流社、二〇〇六年。
ソ連を崩壊に追い込む一方、コーカサス諸民族の現在の苦境も招いてしまったナショナリズムの形成についての基本文献。

・Ronald Grigor Suny ed., *Transcaucasia, Nationalism, and Social Change: Essays in the History of Armenia, Azerbaijan, and Georgia (Revised Ed.)*, Ann Arbor: The University of Michigan Press, 1996.

・Ronald Grigor Suny, *The Making of the Georgian Nation (Revised Ed.)*, Bloomington: Indiana University Press, 1988, 1994.

・Ronald Grigor Suny, *Looking Toward Ararat: Armenia in Modern History*, Bloomington: Indiana University Press, 1993.
コーカサス人の自意識変容を考察。

・前田弘毅「歴史の中のコーカサス「中域圏」――革新される自己意識と閉ざされる自己意識」家田修編『講座スラブ・ユーラ

シア学一　開かれた地域研究へ――中域圏と地球化』講談社、二〇〇八年、一六九―一九三頁。

コーカサスに入植した「ロシア人」テレク・コサックとドゥホボール教徒について。

・Thomas M. Barrett, *At the Edge of Empire: The Terek Cossacks and the North Caucasus Frontier, 1700-1860*, Boulder: Westview Press, 1999.

・Nicholas B. Breyfogle, *Heretics and Colonizers: Forging Russia's Empire in the South Caucasus*, Ithaca: Cornell University Press, 2005.

世界システム論で知られるウォーラーステイン門下の人類学者。コチャリアンのインタビューを収録。

・Georgi M. Derluguian, *Bourdieu's Secret Admirer in the Caucasus: A World-System Biography*, Chicago and London: The University of Chicago Press, 2005.

ソ連崩壊後に出版された欧米語による著作でもとりわけ重要な作品。「民族の牢獄」・「民族紛争の火薬庫」としてのイメージが一人歩きするロシア・ソ連史における「少数派」を詳細に論じる。

・Terry Martin, *The Affirmative Action Empire: Nations and Nationalism in the Soviet Union, 1923-1939*, Ithaca and London: Cornell University Press, 2001.

グルジアの東洋学者であり文筆家として知られる著者が記したグルジア史のエッセー集『一年と千年』。グルジア人のアイデンティティ希求の苦闘を描く。図序-1で引用した『グルジアを覚えていたのだろうか……』も彼の著作。

・Tamaz Natroshvili, *Tseli erti da atasi*, Tbilisi: Merani, 1988.

・Tamaz Natroshvili, *Akhsovda t'u ara Sak'art'velo*, Tbilisi: Damani, 1994.

アメリカのソ連・ロシア史学の重鎮として知られる著者が著したスターリン論。

・Alfred Rieber, "Stalin: Man of the Borderlands," *American Historical Review*, No. 5, December 2001, pp. 1651-1691.

第一部　カスピ海研究の可能性

――ユーラシア地域ネットワークと世界秩序の関連を知るために

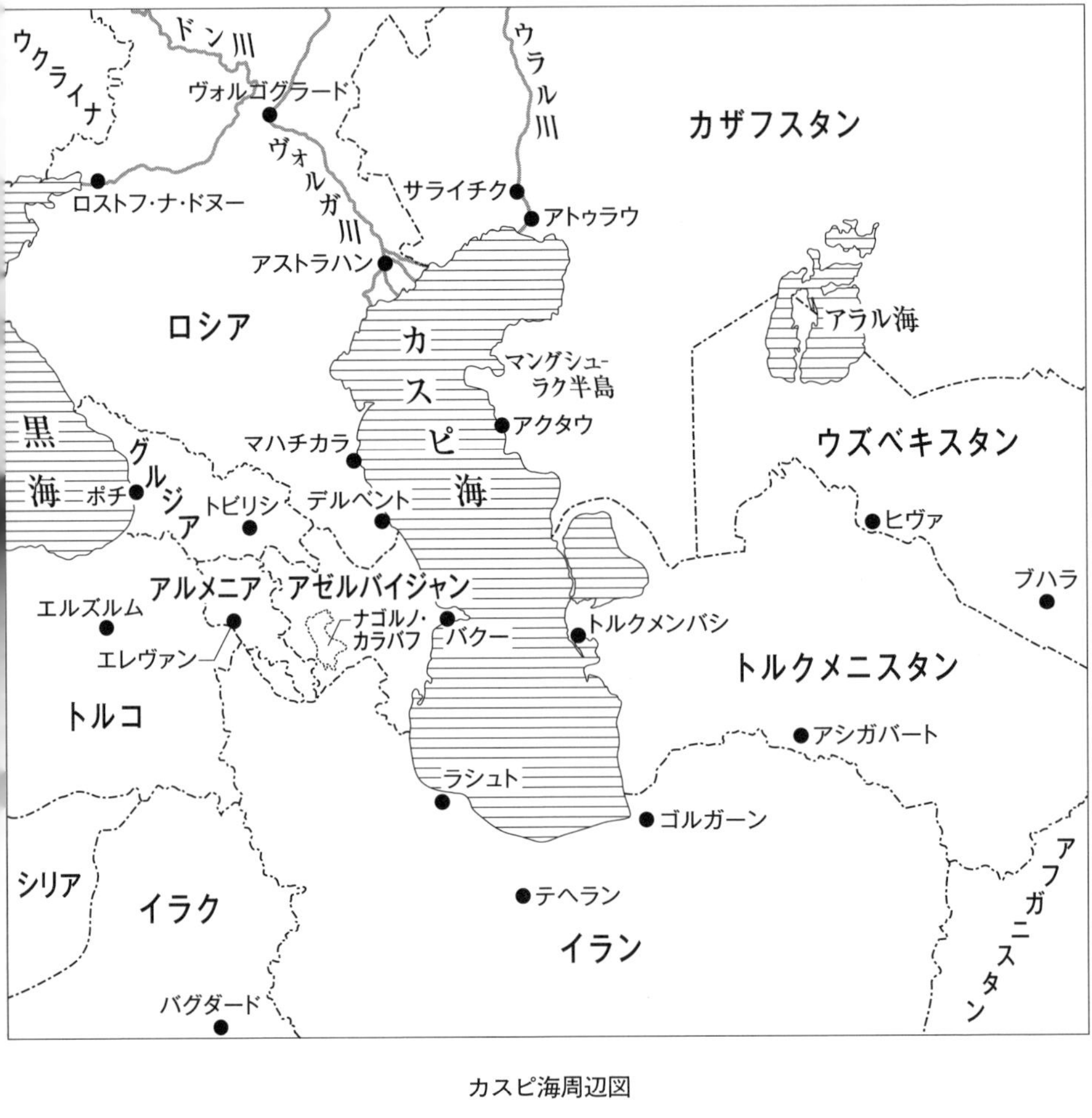
ウクライナ
ドン川
ヴォルゴグラード
ウラル川
カザフスタン
ロストフ・ナ・ドヌー
ヴォルガ川
サライチク
アトゥラウ
アストラハン
アラル海
ロシア
カスピ海
マングシュラク半島
黒海
アクタウ
ウズベキスタン
マハチカラ
グルジア
ポチ
トビリシ
デルベント
ヒヴァ
ブハラ
アルメニア
アゼルバイジャン
エルズルム
ナゴルノ・カラバフ
バクー
トルクメンバシ
トルクメニスタン
エレヴァン
トルコ
アシガバート
ラシュト
ゴルガーン
アフガニスタン
シリア
イラク
テヘラン
イラン
バグダード

カスピ海周辺図

第一章　中央アジアとコーカサス

——近くて遠い隣人？

宇山智彦

中央アジアとコーカサスという、カスピ海を挟んで並ぶ二つの地域は、ひとまとめに扱われることがよくあります。例えば中央ユーラシアという地域概念は、広い意味では東は満洲から西はハンガリーに至るユーラシアの内陸部を指す言葉ですが、ソ連崩壊後に中央アジアとコーカサスが新独立国家群として注目を集めたために、この二つの地域とその周辺だけを狭い意味の中央ユーラシアと呼ぶ用法が現れています。また英語では旧ソ連南部地域(former Soviet South)という言葉で、中央アジアとコーカサスが一緒にされる場合がありますし、日本では中央アジアとコーカサスをつなげてシルクロード地域として扱うことがあります。一九九七年に橋本龍太郎首相(当時)がユーラシア外交を提唱しましたが、その一部がシルクロード外交と呼ばれ、それはまさに中央アジアとコーカサスの計八カ国に対する外交をもっと積極的に展開しようという話だったのです。

しかし、中央アジア現地では、後で触れる強制移住などによって中央アジアにやってきたコーカサス出身の人たちは、よそ者として扱われているように感じます。近年ナショナリズムが高まるロシアでは、ロシア語でコーカサスの人たちを表す「カフカースツィ」という言葉が差別的なニュアンスを伴って使われることがありますが、同じような使い方は中央アジアでもみられます。

そうするとこの二つの地域は、世界地図の中でみれば相対的に近いようにみえるけれども、実際の関係としては遠い、「近くて遠い隣人」なのではないかと思えてきます。しかし話はそう単純ではありません。やはり近隣地域の間には、複雑な長い歴史があるのだということをこれから述べていきたいと思います。

前近代の中央アジアとコーカサスを結ぶ道——草原の北ルート

古代以来の中央アジアとコーカサスのつながりは、いわゆるシルクロードの歴史の応用編として考えることができます。シルクロードには天山南路・天山北路などのオアシスルートと、北方の草原ルートがあったとされます。おそらく日本人がシルクロードという時には主に中国から西に向かうあたりを念頭に置いていて、もっと西のカスピ海やコーカサスの方は意識していないことが多いと思いますが、実は草原の北ルートとオアシスの南ルートという分け方は、中央アジアとコーカサスの関係を考える時にも有効です。

北コーカサスにノガイ人という、いささか耳慣れない名前の民族がいます。彼らはカスピ海に面したダゲスタン共和国から、スタヴロポリ地方を経て黒海寄りのカラチャイ・チェルケス共和国まで、山脈から少し離れた草原地帯に散らばって住んでいます。二〇〇二年のロシア国勢調査によれば人口は九万六六六人で、普通話題になることの少ない小さな民族です。

しかし、二〇〇六年の二月にいきなり彼らが国際ニュースに登場しました。スタヴロポリ地方でチェチェン独立派のノガイ人武装勢力がロシアの治安部隊と衝突し、ダゲスタン共和国にも侵入したというニュースです。普通チェチェン独立派といえば、チェチェン人を中心に、アラブやトルコの傭兵が加わっていると思われていますが、実際にはチェチェン人以外の北コーカサスの諸民族からも少数ながら参加しているという例の一つです(チェチェン独立派については第三章北川論文参照)。

チェチェンゲリラは、彫りが深く髭の濃い男たちというイメージが強いですが、このノガイ人は、実は顔つきからみるとチェチェン人よりはるかに日本人によく似ている人たち、つまりモンゴロイドです。言語的には、中央アジアのカザフ語に非常に近いテュルク系の言葉を話しています。なぜそういう人たちがコーカサスにいるのかといいますと、一五~一六世紀に栄えたノガイ・オルダという国の歴史と関係があります。

ノガイ・オルダは現在のカザフスタン西部から南ロシアにまたがる地域、歴史用語ではキプチャク草原の西部に成立した遊牧民の国ですが、黒海北岸のクリミア・ハン国と密接な関係にあり、北コーカサスにも進出していました。起源としては、モンゴル帝国の一部であるジョチ・ウルスがこのあたりに位置していたことと関係して

図 1-1　ウラル川のほとりにあるサライチクの遺跡

います。これは日本では金帳汗国あるいはキプチャク・ハン国と呼ばれてきた国ですが、最近ではこれらは用語として不正確だということで、ジョチ・ウルスという研究者が増えています。このジョチ・ウルスの一部が自立してノガイ・オルダになったわけです。ジョチ・ウルスの最初の都サライ・バトゥや、ノガイ・オルダの中心地サライチクは、いずれも中央アジアと北コーカサスの中間に当たるカスピ海北方の草原地帯に位置し、東西交易の拠点として栄えていました（図1-1）。

ノガイ・オルダはやがて衰弱、分裂し、東半分の人たちは現在のカザフ人の一部になりました。西半分のノガイ人人々は方々に離散し、そのごく一部が現在のノガイ人になったわけです。ノガイという名前は、中央ユーラシアのフォークロアを研究している人にとっては非常に大事なもので、ノガイ・オルダ時代に題材をとったノガイ大系と呼ばれる数多くの叙事詩が存在します。それについては日本でも坂井弘紀さんという人が研究をしております。

このノガイ人は、中央アジアから北コーカサスにかけての草原地帯で活動した騎馬遊牧民の歴史の中に位置づけることができます。騎馬遊牧民の歴史を古い順に概観してみましょう。紀元前にはスキタイやサルマタイがおり、紀元後には長い間アランという集団が北コーカサスにいました。これはいずれも東イラン系の言語、ペルシア語の遠い親戚に当たる言葉を話していた人たちです。現在のコーカサスでいえば、南オセチア紛争で注目を浴びたオセット人がそれと同じ系統の言葉を話しています。私が学生時代にモスクワに留学した時の友人の一人にオセット人がいて、アランという名前だったので、最初アラン・ドロンのまねかと思ったのですが、そうではなく古代のアラン人にちなんだ名前なのです。このアラン人の系譜をめぐっては、北コーカサスのいくつもの民族が、自分たちこそアランの子孫だという論争を繰り広げています。

紀元後四世紀にはフン族が東方から現れて北コーカサスを支配下に置き、さらにはヨーロッパに攻め込んでいきました。フンについては匈奴と同じ系統であるか否かという論争が長く続いていますが、言語的にはテュルク系かモンゴル系といわれています。やはり中央アジア方面からやってきたテュルク系のブルガルは、五世紀頃に北コーカサス周辺に勢力を張り、ビザンツ帝国にたびたび侵入しました。彼らは七世紀には二つに分かれて、西に進んだ人たちはバルカン半島まで行き、その後、言語的・人種的にはすっかり周りに溶け込んで消えてしまいますが、名前だけは残ってブルガリア人になっています。北の方に行った人たちは、現在のタタール人やチュヴァシ人につながっていきます。その後北コーカサスにきた集団、例えば後に出てくるハザルや、一一世紀に到来するキプチャク、それに先ほど出たノガイもやはりテュルク系です。

最後にカルムイク人という、言葉も顔もモンゴル人に近い人たちが一七世紀にヴォルガ下流から北コーカサスにかけての草原地帯にやってきました。現在も、カルムイク共和国が北コーカサスのすぐ隣にあります。

これら一連の騎馬遊牧民の中でも、テュルク系の言葉を話す人たちが重要な役割を果たしたわけですが、現在、北コーカサスの中でテュルク系の言葉を話す人たちには、主なもので四つの集団があります。ノガイ人、それからダゲスタンに住むクムク人、カラチャイ・チェルケス共和国に住むカラチャイ人、そしてカバルダ・バルカル共和国に住むバルカル人です。彼らは、ノガイ人以外はコーカサス風の彫りの深い顔をしていますが、言葉はノガイ人と同じく、テュルク系の中のキプチャク系といわれる言語を話しています。それは彼らが少なくとも言語的な面で、中央アジアからカスピ海の北を通って移住してきた人たちの影響を受けたということを示しています。

それに対して南コーカサスの大きな民族であるアゼルバイジャン人の言葉はオグズ系といいまして、トルクメン語や、トルコ共和国で話されているトルコ語と同じ系統の言葉です。これは彼らが中央アジア方面からカスピ海の南を通って移住してきた集団に影響を受けたことを示しています。

イラン経由の南ルートとペルシア語文化圏

それでは南ルートでの結び付きに移りますが、地図をみると、南コーカサスと中央アジアの南部は、イランの北部を挟んでかなり近い距離にあるということが分かると思います（三〇頁地図参照）。この付近は、歴史的にみていろいろな王朝が境目なく広がっていた地域です。アケメネス朝、アレクサンドロス大王領、パルティア、サーサーン朝、ウマイヤ朝、セルジューク朝、ティムール朝の最大版図はいずれもイランと南コーカサス、中央アジア南部にまたがっていたのです。

その一つのセルジューク朝（一一〜一四世紀）という王朝は、アナトリア半島をテュルク化し、現在のトルコ共和国に至る基礎を作った重要な王朝ですけれども、中央アジア、イラン、イラク、アナトリアにまたがる王朝の建設の過程で、一一世紀半ばにコーカサスにも進出しました。そのために現在のアゼルバイジャンの人たちはテュルク系の言葉を話しているということになります。

しかし文化面では、これらの地域で長い間重要な意味を持っていたのは、テュルク語以上にペルシア語です。ペルシア語の歴史は非常に複雑ですけれども、現在使われている近世ペルシア語は、中央アジアのブハラを首都とするサーマーン朝（九～一〇世紀）の宮廷で成立したというのが一応の通説になっています。

それがイランから南コーカサスに至る地域に広がり、それぞれの地域でたいへん豊かな文学が育ちました。そして多くの有名な文人が輩出しましたが、その一人にニザーミー・ガンジャヴィー（一一四一？～一二〇九？）、あるいは単にニザーミーと呼ばれる人がいます。ガンジャヴィーはガンジャの人という意味で、ガンジャ（ギャンジャ）というのは現在のアゼルバイジャンの町の名前です。イスラーム世界で活躍した学者や文人は、人によっては非常に遠いところまで旅をして、例えば中央アジア出身でも活躍したのはイラクであるというような人がたくさんいますけれども、ニザーミーの場合は、生涯のほとんどをガンジャで過ごしたといわれています。

彼の代表作は「ハムサ」、五部作という意味の総称で呼ばれます。その五つのうち三つは、日本語の翻訳が平凡社の東洋文庫というシリーズから出ています。『七王妃物語』、『ホスローとシーリーン』、『ライラとマジュヌーン』です。この中で『ホスローとシーリーン』、ホスローが男性の主人公、シーリーンが女性の主人公の名前ですけれども、この物語の舞台はまさに南コーカサスです。シーリーンは南コーカサス一帯を支配する女王の姪という設定で、季節ごとに花を愛で狩猟を楽しむためにアルメニアやアゼルバイジャン、アブハジアなどに移り住んでいたということになっています。ホスローはイランのサーサーン朝の王子ですから、二人の出会いは、このあたりがひとつながりの世界であったことを示しています。

ペルシア語の文学は、いろいろなものの描写が非常に凝っているのが特徴です。シーリーンについての最初の描写を少しだけ読みますと、以下のようになっています。

「妖精の現身《うつしみ》なる乙女は、月をも凌ぐ美しさでございます。ヴェールの下に冠をいただき、新月のように夜に映え、黒い瞳は闇の底にある生命の水さながら。なよやかな姿は白銀《しろがね》の棗《なつめ》の木、その木の頂《いただき》で二人の黒人（下げ髪）が棗を摘んでおります。この甘き唇の女人――棗の実さながらの彼女を思い出すだけで口には甘いつゆが満ちるほど。まばゆく輝く彼女の歯は真珠とも紛うばかり、その鮮やかさは真珠貝を遙かに凌駕《りょうが》しますが、この歯をくるみこむ唇はつややかな紅玉髄の色をしております。」

（岡田恵美子訳）

挙げたものはこの描写のごく何分の一かで、技巧を凝らした表現がまだまだ続きます。このニザーミーの作品は、中央アジアでも愛読されました。

ティムール帝国（一四～一六世紀）の時代には、中央アジアに優れた芸術家や文学者がたくさんおりましたが、中でも一番有名なナヴァーイー（一四四一～一五〇一）は、やはり五部作と呼ばれる代表作を書きました。そのテーマも、一つは『ライラとマジュヌーン』で全く同じですし、また一つは『ファルハードとシーリーン』ということで、『ホスローとシーリーン』の中でホスローの恋敵として出てくるファルハードをタイトルにした作品を書いています。それから画家でビフザードという人がいますけれども、この人はニザーミーの五部作とナヴァーイーの五部作のそれぞれに寄せて、ミニアチュールと呼ばれる挿絵を描いています。ヨーロッパ絵画のような遠近法とは違う構図で描かれた、独特の魅力のある絵です。

さらに時代が下って、一九世紀にカザフの有名な詩人でアバイ（一八四五～一九〇四）という人がいますが、その作品の一つが『エスケンディル』といいまして、これはニザーミーの『イスカンダル・ナーマ』を下敷きにしたようです。エスケンディルとかイスカンダルというのは、イスラーム圏の人たちがアレクサンドロス大王を指して呼ぶ名前です。アニメで宇宙戦艦ヤマトが救いに行く星がイスカンダルですが、あれもイスラーム圏の地名をヒントにつけたのだろうといわれています。コーカサスそのものはアレクサンドロスの遠征ルートに入っていませんが、イスカンダル伝説は西アジアからコーカサス、中央アジア、南アジアに広く行き渡っています。中央アジアに残るアレクサンドロス関係の遺跡については、エドヴァルド・ルトヴェラゼという、グルジア生まれでウズベキスタンで長く仕事をしている有名な考古学者が書いた『アレクサンドロス大王東征を掘る』という本の翻訳が最近出ています。

カスピ海（ハザルの海）ルート

中央アジアとコーカサスを結ぶ第三のルートは、両地域の間に横たわるカスピ海そのものです。カスピという名前はギリシア語に由来する古いものですが、現地では中世以来長い間、ハザルの海と呼ばれてきました。トルコ語では今でもハザルの海（ハザル・デニズィ）と呼びますし、ペルシア語では二つぐらい言い方があるようですが、その一つはやはりハザルの海（ダルヤーイェ・ハザル）というそうです。

ハザルというのは、七世紀から一〇世紀ぐらいにカスピ海の北岸を中心に中央アジアとコーカサスにまたがって栄えていた国の名前で、支配層はテュルク系ですがユダヤ教を信じていたという、非常に珍しい国です。一説によりますと、その後、東ヨーロッパからロシアにかけて広がり、現在のイスラエルやアメリカのユダヤ人の中核をなしているアシュケナジームという集団は、ハザルの系統を引いているのではないかともいわれています。これについては異論もありますし、ハザルそのものの歴史もよく分からないところが多く、まさに「謎の帝国」です。

カスピ海がどういう海なのかについては、現在では石油などの資源が豊かな海、それからキャビアのとれる海というイメージになるわけですが、一〇世紀にイスタフリーという人が書いた『諸国と諸道』というアラビア語の地理書では、「この海からは、宝石、真珠、珊瑚など、ほかの海からとれるものは何もとれず、魚以外には何も有益なものをもたらさない」と、かなり貧弱なイメージで書かれております。全般的に、カスピ海についての歴史記述はあまり多くなく、どちらかというと地味な存在です。

しかし、それでもいろいろな人がこの海を行き交っていました。中世にはイタリアのジェノヴァ商人が、カスピ海北岸のアストラハンという町に拠点を構え、イランなど東方の商品をカスピ海と黒海を経てヨーロッパに運んでいました。後にはインド商人も目立つ存在となりました。彼らは一六世紀ぐらいから二〇世紀初めに至るまでインドから中央アジア、そしてロシアにかけて幅広く活躍をし、いろいろな商品を運ぶと同時に金貸しとして各地の金融業を担っていた人たちです。特に一七世紀、イランでサファヴィー朝という王朝が栄えていた頃には、安定的な交易網を持っていました。インド人はかつてのジェノヴァ商人や同時代のアルメニア商人と同じく、アストラハンに商館を設けていました。この町は、ロシア領になってからもかなり東洋的な雰囲気のする町だったといわれています。アストラハンからヴォルガ川を遡るとサラトフとかサマーラ、カザンといった町があり、さらに支流を遡っていくとモスクワにもつながります。この支流は非常に蛇行しているので、途中から陸路を行く場合もあったようですが、いずれにしてもモスクワまでつながる交易路をインド商人は持っていました。

コーカサスで彼らが拠点としていた、そしてインド人に限らず交易の重要な拠点であったのがカスピ海の西岸にあるデルベントという古い町です。デルベントないしダルバンドというペルシア語は、門、あるいは非常に狭い道という意味ですが、この町は、コーカサス山脈がカスピ海に迫ってかなり狭くなっている場所にあり、北から南に行くにも、南から北に行くにも、門のような存在になっているのです。かつては、サーサーン朝やウマイヤ朝、アッバース朝の北辺の町でした。ついでにいいますと、ダルバンドという地名は中央アジア、ウズベキスタンの南部にもあります。これは玄奘（三蔵法師）の通った場所として有名で、「鉄門」として知られていますが、現地ではダルバンドと呼ばれていて、この場合は両方から山が迫ってくる場所ということで名前がついています。

それから、カスピ海で活躍したもう一つの集団としてコサックがいます。コサックといいますと普通、軍人あるいは自由な戦士として活躍する、普段は農業をやっているというイメージですが、実は少なからぬコサックは川筋に住んでいて、漁業を主にやっている人たちもおりました。彼らの中の荒くれ者は、川を下って黒海に出てトルコ方面を襲う、あるいはカスピ海に出てイラン方面を襲うという、海賊のような存在でもありました。古くはハザルの時代に、ロシア人の先祖に当たるルーシの船が、カスピ海沿岸のムスリム（イスラーム教徒）の町を襲っていたそうですが、いわばその伝統を受け継いだわけです。

カスピ海で暴れまわったコサックの中で一番有名なのがステンカ・ラージン（一六三〇～七一）という人で、テュルク系の女性を母として生まれ、八つの言語を操ったといわれています。彼は一六六八～六九年に遠征をし、アストラハンから南に下ってデルベント、バクーあたりを通ってカスピ海南岸のイランに行って、それから東の方に回り、中央アジアのトルクメン人の集落を襲いました。私たちが学校で習ったラージンについてのロシア民謡に、「麗しペルシャの姫を迎えて」という一節がありますが、実際にそのモデルになった姫がいたのかについては否定的な学者が多いですけれども、イランで大勢女性を捕まえたことは事実のようで、カスピ海の海賊としてのラージンの姿がしのばれます。

以上は主にカスピ海の南北を結ぶルートの話だったのですが、では中央アジアとコーカサスを東西に直接結ぶ交易はどのくらいあったかといいますと、私が調べた限りでは、あまりさかんではなかったようです。というのは、カスピ海の東岸、つまり中央アジア側は基本的に沙漠なのです。中央アジアの中でももっと東に行けば、草原とオアシスの世界になりますが、このあたりのカザフスタン、トルクメニスタン西部は、岩や砂が海岸まで迫った地形です。カザフスタンのマングシュラク半島の中心都市はアクタウ、白い山という意味の名前で、近く

図1-2　バクー市(撮影・立花優)

に文字通り真っ白な石灰質の丘や山があり、写真でみると本当に綺麗ですが、観光地としては全く無名の、マイナーな地域です。

しかし斜めの方向、東南と西北を結ぶルートでは、ある程度行き来があったようです。イラン東北部のタバリスターンとデルベントを結ぶ交易路が知られていますし、マングシュラク半島の先端の港カラガンから、対岸のアストラハンへと向かう航路もありました。後者のルートは、中央アジアのブハラやヒヴァとロシアを結ぶ交易路として、かなり重要なものでした。

さらにロシア帝政期になりますと、中央アジア側、現在のトルクメニスタン西部に港が開かれます。現在はこの港町は、サパルムラト・ニヤゾフ前大統領の個人崇拝のために、トルクメンバシ(トルクメンの長、ニヤゾフの別名)という名前になっていますが、ロシア帝国・ソ連の時代にはクラスノヴォツクという名前でした。ここは非常に重要な港で、対岸のバクー(図1-2)などとの間で往来がさかんに行われるようになりました。

全般的にカスピ海については、いろいろ分からないところが多いのです。自然条件からいいましても、気候の変化によってヴォルガ川などから流れ込む水の量が変わり、かなりの規模で水位の上下を歴史的に繰り返してきたようです。二〇世紀後半に灌漑のやり過ぎのせいでアラル海まで達しなくなり、アラル海を縮小させてしまったことで知られているアムダリアという川がありますが、この川は時代によってはアラル海ではなく、西に流れてカスピ海に注いでいた時もあるといわれています。

このように、カスピ海での交易や環境の歴史については、よく分からないところや不思議な問題が多いのですが、これは史料が少ないから分からないという面と、関心を持つ研究者が少ないから分からないという面がありあます。近年、日本海や東シナ海、地中海などを舞台にした「海域史」の研究がさかんですが、カスピ海についてももっと研究を深めれば、一つの交易圏、文化交流圏としての姿が浮かび上がってくるのではないか、カスピ海からコーカサスや中央アジアをみる、イランやロシアをみるという「カスピ海研究」の可能性がこれからあるのではないかと私は考えています。

ロシア帝国の軍事征服と統治

中央アジアとコーカサスが全体として一つの国に入ったのは、ロシア帝国の時代です。それまでは、両地域のそれぞれ一部分にまたがっていた国はありましたが、モンゴル帝国の一時期を除けば、全域を支配した国はなかったのです。

コーカサスと中央アジアへのロシアの進出は、非常に長い時間をかけて段階的に行われました。詳しい経緯は省きますが、ロシアは一六世紀なかば以降徐々にコーカサスへの影響力を強めた後、一九世紀初めには南コーカサスの大部分を併合するなど本格的な進出を進め、一八一七〜六四年のコーカサス戦争で征服をほぼ完了することになります。中央アジアの方は少し遅れ、一七三一年にカザフの支配者の一部がロシア皇帝に臣従を誓ったのが併合過程の始まりではありますが、本格的な併合はカザフ草原北部・中部が一八二〇年代、それ以外の諸地域が一八五〇〜八〇年代ということになります。

中央アジアの主要部分が征服された一八六五年前後は、まさにコーカサスでの戦争がほぼ終わった時期に当たります。コーカサス戦争というのはロシアの軍人にとって、一つの大きな経験を積む場、学校のようなものでありました。この戦争で多くの軍人が名を立てましたが、中央アジアの征服や初期の統治に携わった軍人にも、コーカサス戦争に従軍していた人が少なくありません。一八六七年、今のウズベキスタンのタシケントにトルキスタン総督府が置かれ、中央アジア南部の軍の統括と民間の行政とを一手に引き受けることになりますが、その初代の総督コンスタンチン・フォン・カウフマンも、第二代のミハイル・チェルニャエフも、やはりコーカサス戦争に関わった人たちでした。

一八七三年のヒヴァ・ハン国征服や、一八八〇年代のトルクメニスタン征服には、コーカサスから派遣された部隊が加わっていましたし、その中にはコーカサス現地民であるアヴァル人の将校、マクスド・アリハノフ＝アヴァルスキーの姿もありました。彼によれば、ヒヴァ・ハン国遠征の二カ月前、ティフリス(トビリシ)のレストランやクラブではヒヴァの話題で持ちきりで、将校たちは遠征隊に任命してもらおうと躍起になっていたそうです。コーカサス戦争が終わってから一〇年近く経ち、実戦経験のない若い将校たちが、新しい土地での冒険に胸を弾ませていた様子がうかがえます。

中央アジアのほかの地域がだいたい北から征服されていったのに対して、トルクメニスタンの征服は西から順々に進んでいきました。コーカサスからカスピ海を横切って軍を運んだからです。先ほど触れました現在のトルクメンバシ、かつてのクラスノヴォツクのあたりに、征服の最初の拠点が設けられ、そこから東に向けて、征服を容易にするためほぼ同時に鉄道が敷かれていきます。沙漠の中を横切りますから、かなりの技術のいる難工事だったようですが、それでも速いスピードで建設が進められまして、これが中央アジアで最初の鉄道になります。より近道であるオレンブルグ—タシケント鉄道が一九〇六年に開通するまでは、このクラスノヴォツク経由がロシア中央部と中央アジアを結ぶ主要ルートだったわけで、当時のカスピ海の海運の重要性を示していると思います。またトルクメニスタンは当時はザカスピ州、カスピ海の向こう側の州という意味の名前でしたけれども、ここが一八九〇年までコーカサス総督府の管轄下にあったということも、ロシア帝政期のトルクメニスタンとコーカサスの深いつながりを表しています。

アルメニア人の広がり

征服に伴ってロシア各地からいろいろな人が中央アジアにやってきますが、その一つの集団がアルメニア人です。アルメニア人は旧ロシア帝国地域ではユダヤ人やタタール人と並ぶ商業民族として知られる人たちですが、歴史を遡りますと、すでに四世紀のサーサーン朝ペルシアの時代、アルメニアからイランに強制移住させられた人たちが、中央アジアに逃げていったというような事情があり、相当古い時代からアルメニア人の痕跡、そしてアルメニア教会の遺跡が中央アジアにはあるようです。例えばクルグズスタン(キルギス)のイッシク・クリの湖畔には、一二〜一四世紀頃にアルメニア教会の修道院があったといわれています。ティムールの軍は、コーカサスに侵入した時、かなりの数のアルメニア人をサマルカンドに連れて帰ったそうです。

しかしアルメニア人の移住が大規模に進んだのは、ロシアによる中央アジア征服の後で、特にザカスピ州で目立つ存在になりました。中央アジアは主にムスリムの地域ですから、ロシアにとってはアルメニア人がこの地域にくることは、キリスト教徒の勢力を強めるという意味ではポジティブに捉えられました。

しかし、ロシア帝国の政策は決して一筋縄ではありません。ロシアという国はツァーリを頂点として、さまざまな民族集団がツァーリに忠誠を誓うとともに、ツァーリからいろいろな恩恵を被る素晴らしい国であるという宣伝を行うわけで、その際には各地の行政当局にとって、ロシア人に次いで重要なのは、現地にもともと住んでいる人たちであるという考え方をとります。

アレクセイ・クロパトキン（一八四八～一九二五）という人の名前は、おそらく皆さんは日露戦争の歴史でご存じだと思います。日露戦争当時のロシアの満洲軍総司令官ですけれども、その前にはロシアの陸軍大臣を務めており、さらにその前にはザカスピ州の長官でした。長官として赴任したのが一八九〇年ですが、その時にザカスピ州の中心地、現在のトルクメニスタンの首都アシガバートで彼を迎える歓迎式典が行われました。そこでこの初代長官に最初にあいさつしたのは、現地で商売をするアルメニア人だったそうです。

それに対してクロパトキンは、なぜアルメニア人がまず出てくるのかと困惑し、かつ怒りました。そして式典にきた人たちをわざわざ整列し直させて、まず最初にロシア人、二番目に地元のトルクメン人やカザフ人、三番目にアルメニア人、四番目に現地民でもキリスト教徒でもない人たちを並ばせたそうです。つまりロシアの行政官たちが支配下の住民にどういう優先順位をつけていたのかを、彼はよく目にみえる形で示したという逸話があります。

アルメニア人は、ロシア帝国末期・ロシア革命期にはたいへん活発に民族運動を行ったことでも知られています。特に、民族政党であり革命政党でもあるダシュナク党が有名で、その組織の一部は中央アジアにも広がっていましたが、この党は今でいえばテロリストを訓練していました。アルメニア人に限らず当時の革命運動家にとっては、テロや武装工作は決してタブーではなかったわけです。ロシア革命期、中央アジアの民族運動家たちが樹立したトルキスタン自治政府が、わずか数カ月後にボリシェヴィキの武力で倒されるという、中央アジア史では有名な出来事がありますが、その倒す側にアルメニア人のダシュナク党員たちが加わっていました。

ムスリムの交流

次に、コーカサスのムスリムと中央アジアのムスリムの関係について簡単に触れます。一般には、ロシアの征服によってムスリムが抑圧され不利な立場に置かれたというイメージが強いのではないかと思います。それは一面では正しいのですが、一八世紀後半から一九世紀なかば頃までの時代に、ロシアがムスリム統治を効果的に行うためにイスラームに対してかなり好意的な政策をとったこと、そしてその時にできた制度がその後も影響力を持ったことも、見逃せません。またロシアの意図がどうあれ、征服が完了したことによって一応の平和が訪れ、交通が整備されたおかげで、それまでは行き来する機会が少なかったようなムスリム諸民族の間でも、同じ国に入ったということで交流が活発化します。

特に中央アジア北部のカザフ遊牧民の地域では、イスラームの宗教者が従来少なかったため、各地から宗教者がやってきてモスクを建てたり、布教活動をやったりしました。その中心はヴォルガ・ウラル地域のタタール人やバシキール人でしたけれども、少数ながらダゲスタンからきた人たちもいました。ダゲスタンは第四章松里論文にもあるように、コーカサスの中で、あるいは旧ロシア帝国、旧ソ連の中で随一といってもよいくらいイスラームの活動がさかんなところですが、その影響は中央アジアにも若干及んでいたことになります。

一九〇五年革命の後、ロシアでは国会(ドゥーマ)が開設されます。選挙制度の不平等があって、ムスリムの議員は人口のわりに少なかったですが、彼らは団結してムスリム会派を作ります。第一会期と第二会期のドゥーマはあっという間につぶされ、第三ドゥーマ以降は中央アジアの諸民族は選挙権を剝奪されてしまいますが、第三ドゥーマと第四ドゥーマの時代には、彼らにかわってタタール人やアゼルバイジャン人の議員が、ロシア人植民や一九一六年反乱鎮圧などに関連して、中央アジアの人々が困窮しているから、あるいは政府が不当な政策をとっているから何とかすべきだという問題提起を行います。

また民族運動の展開の過程で、全ロシア・ムスリム大会が一九〇五〜〇六年、一四年、一七年に繰り返し開かれ、コーカサスやヴォルガ、中央アジアなどの代表が一堂に会しました。もっとも大規模だった一九一七年五月の大会は、オセット人でメンシェヴィキのアフメド・ツァリコフらが主導したものです。この大会での代表たちの意見は必ずしも一致しませんでしたが、中央アジアとアゼルバイジャンの代表は、ロシアを連邦国家にすべきだという点で意見を同じくしていました。いずれにしても諸民族の代表が集まってさまざまな意見交換を行ったことは、それぞれの民族運動の発展にとって重要な意味を持ちます。

ソ連時代前半期のコーカサス出身者の活躍

それではロシア革命以降の話に移ります。ロシア革命期の中央アジアとコーカサスの状況は、それだけで数冊の本が書けるくらい複雑なものですが、簡単にいえば、コーカサスではいったんアゼルバイジャン、アルメニア、グルジア、それぞれの独立国ができた後、一九二〇年から二一年にかけてソビエト政権に取って代わられ、中央アジアでは数年間にわたってボリシェヴィキと反ボリシェヴィキが戦い続けた後、一九二〇年までにソビエト政権が確立しました。

アゼルバイジャンでは、一九一八年の春に独立政府と並行して、バクー・コミューンというソビエト政権がいったん成立しましたが、それが夏に倒れた際に、一つの事件が起きます。カスピ海の船でアストラハンに逃げようとしたソビエト政権の指導者たちが、何かの事情で東岸のクラスノヴォツクに着いてしまい、その近くで処刑されたのです。当時のトルクメニスタンには、ザカスピ政府というイギリス軍をバックにした政権があって、ボリシェヴィキを敵視していました。一九世紀に中央ユーラシアをめぐって起きたロシアとイギリスの確執をグレートゲームと呼びますが、ロシア革命によってこれが再現した時期に、コーカサスと中央アジアの動きが交差した事件だったといえます。この二六人のソビエト政権指導者、バクー・コミッサールたちは、その後ソ連の歴史の中でなかば神話化されていき、彼らを記念する像や詩などが作られました。モスクワには今も、二六人のバクー・コミッサール通りという通りがあります。ロシア語でウーリッツァ・ドヴァッツァチーシェスチー・バキンスキフ・コミッサーロフという非常に長い名前の通りで、私は学生の時になかなか覚えられなくて困った記憶があります。

その後、ソビエト政権が全国で確立してから、コーカサス出身の政治家たちがかなり多く活躍をします。その代表格はスターリンです。オセット人の血も入っているそうですが、グルジア人といっていいと思います。スターリンといえば残虐、横暴な政治家というイメージが持たれており、基本的にはそうだったといっていいのですが、最近アメリカや日本の歴史研究の中では、ソ連の中の民族共和国の制度の確立、そしてそこでの民族文化の形成に、スターリンの政策がプラスにせよマイナスにせよ極めて大きな役割を果たしたことが注目されています。このような研究は決して彼のやった粛清や抑圧を正当化するものではありませんが、とにかく非常に大きな影響を後々まで残した政治家です。

グルジア人ではほかに、赤軍指導者で一九三〇年代前半に工業化政策を担当したグリゴル・オルジョニキゼ、スターリン時代後半に内務人民委員などとしてさまざまな抑圧、弾圧を指揮したことで知られるベリアらがいます。またアルメニア人のアナスタス・ミコヤン、この人は先ほど述べたバクー・コミッサールの事件の時に危うく処刑を免れた人ですが、その後かなり長生きをしまして、六〇年代までは現役の政治家で、しかも貿易をはじめ外国との関係で登場する機会が多かった人ですから、もしかしたら当時、新聞などのニュースで読まれた方もいるかもしれません。アゼルバイジャン人で全国的に活躍した有名人は、グルジア人やアルメニア人に比べると少ないですが、アゼルバイジャンで革命を指導し、モスクワでもかなり知られていたナリマン・ナリマノフのような人がいます。

学問の世界でも、コーカサス出身者の活躍、あるいはコーカサスを対象にした研究の発展がソ連時代前半にみられました。特にユニークな人物としてニコライ・マル（一八六四？～一九三四）という人がいます。この人もグルジア出身ですが、マルという名字はグルジアの名字ではありません。グルジアで長く暮らしていたスコットランド人とグルジア人女性の子どもとして生まれた人です。彼は言語学の上で、すべての単語は四つの要素に分解できるとか、あるいは言語というのは階級的なものであって、しかも社会の発展段階に対応するというような、なかなか簡単には説明できない話ですが非常に変わった学説を唱えました。スターリン時代というのは、現在からみれば珍妙な学説が大まじめに、しかもスターリンのお墨つきで語られた時代でもありまして、その中の代表的な人物の一人です。

マルの権威を利用していろいろな学説が作られましたが、その一つに民族起源についての学説があります。この説の一番基本的な考え方だけをいいますと、ある民族の形成は外からの移住によって起きるものではない、民族の系譜はその土地に昔から住んでいた人々にたどれるものだという話です。中央アジアに当てはめていいますと、ウズベク人は民族名としては草原地帯から移住してきたテュルク系の遊牧民に由来していますが、そうした移住は重要ではなく、ティムールの時代の人たちや、あるいはもっと古くソグド人のような、言語的にはウズベク人と全く異なるけれどもこの地域に昔住んでいた集団こそがウズベク人の先祖だという考えです。これは現地の研究者の主流の見方となり、現在に至っています。旧ソ連諸国の民族起源の考え方は、日本や欧米の研究者の考えとは合わないところが多いですが、その原因を作ったものの一つは、マルの名前を借りて彼の死後に作られた「マル主義」の学説だということになります。

コーカサス発の文化運動が中央アジアに影響を与えた例としては、アラビア文字のアルファベットのラテン文字化が挙げられます。サメド・アガマルオグルという人などを中心にアゼルバイジャンで起きたこの運動が、ソ連全国に広がったのです。ロシア語をラテン文字にするという話まで案としてはあったものの実現しませんでしたけれども、テュルク系その他の言語は一九二〇年代終わりにラテン文字化されました。もっともカザフスタンでは当初ラテン文字化に反対する声が強く、トルクメニスタンでもアゼルバイジャン人主導の議論への反発がありましたし、ラテン文字アルファベット自体、四〇年頃に今度はキリル文字に変えられて、消えてしまいました。また、三〇年代以降各共和国で民族音楽や舞踊、あるいは民族的モチーフを取り入れたオペラやバレエなどが奨励されますが、ウズベク舞踊の踊り手として大変な名声を博したタマーラ・ハヌムという人は、ウズベキスタン生まれのアルメニア人でした。

カザフスタンの人たちの記憶にポジティブに残っているコーカサス出身の政治家として、レヴォン・ミルゾヤンという全連邦共産党カザフスタン地方委員会書記、つまり現地の共産党のトップだった人がいます。彼は一九三三年から三八年という、まさに大粛清の行われる暗い時代の指導者だったわけですが、前任の指導者がたいへん冷酷だったのに対し、ミルゾヤンはカザフ人に理解があったということで、ミルゾヤンをカザフ風にムルザジャンと呼び替えて、その後も語り継がれています。

民族強制移住と工業開発

第二次世界大戦の時代には、中央アジアとコーカサスにとって重要な事件がいくつか起きます。まず、コーカサスのいろいろな民族がドイツに協力したなどといういいがかりをつけられて、中央アジアに強制移住させられます。チェチェン人、イングーシ人、カラチャイ人、バルカル人、メスヘティア・トルコ人などです。そのほか、古い時代にコーカサスにやってきて、少数民族として住みついていたクルド人とかイラン人、ギリシア人なども、部分的に中央アジアに追放されました。特にチェチェン人に関していえば、ソ連崩壊後のチェチェン戦争の指導者の中には、カザフスタンと縁のある人が多くいます。第三章北川論文にも登場する、初代大統領ジョハル・ドゥダエフはカザフスタン育ちで、第二代大統領アスラン・マスハドフはカザフスタン生まれでした。ムハンマド＝フセイン・アルサベコフというチェチェン人は、カザフスタンのイスラームの第二の指導者、副ムフティーになった後、ドゥダエフ政権下のチェチェンで宗教大臣やムフティーを務め、後にまたカザフスタンに戻って副ムフティーになっています。

ペレストロイカ時代の中央アジアでは、一九八九年五月のトルクメニスタンでの暴動、五～六月のフェルガナ事件、やはり六月のノーヴイ・ウゼニ事件など、アルメニア人やメスヘティア・トルコ人、レズギ人、チェチェン人といった人たちが巻き込まれ、あるいは参加した民族紛争が、大抵は小規模ではありますが立て続けに起きました。そのため、コーカサス出身者が中央アジアでは「よそ者」であることがクローズアップされてしまいましたが、その後一部の人たちは中央アジアから立ち去ったものの、多くの人たちが今も住み続けていますし、かつて強制移住で苦しい思いをしたコーカサス出身者を、やはり苦しい生活をしていた中央アジアの人々が助けたという記憶は、今も語り継がれています。

ソ連時代を考える上では、非常に積極的に工業開発が行われたということも重要です。ロシア帝国末期からソ連時代前半までは、南コーカサスはバクーの石油産業を始めとして、中央アジアに比べ工業が発達した地域でした。しかし、ソ連はさまざまな面で民族間・地域間の格差解消政策をとります。コーカサスもソ連全体の中では先進地域ではなかったので、一応開発の対象ですけれども、それ以上に開発の余地が大きかった中央アジアに重点的に投資が行きます。

特に重要な転機になったのは、これまた第二次世界大戦の時代です。この時、北コーカサスはかなりの部分が一時ドイツに占領されます。南コーカサスは占領はされませんけれども、戦場のすぐ近くになってしまいます。それに対して中央アジアは、戦場からかなり遠いということで、ヨーロッパ・ロシアから工場が疎開し、さらには新たな軍需生産の拠点も開発されます。工業投資の面で中央アジアがソ連全体に占めるシェアが五・二％(一九四〇年)から一〇・五％(四二年)に急増したのに対し、南コーカサスのシェアは同時期に五・二％から二・五％に減少します。こうして中央アジアの工業開発は戦争を機に急速に進み、戦後も炭鉱開発やそれと組み合わせた製鉄所の建設、それから飛行機工場の建設といった大プロジェクトが中央アジアで次々と展開されます。

政治面では、コーカサス出身者が華々しく活躍したソ連時代前半に引き続き、後半にもアゼルバイジャンのヘイダル・アリエフとかグルジアのシェヴァルドナゼといった有力者が出ますけれども、中央アジアからもカザフスタンのディンムハメド・コナエフやウズベキスタンのシャラフ・ラシドフなどの有力な政治家が現れます。このような政治・経済両面での中央アジアの地位向上は、ソ連崩壊後に中央アジア諸国が大きな存在感を持ち得た一背景になります。

ソ連崩壊後――パイプラインとパワーゲーム

最後に、ソ連崩壊後について触れます。カスピ海の石油のうち、バクーの油田(図1-3)はすでにロシア帝政期から開発されていましたが、ソ連時代には、ソ連の技術水準で掘りやすいところは大体掘ってしまったということで停滞しました。またカスピ海のカザフスタン側に石油があることは分かっていたのですが、これもまたソ連の技術水準では簡単に掘れないということで、開発のしやすい西シベリアの方に中心が移っていきました。

しかし、ソ連が崩壊して外国の資本や技術が入ってくると、カスピ海はもっと開発できるはずだということで大いに注目が集まります。パイプラインの詳細は次章廣瀬論文に譲りますが、主要なルートはバクーからトルコ

図1-3　バクー油田(撮影・立花優)

のジェイハンやロシアのノヴォロッシースクなどに向かうものです。最近では中国が非常に大きな市場だということで、カザフスタンから東に向かうルートも建設中ですけれども、パイプラインは主として西に向かっているわけです。その起点をバクーと考えれば、中央アジアにはあまり関係のない話ということになってしまいますが、実はカスピ海の資源を掘って調べていったら、確かにバクーの周辺も石油はあるけれども予想したほどではなく、むしろ天然ガスが豊富に出てきました。そして、石油が非常にたくさん採れるのはカザフスタンの方だということが分かります。

カザフスタン産石油の第一の輸送ルートはロシア経由ですが、もう一つの主要ルートとして、前半で触れましたマングシュラク半島にあるアクタウを起点として、バクー・トビリシ・ジェイハン(BTC)パイプライン(六八頁図2-1)を使ってヨーロッパ方面に輸出する、アクタウ・バクー・ジェイハン・ルートが機能し始めています。アクタウとバクーの間の輸送については、カスピ海の海底にパイプラインを作るという構想もありますが、技術的な難しさや環境問題への懸念があり、当面はタンカーで運ぶことになっています。天然ガスについてはトルクメニスタンが大きな産地ですので、トルクメニスタンとバクーをカスピ海の海底ガス・パイプラインで結ぼうという構想がかなり早くから出ていますが、これは石油パイプライン以上に実現が難しそうです。

中央アジアとコーカサスの石油・ガスを運ぶパイプラインのルート選定をめぐっては、いろいろな駆け引きがアメリカとロシア、そして現地の国々、あるいは中国、ヨーロッパ諸国を巻き込んで行われてきました。それ以外にも国際政治経済上の問題で、さまざまな国がこの二つの地域に関与していく動きがあるからこそ、最初に述べましたように旧ソ連南部地域とかシルクロード地域ということで、この二つがひとまとめにされる、外からみればこの地域が一体化していくという現象がみられるわけです。

日本の場合は、どちらかというと中央アジアへの関与の方に熱心で、中央アジアでは五カ国すべてに大使館を置いていますが、コーカサスでは今のところアゼルバイジャンにしか置いていません(在グルジア大使館開設を計画中)。一九九七年に提唱されたシルクロード外交はコーカサスも対象とし、ある程度バランスをとりましたが、二〇〇四年に打ち出された「中央アジア＋日本」対話というプログラムは、再び中央アジアだけを対象としています。コーカサスとの外交関係は、二〇〇六年にアゼルバイジャンの、〇七年にグルジアの大統領が訪日し、ようやく活発化してきたという段階です。

「民主化革命」と新たな動き

これまでみてきたように、外からの働きかけの面では中央アジアとコーカサスがまとめて扱われる傾向があるのに対して、地域の中の動きとしては、一体化はあまり進んでおらず、むしろ対極的な動きさえあり、特に政治面で顕著です。二〇〇三年から〇五年にかけては、コーカサスのグルジアと中央アジアのクルグズスタンを含む旧ソ連のいくつかの国で、いわゆる民主化革命ないしカラー革命と呼ばれる政権交代劇が起きました。しかしグルジアの方は、シェヴァルドナゼというソ連時代から活躍していた年長の政治家が倒されて、彼よりも四〇歳若いミヘイル・サアカシュヴィリというアメリカ受けする政治家が大統領になったのに対して、クルグズスタンでは、前のアスカル・アカエフと五歳しか違わない、むしろアカエフ以上にソ連的なにおいのするクルマンベク・バキエフが後任になったということで、かなりこの二カ国の様子は違っています。サアカシュヴィリはアメリカへの接近を明確に打ち出していますが、クルグズスタンの方は、アメリカ軍の駐留基地に対して駐留手数料を大幅に値上げし、撤退要求も国内にくすぶっているという状況です。

全体的にいえば、南コーカサスはヨーロッパ志向が顕著です。アルメニアは親ロシア的ではありますけれども、同時にヨーロッパへの接近にも熱心です。それに対して中央アジア諸国は、権威主義的、独裁的だという批判をアメリカやヨーロッパから頻繁に受けるので、最近それに各国の大統領が嫌気が差していて、むしろロシアや中国に接近していく傾向があります。一時期、ロシア離れの傾向を共有していたグルジアとウクライナ、ウズベキスタン、アゼルバイジャン、モルドヴァが、それぞれの頭文字をとってＧＵＵＡＭという地域協力機構を作り、飛び飛びではありますがコーカサスと中央アジアにまたがる組織が存在していたのですが、対米関係を悪化させロシアに接近したウズベキスタンが二〇〇五年に脱退し、残った四カ国、ＧＵＡＭはますます民主主義と欧米への接近を強調するようになっています。

このような状況から考えると、コーカサスと中央アジアの状況は二極分化していて、近くて遠い隣人で話が終わってしまうのかということになりますが、今、必ずしも行き着く先はみえないけれども、新たなダイナミズムがいろいろなところに現れています。

そのうちの一つをいいますと、近年、カザフスタンが石油収入で好景気に沸いていて、経済的にも政治的にも外の世界に積極的に関与しようとしています。そしてカザフスタンの資本が旧ソ連諸国のあちこちに投資をしていますが、その中で特に関心を持っている国の一つがグルジアです。カザフスタンの国営ガス輸送会社「カズトランスガズ」が、グルジアのガス供給会社「トビルガズ」を買収しましたし、同じく国営の石油ガス会社「カズムナイガズ」が、グルジアのボルジョミという、水がおいしいことで有名な保養地の施設を買収しました。中央アジアとコーカサスは、完全にくっつくことも、完全に離れることもない関係にあるわけで、これからも目が離せないと思っております。

〈参考文献と解説〉

中央アジアとコーカサスに関する総合的な事典として、
・小松久男・梅村坦・宇山智彦・帯谷知可・堀川徹編『中央ユーラシアを知る事典』平凡社、二〇〇五年。
「ノガイ大系」の叙事詩について、
・坂井弘紀『中央アジアの英雄叙事詩――語り伝わる歴史』（ユーラシア・ブックレット三五）東洋書店、二〇〇二年。
本文で引用したニザーミーの物語の邦訳は、
・ニザーミー著、岡田恵美子訳『ホスローとシーリーン』（東洋文庫三一〇）平凡社、一九七七年。
カスピ海周辺地域の古代史（モンゴル征服以前）については、
・エドヴァルド・ルトヴェラゼ著、帯谷知可訳『アレクサンドロス大王東征を掘る――誰も知らなかった足跡と真実』（ＮＨＫブックス一〇五九）日本放送出版協会、二〇〇六年。
・Ｓ・Ａ・プリェートニェヴァ著、城田俊訳『ハザール――謎の帝国』新潮社、一九九六年。
・V. V. Bartol'd, "Kavkaz, Turkestan, Volga," in his *Sochineniia*, tom 2, chast' 1, Moscow, 1963.
中世～近代にカスピ海・中央アジアで活動した商業民族やコサックについて、
・L. Bagrow, "Italians on the Caspian," *Imago Mundi*, 13, 1956, pp. 3-10.
・Stephen Frederic Dale, *Indian Merchants and Eurasian Trade, 1600-1750*, Cambridge: Cambridge University Press, 1994.
・A. A. Grigor'iants, *Armiane v Srednei Azii (vtoraia polovina XIX v.—1917 g.)*, Yerevan, 1984.
・土肥恒之『ステンカ・ラージン――自由なロシアを求めて』山川出版社、二〇〇二年。

「マル主義」に由来する民族起源論について、
・宇山智彦「旧ソ連ムスリム地域における「民族史」の創造――その特殊性・近代性・普遍性」酒井啓子・臼杵陽編『イスラーム地域の国家とナショナリズム』(イスラーム地域研究叢書五)東京大学出版会、二〇〇五年。
二〇〇三～〇五年にグルジア、クルグズスタンなどで起きた「革命」について、
・藤森信吉・前田弘毅・宇山智彦『「民主化革命」とは何だったのか――グルジア、ウクライナ、クルグズスタン』(二一世紀COEプログラム「スラブ・ユーラシア学の構築」研究報告集一六)北海道大学スラブ研究センター、二〇〇六年。

第二章　コーカサスをめぐる国際政治

――求められるバランス外交

廣瀬陽子

国際政治の観点から

私はコーカサスを特に国際政治の観点から研究していますが、二〇〇〇年には一年強、国際連合大学の秋野フェローとしてアゼルバイジャンで研究を行いました。当時は、特にナゴルノ・カラバフ紛争について研究していましたが、現在はコーカサスの国際関係について、比較的広い視野で石油やテロの問題なども含めて研究を続けています。

コーカサスをめぐる国際関係は、日々激しく変化するので常に目が離せません。まず、コーカサスは、東西の要衝として非常にいろいろな利益が絡み合った地域であるといえます。コーカサスでは古代からさまざまな文明が交錯しており、キリスト教文明、イスラーム文明など諸文明とこれに基づく多様な勢力が火花を散らしてきました。そのために非常に戦略的な意味が高かったのです。

そして、その戦略的な意味は、現在でも非常に強く認識されています。その一つの契機が、アメリカ同時多発テロ事件、いわゆる9・11テロ事件です。9・11テロ事件後、アフガニスタンや中東を中心にアメリカの外交が一気に中央ユーラシアに注目するようになりました。そして、アメリカはテロとの戦いや「ならず者国家」との戦いという目標を外交政策の前面に押し出してくるのですが、その焦点となっているイラクやイランなどとちょうど隣接するのがこのコーカサス地域なのです。そのためにアメリカはいわゆる敵の勢力の拡大を防ぐためには、コーカサス地域をアメリカがしっかり掌握する必要があると考え、高いプライオリティ（優先順位）を置いているのです。

また、天然資源の存在も重要なポイントとなります。この地域の天然資源の重要性はすでに一九世紀から高く評価されていました。一九世紀においては、世界の石油産出の半分をカスピ海産のものが占めていたといわれており、ソ連が第二次世界大戦に勝利できたのもカスピ海の石油があったためだとされています。

加えて、近年の石油価格の顕著な上昇と地政学的な問題、とりわけ最近の中東情勢の混迷、さらにロシアの天然ガス輸送の不安定化の中、欧米にとって、石油供給源の多角化と安定的確保に向けてカスピ海石油への期待が強まっていることも指摘するべきでしょう。

紛争の多発地帯

しかしながら、コーカサスの国際関係の最大のネックとなっているのは紛争です。コーカサスは非常に紛争が多い地域で、その原因にはもちろん歴史的な経緯が非常に大きく関わっているのですが、さらに根源には当地の多様かつ複雑な民族分布があります。

まず、この狭いコーカサス地域に非常に多様な語族が複雑に分布していることを確認したいと思います。コーカサスの民族分布地図(口絵参照)をみると、同地にコーカサス系、インド・ヨーロッパ系、アルタイ系などが混住しており、さらにそれらの語族の中にも非常に細かく分かれるさまざまな言語が話されていることが確認できます。これほどの多様な言語話者がこの狭い地域にいることからも、この地域の多様性をみてとることができます。

そして、注目すべきことは、国境と民族分布が合致していないということです。例えば、ナゴルノ・カラバフをみますと、ここは国際法的にはアゼルバイジャン領内であるにもかかわらず、アルメニア人が居住しています。また、グルジアにも同様の問題があり、やはり国際法的にはグルジア領に位置するアブハジアと南オセチアにそれぞれ、アブハズ人とオセット人が居住しています。つまり、国境線と民族分布が合致していない部分に紛争が起きる傾向が強いことが分かります。さらに大規模な紛争になっていなくても、国境と民族が対応していない部分がたくさんあります。実はアゼルバイジャン人も分断されており、アゼルバイジャン共和国内のその二倍以上のアゼルバイジャン人がイランに居住しているといわれます。ここで言及したのはほんの一部の例にすぎませんが、このように当地の民族分布は非常に複雑で多様なのです。

さらに、宗教の分布も極めて多様です。まず、アゼルバイジャンは、基本的にイスラーム教徒が多数を占める国ですが、南部を中心とした約七〇%の住民はイスラーム教シーア派に属し、北部ではイスラーム教スンナ派が主流となっています。また、トルコや北コーカサス地方でもイスラーム教スンナ派が主流となっています。他方、キリスト教も信仰されていますが、その宗派も多様です。南北オセチアではロシア正教会、アルメニアではアルメニア教会、そして、グルジアではグルジア正教会の信者が多数を占めています。なお、アルメニアは世界で最初に、またグルジアは世界で二番目にキリスト教を国教化した国でもあります。

このようにコーカサスでは極めて多様な宗教と言語、民族が複雑に重層的に分布しており、その状況が紛争の背景にあることを考える必要があります。

この地域の紛争や紛争に発展し得る火種についてまとめました(表2-1)。

このように、コーカサスは非常に紛争が多い地域なのですが、この紛争が与える負の影響というのは大きく、内政へはもちろん、外交にも非常に大きなダメージを与えます。まず、紛争があるような場所へは欧米が投資しづらいため、欧米との健全な経済関係も育ちにくいということがあります。そのため後で触れるように、EUの近隣諸国政策においても、紛争解決に最大の優先順位が置かれているわけです。

また紛争が起こると、相対的に力が弱い小国やマイノリティは紛争に勝つためにどこかに頼らなければならないという実情があります。例えば、アルメニアはナゴルノ・カラバフ紛争での勝利を維持するために、ロシアに対してかなりの依存をしていますが、それがゆえに自ずと欧米との関係強化についてはあきらめざるを得ない側面が出てきます。このように紛争が外交関係に与える影響というのは非常に大きいのです。

表 2-1　コーカサスの紛争・紛争に発展し得る対立

国	紛争・ 紛争に発展し得る対立	概略	現状
アルメニア・アゼルバイジャン	【紛：1988～94】ナゴルノ・カラバフ自治州(ソ連末期，アルメニア人が約76％を占めたアゼルバイジャン共和国内の地域)	アゼルバイジャンからの独立かアルメニアへの移管を求める民族・領土紛争。最低でも2万5000人が死亡し，約100万人のアゼルバイジャン人が難民・国内避難民に	停戦中だが事実上の独立。アルメニア人がナゴルノ・カラバフおよび同地とアルメニアを結ぶ地域などアゼルバイジャン領の20％を占拠中。小規模の衝突が絶えず，特に2008年3月に，停戦後最大の衝突
アゼルバイジャン	【対】旧赤いクルディスタン(クルド人問題)	クルディスタン独立要求。アルメニア人のクルド人との協力	潜在的な紛争化の可能性。ナゴルノ・カラバフの動向にも関連
	【対】北部レズギ人・アヴァル人(コーカサス系)居住地域	ダゲスタンの同胞との統合要求	低レベルでくすぶる。ロシアの関与が問われる
	【対】ナヒチェヴァン自治共和国(飛び地)	アルメニアとイラン国境での緊張	まれに小規模な衝突
	【対】南方ターレシュ人(イラン系)居住地域	分離独立の可能性	1993年フンマトフを中心にタレシュ・ムガン自治共和国として一時，独立を宣言
グルジア	【紛：1990～92；98】南オセチア自治州(同地域に7割を占めるオセット人(イラン系)居住地域)	グルジアの民族主義的政策に反発し，ロシアの北オセチアとの統合要求を開始，やがて武力紛争に発展。少なくとも1000人が死亡。2008年にロシア・ニカラグア・ソマリアに独立を承認される	ロシアと北オセチアによる支援により，南オセチア側が実質的に勝利して停戦。事実上の独立を維持しつつも住民の90％がロシアのパスポートを持ち，実質的統合が進む。2004年夏には小規模な武力衝突も。2008年8月にはグルジアと大規模な衝突が発生。グルジアが南オセチアに侵攻したのに呼応し，ロシア軍がグルジアを攻撃し大きな被害が出た
	【紛：1992～93】アブハジア自治共和国(ソ連末期，アブハズ人が約18％を占めた)	分離独立要求が武力紛争に発展。当地人口の50％に当たるおよそ25万人が国内避難民化，1～2万人が死亡。2008年にロシア・ニカラグア・ソマリアに独立を承認される	ロシアによる支援により，アブハジア側が実質的に勝利して停戦。事実上の独立を維持しつつも住民の90％がロシアのパスポートを持ち，実質的統合が進む。双方のゲリラ活動は未だにさかんで，2006年7月にはコドリ渓谷で武力衝突。2008年の2月にコソヴォ独立宣言後，ロシアの関与が拡大し，特に緊張が高まっている。2008年の南オセチア・グルジア紛争の際に，グルジアを攻撃し，グルジアの支配地域を奪還
	【対】アジャリア自治共和国(イスラーム教を信仰するグルジア人であるアジャリア人の居住地域)	同自治共和国のアバシゼ最高会議議長の強権政治により，長年，グルジア政府の主権が及んでいなかった	サアカシュヴィリ大統領の強硬策の結果，2004年5月にアバシゼが辞任し，ロシアに亡命。グルジア政府が主権回復

表 2-1 (続き)

国	紛争・ 紛争に発展し得る対立	概略	現状
グルジア	【対】キスティ人(グルジア系チェチェン人)が住むアフメタ地区パンキシ渓谷	チェチェンからの難民が避難している。チェチェンゲリラがアラブ系ゲリラやアルカイダと結託か？	グルジアの主権が及んでいない。テロリストがいるとしてロシアがしばしば空爆などで攻撃
	【対】ジャワヘティア(アルメニア人の居住地域)	主に広汎な自治要求。分離独立を要求する極端な者も	ロシアの軍基地と支援もあり，緊張が継続
	【対】南東グルジアのアゼルバイジャン人居住地域(マルネウリ等)	アゼルバイジャン人の民族的権利要求	政治的に常時緊張。グルジア警察の強圧が問題に。武力衝突も
	【対】ミングレリア(初代ガムサフルディア大統領の拠点)	現政権に反対	常時緊張
ロシア	【紛：1992】イングーシ共和国・北オセチア=アラニア共和国	プリゴロド地区をめぐる領土紛争。激しい紛争は一週間程度だった	400人が死亡，4～6万人のイングーシ人が国内避難民に。ロシアが仲裁の中心的役割。散発的に衝突発生
	【紛：1994～96(第1次)；1999～(第2次)】チェチェン共和国	チェチェンの独立宣言と憲法採択を認めないロシアが軍を送り，首都を破壊した。チェチェンは反撃に成功し，停戦後，事実上の独立を確立したが，約10万人が死亡	モスクワでの連続テロ後，ロシアの攻撃により第2次戦争が勃発。チェチェン兵1万3000人，ロシア兵3000人，チェチェン市民9000～1万4000人が死亡(2005年現在)，人権侵害が深刻な問題に。紛争の「チェチェン化」により，チェチェン領内は比較的安定してきたものの，過激派がチェチェン周辺の北コーカサス諸国での活動を活発化させており，地域不安はむしろ深刻化している
	【紛：1999】ロシア連邦・ダゲスタン共和国	チェチェンのバサエフ率いる武装勢力が，ロシアからの解放を目指して隣のダゲスタン共和国のチェチェン系住民の居住地域に侵攻し，その撃退に入ったロシア軍と武力衝突に発展し，ロシア軍はそのままチェチェンへ侵攻した。この際，大勢のチェチェン武装勢力や一部現地住民が犠牲となった	ダゲスタンに攻撃がなされたり，同地に逃げたチェチェン難民が掃討されたりと，不安定な状態が続く

※【紛：期間】紛争，【対】紛争に発展しうる対立。
国別，発生年が明らかな場合は年代順で記載。講演は2006年だが，2008年8月の情報まで加筆。

石油をめぐる国際関係

次に石油をめぐる国際関係に触れてゆきます。カスピ海の石油は先に触れたように、非常に古くから有名です。火の国、アゼルバイジャンはゾロアスター教（光明神であるアフラ・マズダーを主神とし、善悪二元論を特徴とする宗教で、善の勝利と優位が確立していることから、世界最古の一神教とも位置づけられている。善の象徴として火や光を崇拝するため、「拝火教」とも呼ばれる）の聖地としても知られていますし、マルコ・ポーロの『東方見聞録』にもアゼルバイジャンの石油について書かれています。そして、一九世紀にはオイル・バロン（石油王）の活躍もあって、バクーの石油開発は活況を呈したのですが、赤軍がこの地域を制圧した後は、オイル・バロンの建物や財産、さまざまな石油関係のものがすべて接収されてしまい、石油の開発もソ連によって進められるようになりました。

ソ連時代にも、初期には当地の石油が大いに活用され、第二次世界大戦の勝利の源となったともいわれています。しかし、ソ連時代にかなり荒い手法で石油が採掘されたため、多くの石油が地底に残されたまま、放置されました。そのために内陸の石油油田が水で埋まってしまい、塩害が発生するというような公害問題も起きています。

また、ソ連にはカスピ海の海底石油まで開発する技術がありませんでしたので、海底石油については野放しにせざるを得ませんでした。そして、ソ連の資源開発の関心はシベリアやバレンツ海などへと移ってしまったのです。しかし、ソ連時代から、欧米の石油企業はカスピ海の石油に注目をしていました。欧米企業の技術をもってすれば、海底の石油も十分に採れるという勝算があったからです。そのため、ソ連末期から欧米企業は準備を進め、ソ連が崩壊するやこぞってこの地域への参入を目指すようになったのです。

こうして一九九四年九月には「世紀の契約」と称される「アゼリ、チラグ、グナシュリ（ＡＣＧ）油田の生産分与契約（ＰＳＡ）」が石油メジャーと締結されました。領海については後で説明しますが、アゼリ、チラグ、グナシュリ油田とは、アゼルバイジャン領海域にある最大の油田群です。ただ、この契約も簡単に結ばれたわけではありません。契約を最初に進めていた大統領は辞任に追い込まれ、仕切り直されるということもありました。

この契約を初めにかなりのところまで進めていたのは、第二代大統領（一九九二～九三）アブルファズ・エルチベイ（本名はアブルファズ・アリエフ、一九三八～二〇〇〇）という人民戦線のリーダーでした。彼は非常に民主的な政治を目指します。また、外交ではトルコに追従し、その一方でイランとロシアからは徹底的に独立を目指すという方針をとりました。しかし、その民族主義的政策がロシアおよびイランの怒りを買ってしまうことになります。特に、旧ソ連諸国に対して勢力を維持しておきたいロシアにとっては許しがたいことであり、ロシアはアゼルバイジャンに対して懲罰的な政策をとるようになるのです。

まず、一つ目の制裁的行為というのは、ナゴルノ・カラバフ紛争でのアルメニア側に対する強い支援です。そのため、エルチベイ時代には、アゼルバイジャンはナゴルノ・カラバフ紛争で極めて劣勢に追い込まれました。二つ目は、アゼルバイジャンの第二の都市であるガンジャにおいてスレット・ヒュッセイノフ（一九五九～、現在終身刑で服役中）がクーデタを起こすことをロシアが支援し、そのためにエルチベイは失脚しました。

そして、第三代大統領（一九九三～二〇〇三）に就任したのがアゼルバイジャンに権威主義体制を構築したヘイダル・アリエフ（一九二三～二〇〇三）です。彼はソ連時代から共産党で活躍していた指導者で、非常に巧みなバランス外交を行いました。このバランス外交の重要性が、本章の結論にもなってきます。すなわち、アリエフは欧米との関係強化を進めつつ、ロシアにも細心の配慮をしていったのでした。

その果実の一つが「世紀の契約」でした。エルチベイ時代の石油関係の交渉では、ロシアは完全に外されていたのですが、アリエフはロシアを入れて契約を仕切り直すことにより、このプロジェクトの船出を達成したのです。この「世紀の契約」締結後に、アゼルバイジャン石油公社（ＳＯＣＡＲ）とイギリスのＢＰ社が主導する形で多国籍のコンソーシアム（共同企業体）ＡＩＯＣ（Azerbaijan International Operating Company）が発足し、それによって、アゼルバイジャンにおける石油開発が本格化することになります。

これから述べるように、カスピ海の天然資源開発にはいろいろな問題があるのですが、それでもこの石油や天然ガスの開発が地域の経済発展や国際関係の進展を促すだけでなく、さまざまな法律や制度などが国際スタンダードを満たすようになる上で大きなけん引力になるという期待が内外から持たれています。

カスピ海開発

次にカスピ海開発に関する問題について触れていきましょう。

まず一つ目の問題は、資源の開発の権利をめぐる各国または各社の抗争です。例えば、アメリカがイランの参加を妨害するようなことは頻繁に起きており、アゼルバイジャンとイランの外交問題に飛び火したこともありました。このように各国、各社の利害が入り乱れています。

また、もう一つの問題として、石油が期待どおりに発見されていないという現実も見逃せません。バランス外交に長けていた故ヘイダル・アリエフ前大統領は宣伝も上手で、アゼルバイジャンの石油埋蔵量をかなり誇張したため、多くの企業が殺到しました。ところが、実際のところ、いわれていたほどには石油は出てこなかったのです。確かに、石油の有無はふたを開けてみなければ分からないというのもまた事実です。

実は石油の探査は非常に大変な作業であり、まず人工的に地震を起こして、その波動を分析するなどして予測を立てるのですが、本当に石油があるかどうかについては実際に掘ってみなければ分かりません。一つの海底油田を掘るには巨額の費用がかかりますので、非常に綿密な事前調査を長期間かけて行うのですが、それでもほとんど石油が出ないのが実情です。「世紀の契約」の締結を経て、一九九七年頃に各国の石油会社や商社などがバ

図2-1　コーカサス周辺のパイプライン
出典：田畑伸一郎編著『石油・ガスとロシア経済』北海道大学出版会，2008年，231頁。

クーに殺到し、日本からも多くの会社が進出していました。しかし、私がアゼルバイジャンで在外研究をしていた二〇〇〇年、〇一年頃には撤退する会社が少なくありませんでした。つまり、資源の開発権をめぐる闘争も熾烈ですが、開発権を獲得しても石油が出るか出ないかという難題が存在しているのです。

それでは、運よく石油が出たとします。しかし、それでもまだ問題は残っています。カスピ海は内海ですから、世界市場に石油を輸出するためには大規模なパイプラインが必要となります。図2-1をみていただければお分かりになるように、カスピ海の周辺にはさまざまなガスと石油のパイプラインが設置されており、構想も多く存在します。バクーからもすでに二つのグルジアとロシア向けのパイプラインがありましたが、規模が小さく、また黒海を経由した場合は、ボスポラス海峡を大型タンカーで通過して石油を輸送する必要があり、環境問題が懸念されました。そのため、主要な輸送パイプライン、すなわちMEP(Main Export Pipeline)を新たに建設する必要が出てきたのです。

パイプライン敷設

政治的・経済的な利害が錯綜したため、MEPのルートが決定するまでは非常に複雑な駆け引きが繰り広げられましたが、一九九九年のOSCE(欧州安全保障・協力機構)イスタンブルサミットの折に、アゼルバイジャン、グルジア、トルコを通るバクー・トビリシ・ジェイハン(BTC)パイプラインに決定します(図2-1)。これは非常に長いルートですので、経済的にはペイしないのではないかという危惧が最初は強く持たれ、特に石油メジャーは激しく反対していました。石油メジャーが熱心に推進したのは、短距離で済み、また紛争地を通っていないために、経済的にも安全保障面でも安心であったイランルートだったのですが、アメリカはイランをならず者国家とみなしていたため、政治的理由から断固として阻止したのです。なお、アメリカはロシアの影響力の拡大を恐れ、ロシアを通過するルートにも反対してきました。

このようにパイプラインは政治との関係が深いわけですが、結局BTCパイプラインが結実した背景には、やはり政治の論理が経済の論理に勝ったということがあります。この計画には「クリントン・プロジェクト」という異名すらあり、当時のクリントン政権が政治の論理を貫いたといえるわけです。

しかし、ルートが決まっても計画はなかなか実行に移されませんでした。石油企業が経済的採算をとれないと判断したからです。ところがその後、石油価格が急騰し、採算の見込みが出ると、それまでBTCパイプラインにとりわけ強く反対していたイギリスのBPがむしろもっとも積極的になり、BPの主導で二〇〇二年に着工し、予定より半年ほど遅れましたが、二〇〇六年六月にBTCパイプラインは完工しました。

BTCパイプラインの建設に当たっては非常に多面的な考慮がなされています。まず、安全面は最新のテクノロジーを駆使しているほか、地元民による自警団にパイプラインを監視させるなど、テロや天災への対策を重層的に施しています。特に地元の人を巻き込むことで、住民の意識を高めるだけでなく、収入にも貢献し、協力体制を強化していることの意義は大きいでしょう。また、立ち退きが不要となるルート選定をし、遺跡もすべて保存するなど、なるべく住民に損害のないような対応をしてきました。さらに、プロジェクトを主導するBPの社会的意識は非常に高く、地域全体の繁栄を目指して、多くのNGO（非政府組織）を設置し、医療や教育の面も同時にサポートして住民の教化に努めているほか、雇用も促進しています。

このパイプライン建設に際しては、環境問題が懸念されたのですが、適切に配慮できる企業と提携し、常にモニタリングを行いながら欧米の基準で管理をしています。例えば、建設中に出てきた陸亀の卵をすべて保護して陸亀育成センターで孵化させ、育ててから自然環境に返す活動も続けています。また、単にBPが地域の発展に尽くすだけでなく、お金でなくても、物による供給でもいいので、地元にも地域振興策に一五％以上の支出をさせることで、地域共同体が自主的に地域発展を目指すという方針をとっています。

しかし、当初約束された住民の雇用拡大が実際にはそれほど実現しなかったこと、想定されていた地域への経済利潤が現在のところはあまり還元されていないことに不満が出ているのも事実で、また後述のようにパイプラインには負の側面があることも否めません。

このように、BTCパイプラインは完成してから日が浅く、多くの潜在的な問題が指摘されているものの、これが関係諸国の経済発展や国民の教化に貢献することは間違いありません。さらに、このパイプラインに沿って、ガスパイプライン（BTEパイプライン）も建設されました。道路、鉄道の建設も進められており、地域協力が促進されるとみられます。ロシアを通過せずにヨーロッパへの活路を開いたこのパイプラインは、今後、地域発展への非常に大きな可能性を秘めているといえます。

カスピ海の法的地位

そして、カスピ海におけるもう一つの問題ですが、その法的地位をめぐる論争があります。カスピ海は海といっても実態は湖です。しかし、世界一大きな湖であるために、海と捉えるか、湖と捉えるかという議論がなされ、その結論は未だに出ていません。というのも、その法的地位のあり方によって、資源の分配が変わってくるために、論争の決着が容易につかないのです。

もし海と捉えた場合には海洋法が適用されるので、沿岸国は海岸線を基準に領海を定められるだけでなく、水産資源や地下資源を優先的に自己所有できる「排他的経済水域」を確保することができます。これは、沿岸二〇〇海里(約三七〇キロ)までとなっているのですが、相手国の沿岸が近くて二〇〇海里を確保できない場合は、その中間点を境とするように決められています。つまり、海と考えた場合には、カスピ海を各国の領域に完全に分割することになります。一方、湖と捉えた場合には共同管理となり、慣習的に沿岸国で均等に分割するようになります。この二つの説をめぐり、沿岸国がもめているのです。

海説をとった場合、海岸線が短いイランは圧倒的に不利になるだけでなく、石油や天然ガスの分布を示しつつ、海説で分割した場合のラインを記した図2-2でお分かりになるように、海説で分割した場合には、イランの領域には資源が全然ありません。そのため、アゼルバイジャン、カザフスタン、ロシアは海説を主張し、すでに各二国間で中間線での分割を公式に合意しています。他方、イランは強く湖説を主張して譲らず、時にアゼルバイジャンを武力で威嚇することすらありました。トルクメニスタンは故サパルムラト・ニヤゾフ大統領(一九四〇

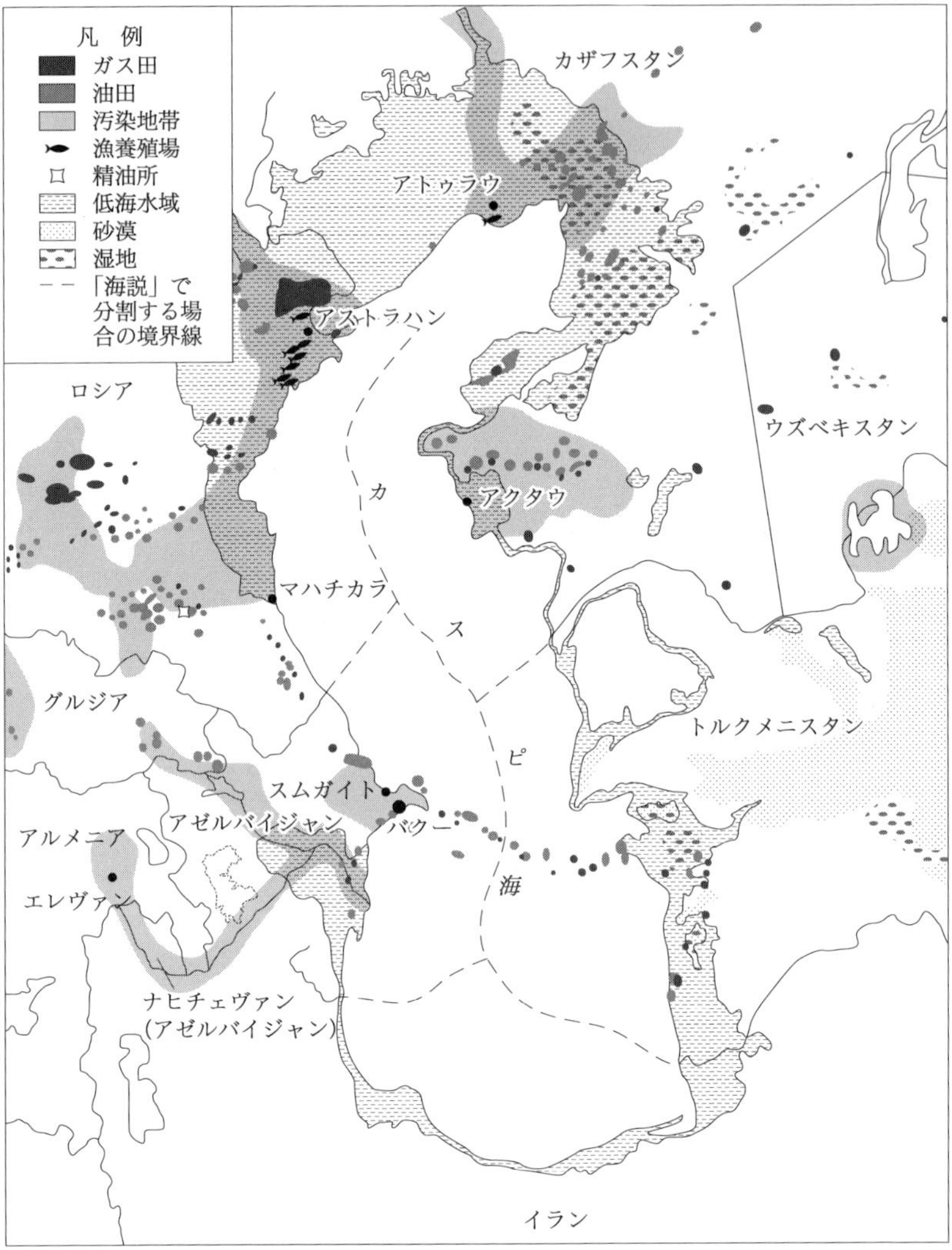

図 2-2　カスピ海の「領海」と資源分布

出典：廣瀬陽子『旧ソ連地域と紛争――石油・民族・テロをめぐる地政学』慶應義塾大学出版会，2005 年，154 頁を一部修正。

〜二〇〇六)の一存によりしばしば態度を変更したため、不確定要素となっていました(ただ、堅固な権威主義を維持してきたニヤゾフ大統領の死により、トルクメニスタンの対外関係は向上してきている)。このようにカスピ海をめぐる法的議論は「持つもの」「持たざるもの」の対立であるといわれており、五カ国がそれぞれの国益にかなう形で意見を主張して譲らない一方、最終的な法的地位は、五カ国の完全な合意がなければ決定できないということだけは合意が成立しているという状況で、なかなか収束点はみえません。

他方で、ペルシャ湾に大量の石油を保有するイランが、天然資源の源としてはずっと劣るカスピ海になぜこれほど固執するのかという議論もあります。つまり、この法的地位の議論でイランが頑なな姿勢を貫いているのは、微量の天然資源獲得にこだわっているのではなく、むしろかつては帝国としてカスピ海左岸の広範囲を支配していたというプライドが、地域覇権闘争へと駆り立てているのだという説です。イランがこの法的地位の問題にこだわる原因を一つには限定できないと思いますが、私個人としては、沿岸三国が主張している分割線が事実上、国際的に有効となっており、多くの石油企業が参入し、石油や天然ガスが生産、輸送されていることから、実質的に法的地位の問題が意味を持たなくなっていることもあり、カスピ海地域での存在感を誇示したい側面が強いのではないかと考えています。

このように法的地位の問題は微妙に揺れており、最近ではカスピ海を海上、海中、海底で分けて、それぞれに協定を結ぼうという議論も出ています。それがどのように影響するかといいますと、海底の場合は天然資源の分割、海底パイプラインの通行料の問題が絡んできます。海中については、キャビアを産出するチョウザメ漁を含む漁業権が問題となります。そして、海上については航行権の問題が出てきます。これら三つの利益が重層的に存在しているため、それぞれを別個に解決しようという趨勢が強くなっているわけですが、イランからはやはり合意がとれていません。

とはいうものの、実際には各国が自国の「領海」においてさまざまな国の企業と契約や開発をどんどん進めてしまっており、既成事実の積み上げが法的地位の問題性を無意味にしてしまっているというのが現実です。実際のところ、アゼルバイジャンの領海とされる部分の開発に、本来領海の概念を認めないはずのイランの企業が入っているという点からも(ちなみに、アメリカはイラン企業の参入には常に反対している。一度、アメリカ企業が入っているコンソーシアムにイラン企業も加わっていることが判明した際、アメリカ政府がイラン企業を排除しなければアメリカ企業を撤退させると恫喝したため、アゼルバイジャンはそのプロジェクトからイラン企業を排除した。それによってイランとの関係が悪化したため、別のアメリカ企業が関与していないプロジェクトにイラン企業を招き入れたという経緯がある)、既成事実をみれば海派に基づくカスピ海の分割が、暗黙の了解となっているともいえるのです。

資源外交の今後の展開

このように資源をめぐる国際政治というのは、非常に複雑ですが、ここでその今後の展開を検討してみたいと思います。それは安定化にも、不安定化にもつながる可能性があります。まず、資源外交、とりわけパイプラインによる当地の開発、発展への期待が大きな一方で、懸念材料も多くあることを指摘しなければなりません。

まず一つ目ですが、専門家は現在の経済状況にかんがみて、石油産業に依存し過ぎた経済に襲いかかる「オランダ病」、つまり当地の為替レートが上がることで、ほかの産業部門で利益が出せなくなり、発展が難しくなる状況を警戒しています。

二つ目は環境問題です。すでに述べたように、ＢＰは環境に対してたいへん行き届いた配慮をしているのですが、それでも石油開発に伴う環境への悪影響が常に懸念されます。

第三に、ＢＴＣパイプラインによってそれが通過する三カ国の国際関係は非常によくなっているのですが、それと反比例する形でアルメニアの疎外感がより高まっていることがあります。アルメニアはアゼルバイジャンと紛争を抱えていますし、またトルコとは一九一五年のアルメニア人大虐殺の影響でずっと関係が悪いので、ＢＴＣパイプラインやそれと並行して進められているガスパイプライン、鉄道、道路などの建設事業や通商関係の緊密化の動きからも外されています。つまり、アルメニアにとっては、ＢＴＣパイプラインは自国の四面楚歌状態をますます高めるものにほかなりません。したがって、コーカサスの地域発展という考え方からみますと、この石油をめぐる国際政治にはまさに功罪が伴っているわけです。

コーカサス諸国の外交とＧＵＡＭ・ＣＤＣ

それでは、コーカサス諸国の外交をより大局的にみていきます。まず、南コーカサス三国（アゼルバイジャン、アルメニア、グルジア）の外交の基本路線が親欧米か親ロかによって、どのような違いがあるのでしょうか。

三国はおのおのソ連解体後に独立国家となりましたので、本来でしたら自立を進めて、欧米諸国や欧米の諸組織に接近し、真の主権国家になりたいところです。しかし、なかなかそうはいかないのが実情です。

まず、反ロ的な諸国の動き、すなわちＧＵＡＭとＣＤＣについて検討してみます。

ＧＵＡＭは、グルジア、ウクライナ、アゼルバイジャン、モルドヴァという加盟国四カ国の頭文字をとって命名された地域協力機構です。数年間はウズベキスタンも加盟していたので、その期間はＧＵＵＡＭでしたが、同国は脱退しました。ＧＵＡＭは、本来、ロシアに脅かされずに、エネルギー開発や世界市場とのつながりを深めるような経済協力を強化し、そして、民族紛争の解決と地域の安定を促進させることを目的とした地域協力機構であると公言していました。しかし、これらの諸国はすべてロシアが主導するＣＩＳ（独立国家共同体）安全保障条約から脱退もしくは加盟していないために、ロシアに対抗する軍事組織であるという見方が常になされてきたのも事実です。そのためにGUAM諸国に対しては、ロシアもかなり厳しい立場をとる傾向があります。

実際、GUAM諸国は、それぞれ似たような問題をロシアとの間で抱えています。例えば、グルジア、アゼルバイジャン、モルドヴァはおのおの未承認国家の問題を抱えています。前述のグルジアのアブハジア問題、南オセチア問題、アゼルバイジャンのナゴルノ・カラバフ問題。そして、コーカサスではありませんが、モルドヴァの沿ドニエストル問題。これらはすべてロシアの支援によって紛争に勝利し、未承認国家の状態を維持しているといえます。またウクライナは常にエネルギーなど経済的な問題をロシアとの間で抱えているほか、クリミアやロシア系住民の問題などさまざまな懸案事項があります。そのような諸国がロシアと対抗すべく協力を進めているともいえるわけです。

GUAMは二〇〇〇年頃から形骸化がささやかれ、特にウズベキスタンの離脱で解体の危機すら懸念されましたが、最近新たな動きを示しています。まず、グルジア、ウクライナ、モルドヴァ(GUM)は二〇〇五年頃から、しばしば「機能不全に陥った」としてCIS脱退をちらつかせるようになっていました。ただし、CISを脱退すれば、例えばグルジアではGNPの四分の一を占めるというロシアへの出稼ぎ労働者からの収入が望めなくなり、経済的な大打撃となるため、単なるポーズであるという説が強いことも事実です。それでも、CIS離れは確実に進んでいます(二〇〇八年八月、グルジアは正式にCIS脱退を表明した)。

そのような中、二〇〇六年五月二三日にキエフでGUAM首脳会談が開催され、新たな地域協力の枠組みである「民主主義と経済発展のための機構GUAM(OEDE・GUAM)」の創設宣言に調印がなされました。これにより、加盟国はさらなるロシアの影響力排除と親欧米化、トルコ・東欧との接近路線への一歩を進めたわけです。さらに、GUAM加盟国は、民主主義の拡大、自由貿易圏の創設、EUやNATO(北大西洋条約機構)と安全保障面などで協力することなどをうたい、欧州への統合を目標に掲げました。その会議には、リトアニアやポーランド、ルーマニア、ブルガリアの各国首脳らも出席し、今後の協力が協議され、特にルーマニアが非常に熱心な姿勢をみせました。

こうして、GUAMはすでに、欧米の協力を得てアゼルバイジャンの石油を欧州に送るパイプライン整備などを進め、「恫喝外交」を展開するロシアに対抗し、結束する姿勢を強化したわけです。ただし、アゼルバイジャンのみがほかの三国と異なる姿勢をみせました。アゼルバイジャンは、GUM諸国に(ロシアを介さない形で)エネルギー供給を行っていくことを約束しつつも、「ロシアとの関係改善に(アゼルバイジャンは)協力する」とも公言し、双方の「仲介役」たろうとしているようです。

一方、GUAMがさまざまな限界に直面し、新たな方向性を見出す必要が出てきたと感じたグルジアとウクライナは、実はOEDE・GUAM創設に先駆けて、別の動きも主導していました。両国は二〇〇五年一二月に「民主的選択共同体(CDC)」の結成を主導し、さらなる民主化・親欧米化路線を追求していくことを目指すと掲げました。CDCはGUAMに源流があるとはいえ、アゼルバイジャンはオブザーバー参加にとどまり(モルドヴァは参加)、創設時の加盟国は、エストニア、グルジア、リトアニア、ラトヴィア、マケドニア、モルドヴァ、ルーマニア、スロヴェニア、ウクライナと、GUMにバルト三国や東欧諸国が加わった形となります。さらに、アゼルバイジャン、ブルガリア、チェコ、ハンガリー、ポーランド、アメリカ、EU、OSCEがオブザーバーとして参加しています。

CDCは創設に際して、あらゆる主体に敵対するものではないことを明言し、諸国間の友好的対話に基づき、民主化、法の尊重、安定、繁栄を目指すプロジェクトだと自己規定をしていますが、実際は「反ロシア的な性格」も明らかになっています。つまり、CDC諸国は、自身をEUと上海協力機構(Shanghai Co-operation

Organization：二〇〇一年六月に上海で設立された中国・ロシア・カザフスタン・クルグズスタン・タジキスタン・ウズベキスタンによる国際テロや民族分離運動、宗教過激主義問題に加え経済や文化など幅広い分野での協力を目指す機構。一九九六年四月にウズベキスタンを除く五カ国で集った「上海ファイブ」が前身）という二つの地域ブロックの間に位置する諸国であるが、民主化を進め、欧米に接近していくものだと位置づけているようです。

参加国の中では、グルジア、ウクライナ、モルドヴァがとりわけ熱心であり、特にEUへの接近と統合を推進しています。しかし、二〇〇六年八月にウクライナ首相に親ロ派ヴィクトル・ヤヌコヴィッチ（一九五〇〜）が就任すると、今後のGUAMとCDCにおけるウクライナのリーダーシップや方向性が懸念されました。そして二〇〇七年一二月に、再びオレンジ革命（後述）の中心人物であるユリヤ・ティモシェンコ（一九六〇〜）が首相に返り咲き、これからの動向が注目されます（二〇〇八年、グルジア紛争への立場の違いから政治危機に陥る）。

こうした動きに対して、ロシアはGUAMやCDCなどの「反ロ的動き」の背後にはアメリカが影響力を行使しているとみて警戒を強めています。また、前にも触れたように、アルメニアなどロシアに依存するほかに選択肢がない場合もあり、アルメニアはそれによって地域での疎外感を強めています。例えば、これからお話しするEUのコーカサスに対する積極的な政策に対しても、あるアルメニア知識人は「自分たちはロシアとの関係を重視する必要があり、欧米との関係強化は考えられない。欧米はそういう政策をとるならまず、ロシアへの依存から抜けられるように紛争解決から始めるべきだ」とインタビューで答えていました。紛争が外交にも大きな足かせとなっていることが改めてよく分かります。

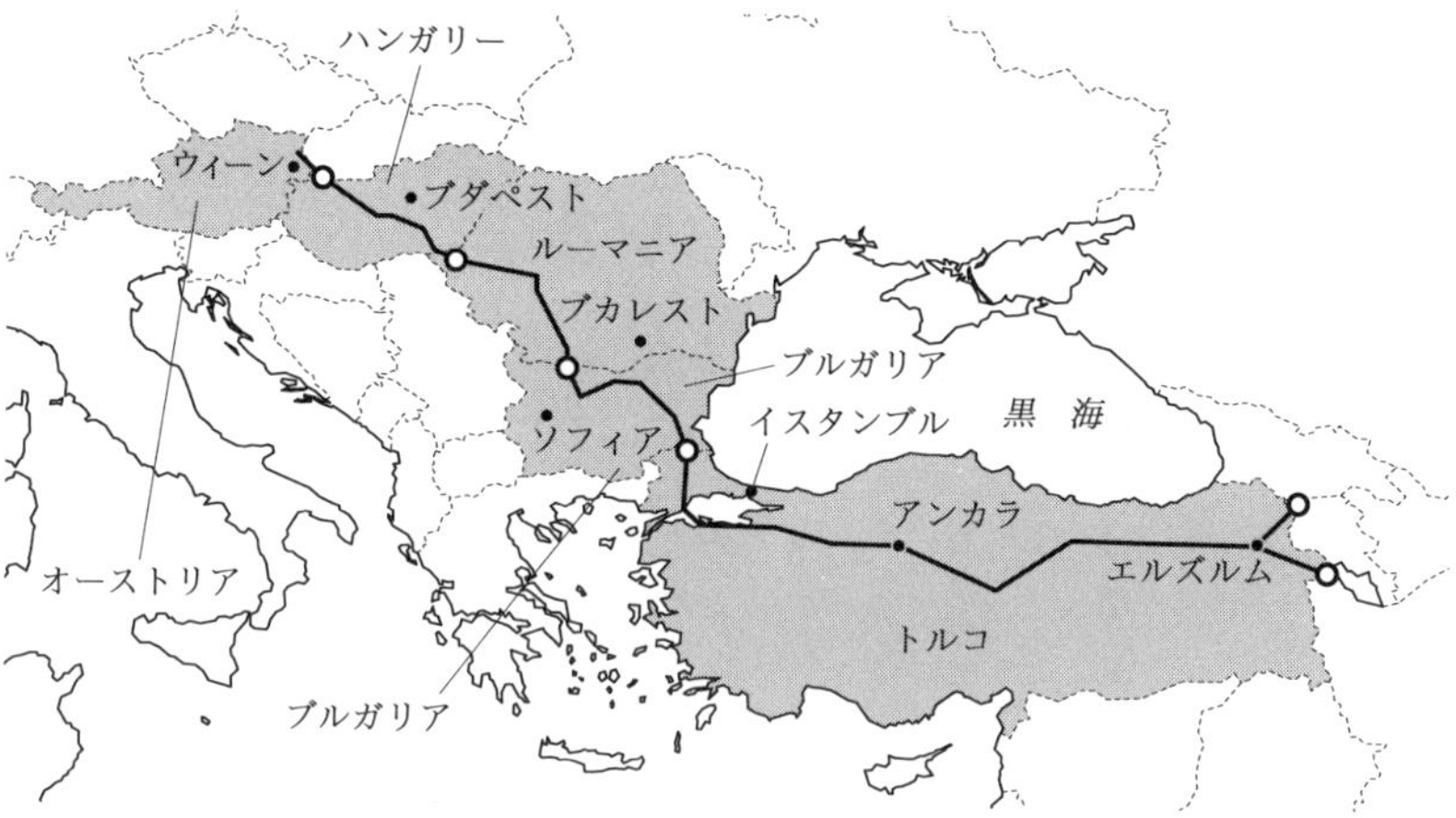

図2-3　ナブッコ・ガス・パイプライン敷設予定図
出典：ナブッコ・ガス・パイプライン・プロジェクトのホームページの地図（http://www.nabucco-pipeline.com/project/project-description-pipeline-route/project-description.html）

欧米諸国の動きと民主化ドミノ

欧米諸国は近年、コーカサス地域に対する関与を積極化していますが、特に、エネルギー安保や民主化の側面でその動きが強く出ています。

まずはエネルギーについては、既述のとおり、欧米の多くの企業がエネルギー開発、パイプライン開発に関心を高めて、この地域への浸透を目指しています。特に、二〇〇五年末から翌年にかけての、いわゆる「ロシア・ウクライナガス紛争」によって、ロシアから欧州へのガス輸入に対する不安が高まってからは、急遽ナブッコ・ガス・パイプライン（図2-3）の建設も一年早めることが決定されました。この計画は、カスピ海地域・中東とEU諸国を結ぶ三三〇〇キロメートル、予算五八億ドルの巨大プロジェクトで、ロシアを介さずにエネルギーをヨーロッパに輸送できるということに強い期待が持たれています。当初、二〇〇八年に建設開始、二〇一一年に完工が予定されていました。

ただし、最近では、通過国のハンガリーにロシアが揺さぶりをかけ、ナブッコ・パイプラインの行く末には不安の声も聞かれます。ハンガリーのジェルチャーニ・フィレンツ首相(一九六一〜)は、「ブルーストリーム・パイプライン(ロシア・イゾブルヌイからトルコ・アンカラまで、黒海海底を経由する天然ガスパイプライン)はルートがまだ確定されていないもののロシアによる十分なガス供給の確保が可能である」一方、「ナブッコ・パイプラインについては、現実味が薄い」とも発言し、ロシア主導のブルーストリーム・パイプラインにより強い関心をみせたからです(さらに、ハンガリー国内の問題のみならず、天然ガス供給量への懸念や、プロジェクトを推進していくコンソーシアムの問題までが深刻化し、結果的には、ナブッコ・パイプラインの建設開始は二〇一〇年まで先送りされることが決まり、二〇一三年までは輸送も開始されないということが二〇〇八年四月時点で明らかになっている。さらに二〇〇八年のグルジア紛争により、実現可能性が危ぶまれるようになっている)。ともあれ、ロシアのパイプライン計画への関与は、至るところで深く行われているということが指摘できます。

また、欧米諸国はコーカサス諸国に対して、さまざまな点でいわゆるヨーロッパスタンダードにまで引き上げたいという目的を持っています。軍事でいえばNATO、政治経済でいうならばEUやOSCEなど、経済であればWTO(世界貿易機関)のレベルに合わせていくということになります。そのために、深刻な問題となっている人権などの問題についてもその改善を促しているほか、民主化支援のために憲法改正の提言や選挙監視なども非常に積極的に行っています。また、旧ソ連では、現在でも情報統制が厳しい地域がありますので、行動、思想、信仰などの自由化、さらには法制度の向上にも欧米諸国は積極的に関与をしています。

さらにいわゆる「民主化ドミノ」に欧米諸国が関与したという説もあります。民主化ドミノとは、二〇〇三年のグルジアのバラ革命、二〇〇四年のウクライナのオレンジ革命、二〇〇五年のクルグズスタンのチューリップ革命の一連の流れをいうものですが、旧ソ連諸国は一五カ国もあり、次のドミノの予兆もないことからこの民主化の趨勢はむしろ例外とみた方が正しいかもしれません。

欧米がそれら「革命」に関与したかどうかは議論が分かれるところですが、関与したとすれば、欧米の政策にはダブルスタンダードがみられるという現実があります。アメリカ政府の旧ソ連諸国への政策の大前提は民主化と安定化の二つです。そしてアメリカとしてはロシアの影響力を排除しつつ、旧ソ連において、自国の政治経済的な影響力を強化したいという目的を持っています。ただし、この民主化と安定という二つの目標は短期的には矛盾するものです。つまり、民主化をもし「革命」というような形で急進的に行えば、その後の不安定化は避けられず、少なくとも短期的には安定化との間に矛盾が起こります。

国益、例えば、アメリカにとっての軍事問題、エネルギー問題、経済問題などを優先した場合には、この民主化が優先されない場合があります。例えば、アゼルバイジャンの場合には安定が優先されるといわれています。二〇〇五年一二月にアゼルバイジャンのアメリカ大使館でインタビューをしたところ、アメリカの外交官は「アゼルバイジャンの場合は民主化より安定を重視する。特にアゼルバイジャンは資源の問題もあるので、ここが不安定化すればたいへんなことが起こるからだ。しかし、長期的には民主化と安定の両方を実現していきたいので、安定を重視しつつ、時間をかけて少しずつ民主化を行いたい」と話していました。しかし、アゼルバイジャンの野党はそのようなアメリカの姿勢を「自国の国益を優先して、アゼルバイジャンの民主化を捨てた」と捉え、二〇〇五年一一月の与党が大勝した議会選挙の後、しばらく対米の抗議行動を続けていたのです。

それでは、どうしてアゼルバイジャンにはこの民主化ドミノが及ばなかったのでしょうか。私は六つの理由を考えています。

第一に、アゼルバイジャン人の安定志向性があります。背景には、ナゴルノ・カラバフ紛争のトラウマがあります。特にエルチベイ大統領が民主化を希望しながらも、ロシアに反抗的な姿勢をとったがために、ナゴルノ・カラバフで大敗したことはすでに述べましたが、それがゆえに、アゼルバイジャン人は民主化が必ずしも自分たちの幸せにつながるものではないという認識を持ってしまっています。民主化や西欧的な価値が絶対的によいのかという疑念を常に持っているのです。また、「革命」を経験したグルジア、ウクライナで政治的混乱が続いているのをみて、民主化への疑念をさらに強めているのも事実です。

第二に、大統領の人気が考えられます。現在のアゼルバイジャンの大統領は第四代(二〇〇三〜)のイルハム・アリエフ(一九六一〜)です。前任でイルハムの父であるヘイダル・アリエフは非常にカリスマ的な指導者で、二〇〇三年一二月に亡くなりました。イルハムは、一応大統領選挙で勝ったとはいえ、選挙の正当性には疑問が持たれており、旧ソ連での初の世襲政権となっています。

息子は最初、多くのスキャンダルによりあまり人気がなかったのですが、大統領就任後は顕著に人気を高めています。その背景の一つに、イルハムが前大統領の神格化により自分にカリスマ性を投影していることがあります。例えば、現在、アゼルバイジャンの多くの有名な建築物が次々とヘイダル・アリエフという前大統領の名前に変えられています。BTCパイプラインすらアゼルバイジャンではヘイダル・アリエフ・パイプラインと呼ばれているほどです。ヘイダルの巨大な銅像・記念博物館、記念公園などを国中の街の中心に建造したり、国営テレビでヘイダルをたたえる番組を非常に頻繁に放映したりと、その様子はさながら北朝鮮のようです。

第三に、野党が非常に無力で魅力がないということもあります。

第四に、政権がほかの「革命」から綿密な学習をしているという点もあります。例えば、二〇〇五年一一月の選挙の際には、野党の連日に及ぶ反対運動が革命につながらないように、警察などが総動員されて、人々を絶対に「座らせない」ということを徹底して行っていました。なぜなら、アゼルバイジャン政府は、ウクライナのオレンジ革命成功の最大の要因は国民が座り込みをして、広場などにしぶとく居座ったことだと分析しているからです。

第五に、繰り返しになりますが、欧米のダブルスタンダードがあります。
第六に、天然ガスと石油があるために、対外的にも強気に出られることがあります。
これら六つの理由でアゼルバイジャンでは安定が続いていると私は考えています。

欧州の多面的なアプローチ

その一方で、欧州の諸国もコーカサス諸国に対して多面的な試みをしています。主なものを三つ紹介したいと思います。まず一つ目は欧州連合、ＥＵの試みです。現在、コーカサス諸国の中には加盟国がありませんが、ＥＵとしてはさまざまな形で政治への関与を進めています。まずＴＡＣＩＳ(Technical Aid to the Commonwealth of Independent States)が挙げられます。これは旧ソ連からの自立援助をして、新しいエネルギー・インフラの整備と、そして、欧州市場への参入を促進するプロジェクトです。これと関連するような形でＩＮＯＧＡＴＥ(Interstate Oil and Gas Transport to Europe)とＴＲＡＣＥＣＡ(Transport Corridor Europe Caucasus Asia Projects)を進めてきました。ＩＮＯＧＡＴＥはＴＡＣＩＳの長期プログラムの一環で、資源エネルギーを軸にした地域協力を支援するものになっています。ＴＲＡＣＥＣＡは、ロシアを排除するような形で南コーカサス三国と中央アジア諸国をＥＵと結ぶ輸送計画です。これをグルジアのシェヴァルドナゼ、アゼルバイジャンのヘイダル・アリエフという二人の前大統領が熱心に推進し、事務所もバクーに設置されましたが、現在のところあまり画期的な結果は出ていません。

そして、二〇〇五年から活発に始まったのはＥＮＰ(欧州近隣諸国政策)です。ＥＮＰそのものは二〇〇四年から始まっており、ＥＵの近隣諸国の安定性、民主化、人権尊重や経済発展のために積極的関与を行っていこうというプロジェクトです。ＥＮＰ対象国は基本的にＥＵの周辺国ですが、トルコと接するということで後からコーカサス三国も加えられました。二〇〇五年末頃から行動計画の策定が始まり、二〇〇六年一一月に策定が終了し、

ＥＵとコーカサス三国がそれぞれ合意して、ＥＮＰの活動が本格的にスタートしました。ＥＮＰの政策ですが、コーカサスの場合は紛争解決が最重要課題として掲げられています。ただし、このＥＮＰには二面性がありまして、もちろんＥＵとの関係強化という側面もあるのですが、逆にいえば、ＥＵと外部の境界の確定、つまりＥＮＰ対象国はＥＵ加盟の対象外という側面もあります。これはＥＵ加盟を切望するグルジアなどにとっては痛い話ですが、今後の進展は現状からは何ともいえず、新たな局面に発展する可能性も秘めています。

次にＯＳＣＥの活動が挙げられます。コーカサス諸国はすべてＯＳＣＥに加盟をしています。ＯＳＣＥは民主化支援、選挙監視、紛争解決などで特に活動が目立っています。

最後に、ＣＯＥ（欧州評議会）ですが、これにもコーカサス諸国はすべて加盟していまして、特に政治面での関係が強くなっています。このＣＯＥの議会委員会の副議長に現在のアゼルバイジャン大統領、イルハム・アリエフが数年前に就任していました。ＣＯＥは欧州の組織としては小規模ですが、逆に細かいところまで目を配らせて民主化支援を行っていることを指摘できます。

安全保障とロシアファクター

そして、地域安全保障についてですが、まずおさえておきたいのが、欧米が主導するＮＡＴＯとロシアが主導するＣＩＳ安全保障条約が対立しているという構図です。旧ソ連諸国は、ＮＡＴＯとは平和のためのパートナーシップ（Partnership for Peace：ＰｆＰ。ＮＡＴＯとＮＡＴＯ未加盟の欧州諸国および旧ソ連諸国の二三カ国との間で信頼醸成を図るための試み。ＰｆＰ加盟国の加盟時期は一様ではなく、また中東欧の一〇カ国がＰｆＰ加盟後にＮＡＴＯに加盟し、自動的にＰｆＰから脱退しているほか、マルタは完全中立を守るためにＰｆＰを脱退している）での関係が公にありますが、ＮＡＴＯとの関わり方がロシアとの関係にも大きく影響してきます。つまり、NATO加盟を志向していくか、CIS安全保障条約に加盟するかという二者択一的な状況があるわけです。既述のGUAMは前者に当たります。特にグルジアはNATOへの正規加盟の希望を常に強調しています。他方、アルメニアなどはNATOから距離を置き、ロシアとの軍事関係やCIS安全保障条約をより重要視する傾向が強いです。

また、ロシア軍の問題も深刻です。ロシア軍はアルメニアには大規模に駐留しているのですが、それは双方の合意に基づいたものです。しかし、グルジアには民族紛争の仲裁の条件の一つとしてロシア軍基地設置を強要し、結局四つの基地を設置しました。ただし、一九九九年のOSCEイスタンブルサミットの決定に基づいて、かなり難航したものの現在撤退が進められています。また、グルジアの停戦地域におけるロシア軍による監視問題も両国間の懸念材料となっています。なお、グルジアの基地を閉鎖した結果、兵器などがアルメニアに移管されており、アルメニアと停戦状態にあるアゼルバイジャンは危機感を強めています。アゼルバイジャンにはロシアの軍事基地はありませんが、ガバラレーダー基地というソ連時代に作られた巨大なレーダー基地があり、それをロシア軍が賃貸という形で使用しています。なお、このガバラレーダー基地は、アメリカが「イランへの監視強化」を名目に東欧へのMD(ミサイル防衛)システム配備を計画していることに反発するロシアが、「イランの監視にはより適切なはず」であるとして、ガバラレーダー基地の共同利用を含む代替案を提案したことでも話題になりました。これは、そのMD計画が実は自国に向けて進められていると考えているロシアが、イラン対策を名目にするアメリカに「踏み絵」を突き付けたことになります。結局、アメリカはガバラレーダー基地の共同利用については受諾しない意向で、ロシアとアメリカの関係がさらに緊迫したものとなってきています。

このように、コーカサス諸国のロシアと欧米との関係のあり方は反比例するわけですが、ここで反ロ的な行為に対するロシアの懲罰、つまりロシアの外交カードについてご説明したいと思います。

第一に紛争の利用です。旧ソ連諸国の分離主義の動きを支援し、それによって本国が困った時に軍事基地の設置やCIS安全保障条約への加盟、石油契約への参入などを強要してきました。また紛争解決については、ロシアはダブルスタンダードを用いています。ロシアは旧ソ連の主な分離主義の動きに対しては、「民族自決」を根拠として支援する一方、自国のチェチェン問題については「領土保全、主権尊重」を主張して、分離を許しません。しかも、チェチェン人は「テロリスト」であるとして、攻撃することへの正当性すら主張し、欧米もそれを黙認せざるを得ない状況にあります。

次はエネルギーの問題です。旧ソ連諸国はソ連解体後もロシアからエネルギーを安価に供給されていたのですが、最近ではロシアがその価格や供給を操作して、政治的な圧力をかける際に利用する傾向があります。完全に経済的な理由で説明できる事例もあるのですが、コーカサスの場合は、反ロシア的な政権に対してエネルギー価格の引き上げや供給の操作を行ったり、ロシアの友好国のアルメニアに対してもガス価格をてこにアルメニアの国家資産の従属化を進めたりと政治的利用が目立ちます。

第三は政治的締め付けです。外交的な締め付けはもちろん、例えば、CIS諸国には査証が免除される規定がありますが、グルジアに査証制度を適用する一方で、グルジア内の未承認国家であるアブハジアと南オセチアには査証制度を適用外とすることでほとんどロシア化することに成功しているということがあります。

四番目は経済です。査証制度は政治的影響のみならず、経済的打撃も与えています。なぜなら、出稼ぎ労働者の人数が減るからです。また、ロシアは二〇〇六年になるとグルジアに対してワインやミネラルウォーターの禁輸措置までとり、さらに九月末のグルジアでのロシア軍人のスパイ容疑による逮捕以降は、ロシアがグルジアに対して完全な封鎖を行うに至り、グルジア人出稼ぎ労働者も強制帰国させられたことから、グルジアの経済は非常に大きな打撃を受けました。

このようにロシアはいくつもの外交カードによって旧ソ連諸国の掌握に躍起となっているわけです。また、この地域の覇権を狙っているのは、欧米やロシアだけでありません。地域諸国も活発な動きを見せています。例えば、トルコは黒海経済協力機構（Organization of the Black Sea Economic Cooperation：ＢＳＥＣ）やＢＴＣパイプラインなどにおいて、地域における政治的、経済的、エネルギー的な影響力の拡大を進めようとしています。また、イランは経済協力機構（Economic Cooperation Organization：ＥＣＯ）などで経済的な影響力を強めようとするほか、カスピ海の法的資源問題を利用するなどさまざまな形でこの地域の覇権を目指しています。

さらにイランもトルコも該当するのですが、イスラームを通じての影響力拡大という動きもあります。イランはイスラーム教シーア派、トルコはスンナ派ですが、ソ連が解体した直後には、アラブ諸国も含めたコーカサスや中央アジアへの参入競争がみられました。しかし、このような動向は単なる宗教的な連帯を強化しようとする動きではありません。宗教を仲介としつつも、このような参入の背景には政治経済的な影響力の拡大など、もっと実利的な目的があることは自明です。

とはいえ、この地域の問題を考える上では、やはり民族問題が常にネックとなります。口絵地図からも分かるように、アゼルバイジャン人はイランとアゼルバイジャンに分断されていて、イランは統合運動を非常に恐れています。実際のところはイランのアゼルバイジャン人はアゼルバイジャンとの統合を強く望んでいないのですが、それでも民族の統合運動を恐れるがゆえに、イランはアゼルバイジャンの強大化を警戒してナゴルノ・カラバフ紛争においても、イラン同様にイスラーム教シーア派が多数を占めるアゼルバイジャンではなく、キリスト教のアルメニアを支援したわけです。このように考えますと、ナゴルノ・カラバフ紛争はイスラーム教対キリスト教の宗教紛争だと書かれている場合もありますが、決して単純な宗教戦争ではないことがお分かりになると思います。

また、クルド人の問題も各国にまたがっているために、非常に深刻な地域の課題の一つとなっています。多民族が複雑に分布しているという背景があるとともに、民族紛争がソ連もしくはロシアのみならず紛争当事国にも政治的に利用されることも多かったことや、兵器ビジネスや人身売買などで紛争によって利益を得る者がいるということも、コーカサスの紛争を深刻にしてきた要件として強く認識する必要があるでしょう。さまざまな要因がコーカサスの紛争をより深刻にし、解決を困難にしてきたのです。

また、欧米の中東政策との軋轢もあります。最近、アメリカが中東政策に重点を置いているがために、コーカサスが中東政策の基点になるのではないかとも常にささやかれてきました。特にアゼルバイジャンはイランと国境を接していますので、もしアメリカがイランに攻撃をするとなると、アゼルバイジャンがその基地にされる可能性が高いといわれてきました。しかし、二〇〇六年四月の訪米の折、アゼルバイジャン大統領はアメリカのイラン政策に対する軍事協力を明確に否定しています。それでもアメリカが中東政策を行っていく上では、この地域の重要性は非常に高いといわざるを得ません。また、アメリカと鋭く対立するいわゆる「イスラーム原理主義者」を封じ込める上でも、この地域は非常に大事になっています。

脆弱な安定

これまで述べてきたように、コーカサス地域の安定は非常に脆弱です。チェチェン紛争はまだ終結しておらず、停戦中の民族紛争の再発の恐れが常にあるだけでなく、テロや中東情勢など地域の不安定化のあおりを受ける可能性も高いからです。また、ロシアのさまざまな外交カードがいつどのように振り下ろされるか分からない恐怖もあります。

現在(二〇〇六年時点)のコーカサス情勢は曲がりなりにも安定をしているかのようにみえますが、それは非常に微妙な均衡の上に成り立っているといえます。したがって、この地域においては、バランス外交が非常に重要です。国家として独立した以上、国際的にはヨーロッパスタンダードに合わせることを要求されることが多くなり、また親欧米的な政策をとる国は、欧米諸国の仲間入りをするために自らヨーロッパスタンダードに近づくよう努力する傾向が強まります。その一方で、アゼルバイジャンのように権威主義体制を維持している国では、その権威主義を維持するための政策とヨーロッパスタンダードが常に対立関係に陥ります。そのため、欧米の指導を適当にかわしつつ、自国の安定を保つためには、非常に微妙なさじ加減が必要となるのです。

また、本来はそれが二者択一となるべきではないのですが、欧米かロシアかという外交志向のジレンマが存在することも、この地域の外交を考える上で重要なポイントです。

親欧米で行くのであれば、ＥＵへの加盟を目指しつつ、さまざまな基準をＯＳＣＥに合わせて、ＮＡＴＯやＷＴＯに入っていくことを目指さなければいけませんが、それはロシアにとって非常にいまいましいことです。例えば、本来、ＥＵの近隣諸国政策はロシアにも適用されるはずでしたが、私がＥＵの担当者から聞いたところによると、ロシアはＥＵとは歩みを一にするつもりはなく、またほかのＥＮＰ対象国と一緒のレベルで考えて欲しくないと主張し、ＥＵとは独自にパートナーシップ協力協定を結んだといわれています。

このようにロシアはＥＵとは別の道を歩もうとしているわけですから、両者とのバランスのとり方は非常に難しくなります。欧米に偏り過ぎれば、ロシアの懲罰が予想されますし、ロシアに一辺倒となると、国際的に孤立せざるを得ない状況に陥るからです。今後、このコーカサスの小さな国々が生き抜いていくためには、慎重に状況判断をしつつ、微妙なさじ加減で、「バランス外交」を展開していくことが重要となります。逆説的なまとめですが、難しい問題も多数抱えてはいるものの、エネルギーをてこにした発展や国際社会との関係強化により大きな可能性を秘めた地域、それがコーカサスなのです。

〈追記〉

本書は二〇〇六年に北海道大学スラブ研究センターで行われた公開講座での講演を基盤としているが、その後、多くの変化があった。講演後の変化については、文中の括弧内に補足した部分もあるが、特に強調すべき出来事がある。二〇〇八年八月八日の南オセチアへのグルジアによる侵攻に呼応する形で起きたロシアのグルジア攻撃(グルジア紛争)である。ここに要点だけをまとめておきたい。

本紛争の勃発については、明らかになっていない部分が大きい。ロシアは、グルジアが南オセチアに対する民族浄化を始めたため、「自国民保護」のためにグルジアを攻撃したと主張している。他方、グルジアは侵攻する前から南オセチア側からの攻撃が過激になり、グルジアが一方的な停戦を呼びかけても、南オセチア側が攻撃をやめないばかりか、ロシア軍が進軍してきたために侵攻したのだと主張していたが、その後、グルジアが先制攻撃を行ったことを大統領が認めたため、国際世論はグルジアに対して厳しくなっていった。

しかし、大事なのは、本紛争を国内レベル、国家レベル、地域レベル、国際レベルの四つのレベルから考え、問題の本質を問うことだろう。国内レベルでは、民族自決を主張する南オセチア、アブハジアと領土保全を主張するグルジアの対立がある。国家レベルでは、独立国としてEUやNATOなど欧米諸国への接近を目指すグルジアと、旧ソ連圏に対する影響力を維持したいロシアとの対立がある。また、地域レベルでは、ロシアを迂回する形でのパイプラインやGUAMなど反ロシア的とみなされる機構の存在とロシアの間の緊張があった。さらに、国際レベルでは、ロシアが多極的世界を目指してきたのに対し、米国がロシアの意図を無視した国際戦略を多く繰り広げてきたほか、グルジア・ウクライナの「民主化革命」やNATO加盟を推進し、さらにミサイル防衛システムをチェコやポーランドに配備する計画を進めるなど、一極支配的な世界秩序を構築しようとしてきたことが、大国間の大きな亀裂になった。これらすべてのレベルの問題が重層的に存在したことが紛争勃発を招いたといえる。

この紛争は、ＥＵの議長国であるフランスのサルコジ大統領の仲介により、六項目の和平合意文書が作成され、停戦が成立したものの、グルジアの領土保全についての言及がないなど、問題が多く、今後の和平に影を落とした。

ロシアとグルジアの関係は決定的に冷え切り、グルジアはロシアとの国交断絶とＣＩＳ脱退を表明した。他方、ロシアは南オセチアとアブハジアを国家承認し（追従したのは、二〇〇八年一〇月段階でニカラグアのみ）、両地域に軍基地を設置したり、さまざまな条約等を整備したりと関係を深めており、グルジアの領土保全を侵害する行動として国際的な批判を受けている。

ロシアの米国やＮＡＴＯ、ＷＴＯなどとの関係も冷え切り、「新冷戦」の到来もささやかれているが、現在では、冷戦期のようなイデオロギーや確固たる「陣営」がなく、世界の相互依存が進み、ロシアや欧州が冷戦を望んでいないことから、冷戦期のような世界秩序が再来するとは考えにくい。とはいえ、グルジアをめぐる諸問題の解決は困難が予想される。

〈参考文献と解説〉

コーカサスの紛争について

・廣瀬陽子『旧ソ連地域と紛争——石油、民族、テロをめぐる地政学』慶應義塾大学出版会、二〇〇五年。
・廣瀬陽子「未承認国家と地域の安定化の課題——ナゴルノ・カラバフ紛争を事例に」『国際法外交雑誌』第一〇四巻、第二号、二〇〇五年、一三一—四一頁。
・北川誠一「ザカフカースの民族問題——人口移動と民族問題」『国際問題』通号四六四、一九九八年、四七—六一頁。
・北川誠一「アブハジア、グルジア紛争と歴史記述」『旧ソ連の地域別研究——コーカサス地方を中心として』一九九八年、三一二四頁。
・Yoko Hirose, “Aspects of Genocide in Azerbaijan,” *Comparative Genocide Studies*, Vol. 2, 2005/2006, pp. 32-44.
・Yoko Hirose, “Visions for Mountainous Karabakh: From the Azerbaijanis and the Armenians,” International Visions ed., *The Armenia-Azerbaijan conflict over Karabakh from History to Future Peace Prospects*, Baku: Visions of Azerbaijan, 2007, pp. 117-136.
・Svante E. Cornell, *Small Nations and Great Powers: A Study of Ethnopolitical Conflict in the Caucasus*, Richmond: Curzon, 2001.
・Dov Lynch, *Russian Peacekeeping Strategies in the CIS: The Cases of Moldova, Georgia and Tajikistan*, London: The Royal Institute of International Affairs, 2000.
・Charles King, “The Benefits of Ethnic War: Understanding Eurasia’s Unrecognized States,” *World Politics*, Vol. 53, No. 4, July 2001, pp. 524-552.
・Dov Lynch, *Engaging Eurasia’s Separatist States: Unresolved Conflicts and De Facto States*, Washington, D.C.: United States Institute of Peace Press, 2004.
・Ronald Grigor Suny, “The Revenge of the Past: Socialism and Ethnic Conflict in Transcaucasia,” *New Left Review*, No. 184, November/December, 1990, pp. 5-36.

天然資源開発とパイプラインについて

・廣瀬陽子「BTCパイプラインがもたらす南コーカサス地域への政治・経済的影響」『国際開発研究フォーラム』第三一号、二〇〇六年、一—二一頁。
・廣瀬陽子「南コーカサスとロシア」田畑伸一郎編著『石油・ガスとロシア経済』北海道大学出版会、二〇〇八年、二二九—二五〇頁。
・Otar Skagen, *Caspian Gas*, London: The Royal Institute of International Affairs, 1997.
・Alec Rasizade, “The mythology of munificent Caspian bonanza and its concomitant pipeline geopolitics,” *Central Asian Survey*, Vol. 21, No. 1, March 2002, pp. 37-54.
・Hooman Peimani, *The Caspian Pipeline Dilemma: Political Games and Economic Losses*, Westport: Praeger, 2001.

- S. Frederick Starr and Sevante E. Cornell, *The Baku-Tbilisi-Ceyhan Pipeline: Oil Window to the West*, Washington, D.C.: Central Asia-Caucasus Institute and Silk Road Studies Program, 2005.
- John Mitchell with Koji Morita, Norman Selley and Jonathan Stern, *The New Economy of Oil: Impact of Business, Geopolitics and Society*, London: The Royal Institute of International Affairs, 2001.
- Neft ve Azerbaycan, Baku: Informasiya va Resurs Markazi, 2004.

コーカサスの国際関係について

- 廣瀬陽子『コーカサス——国際関係の十字路』集英社新書、二〇〇八年。
- 廣瀬陽子『強権と不安の超大国・ロシア——旧ソ連諸国から見た「光と影」』光文社新書、二〇〇八年。
- 北川誠一「ザカフカースにおける国際政治と民族問題」原暉之・山内昌之編『スラブの民族』(講座スラブの世界二)弘文堂、一九九五年、二七五—二九九頁。
- 田畑伸一郎・末澤恵美編『CIS——旧ソ連空間の再構成』国際書院、二〇〇四年。
- Gareth Winrow, *Turkey and the Caucasus: Domestic Interests and Security Concerns*, London: The Royal Institute of International Affairs, 2000.
- Brenda Shaffer, *Borders and Brethren: Iran and the Challenge of Azerbaijani Identity*, Cambridge: MIT Press, 2002.

コーカサスの政治体制について

- 廣瀬陽子「アゼルバイジャンの権威主義の成立と変容」『国際政治』第一三八号、二〇〇四年、一一七—一四一頁。
- 西村めぐみ『民主化以後の南コーカサス——戦略的利益と民主主義理念の相克』多賀出版、二〇〇五年。
- 宇山智彦・前田弘毅・藤森信吉『「民主化革命」とは何だったのか——グルジア、ウクライナ、クルグズスタン』(二一世紀COEプログラム「スラブ・ユーラシア学の構築」研究報告集一六)北海道大学スラブ研究センター、二〇〇六年。
- Freedom House, *Challenges and Opportunities for Democracy in Former Soviet Countries*, Brusseles: Freedom House, 2005.

第二部　コーカサスはイスラーム・テロリズムの温床か？

――ロシア・イスラームを知るために

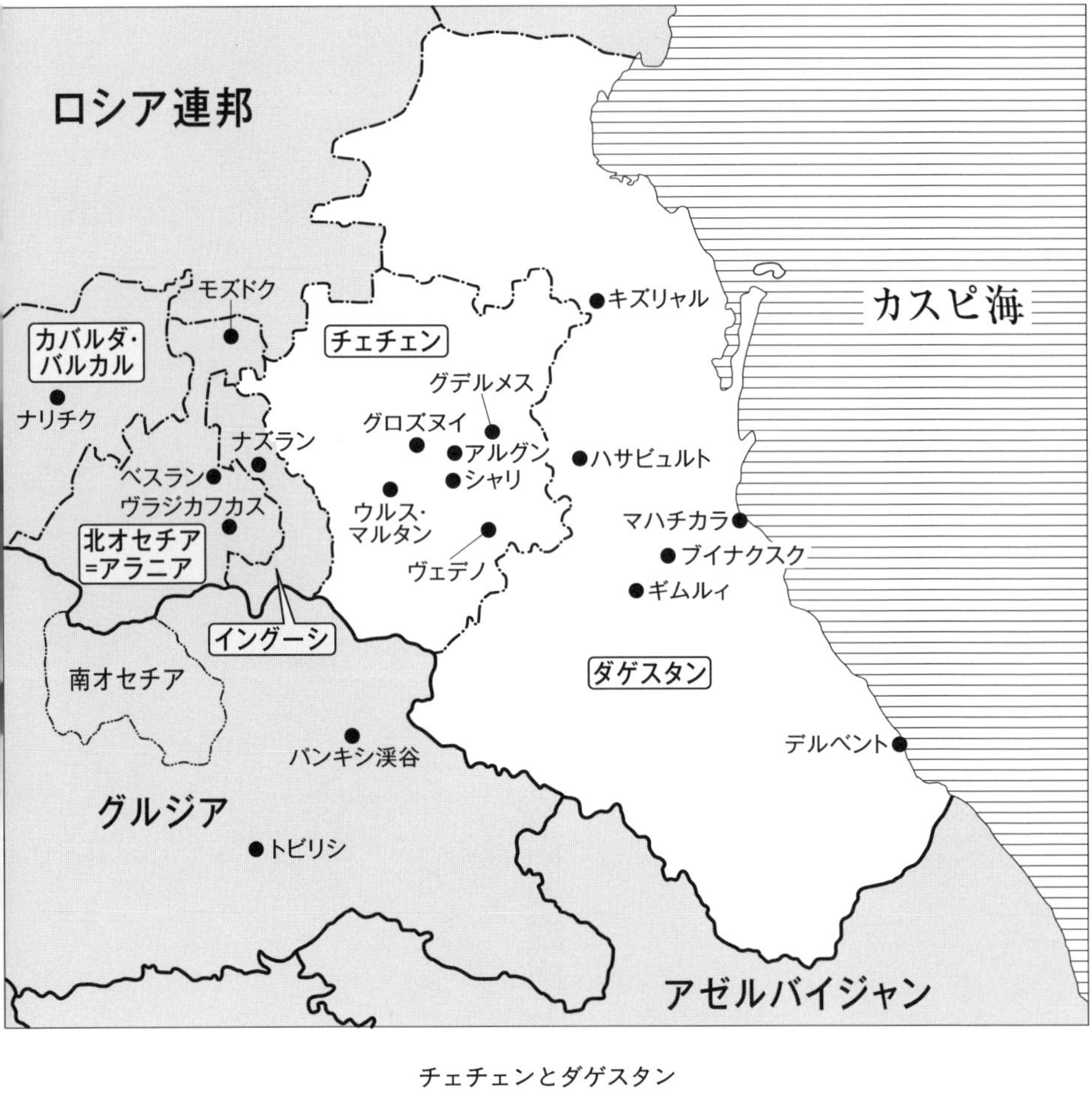

チェチェンとダゲスタン

第三章　チェチェン紛争の現在

――野戦軍司令官からジャマーアト・アミールへ

北川誠一

チェチェン戦争の構造的変化

ロシア連邦チェチェン共和国は、北コーカサスの中央部にあって、グルジアとロシアのイングーシ共和国、ダゲスタン共和国、スタヴロポリ地方、北オセチア=アラニア共和国に囲まれた日本の四国ほどの面積の小国です（九六頁地図参照）。ソ連時代にイングーシ人とともにチェチェン・イングーシ自治ソビエト社会主義共和国を構成したチェチェン人は、一九九一年、イングーシ人と分離して独立する宣言をしました。それ以降、独立を承認しないロシアと紛争状態になり、第一次チェチェン戦争（一九九四〜九六）では事実上の独立を達成しましたが、九九年に始まった第二次チェチェン戦争ではロシア軍に敗北しました。人口一〇〇万ほどのチェチェンが強大なロシアと二度にわたって戦争をすることができた状況については、歴史的経緯、ロシアの政局、チェチェン人の国民性などいくつかの説明がありますが、こと戦闘に関する限り軍事面での分析が必要です。ここでは二度のチェチェン戦争の経過をたどった上で、チェチェンの独立派軍事組織の指導者層が「野戦軍司令官」から「ジャマーアト・アミール」へと変化する過程を二〇〇六年一月までの期間に限って、追うことにします。

チェチェンのペレストロイカ

まずはじめに、ソ連崩壊前後から時間軸に沿ってチェチェン政治の変化を追ってみましょう。ミハイル・ゴルバチョフ（一九三一〜）によるペレストロイカが進行する中、一党支配の秩序が揺らぎ始め、中央の統制も緩んでいきました。一九八九年、チェチェン人ドク・ザヴガエフ（一九四〇〜）がチェチェン・イングーシ自治ソビエト社会主義共和国の共産党組織では初めて、地元民族出身の第一書記に選ばれます。九〇年には複数政党による最初の選挙が実施され、共産党のほかに民主主義、民族主義を標榜する政党も代議員を当選させました。彼らは、共産党議員団を率いるザヴガエフを議長とするチェチェン・イングーシ自治共和国最高会議の野党となります。

一方、ザヴガエフはソ連内部でのチェチェン・イングーシの法的地位向上を政治目標とし、同年一一月に自治共和国最高会議は主権宣言を決議します。ザヴガエフはこれに先立つ同年九月、第一回チェチェン国民会議を開催し、民族派を抑えて、国内政治におけるイニシアチブをとろうとしました。

さて、当時は、地域から盛り上がる運動のほかに、もう一つの要素として、中央で繰り広げられる後のロシアのボリス・エリツィン大統領(一九三一〜二〇〇七)とソ連のゴルバチョフ大統領の権力争いが地方の政局を規定しています。一九九〇年四月にソ連最高議会で採択された連邦と構成主体に関わる一連の法案は、連邦構成共和国(ソ連邦は一五の連邦構成国からなっていて、そのうちロシアのみがソヴィエト連邦社会主義共和国、その他の諸国はソヴィエト社会主義共和国と称した)と各共和国内部の自治共和国の同質化を目指すもので、結果的にはロシア連邦共和国の矮小化につながります。チェチェン・イングーシの主権宣言は現地の民族感情にかなうとともに、エリツィンに反対しゴルバチョフを支持する態度の表明でもありました。

ドゥダエフ登場

呉越同舟の国民会議は、共産党派と野党、野党内部の急進派と穏健派の対抗の中で、十一月、チェチェン人ではもっとも有名ではあるが、中立的でしかも影響力がないと思われていた人物、ジョハル・ドゥダエフ(一九四四〜九六、現職のソ連空軍少将で、当時エストニアの空軍基地の司令官をしていた)を議長に選出します。彼はパイロットで、アフガン戦争に従軍し、作戦中二度撃墜され、そのたびに生還した剛の者でした。実は、チェチェン人は大変に勇敢な軍人を出していて、ある先生が調べたところでは、第二次世界大戦中、人口比で一番「ソ連邦英雄」として表彰された軍人を輩出しているのは、チェチェン人です。チェチェン人は、うまくいくとソ連を助ける、下手するとソ連と戦ってこれを苦しめるわけです。果たして、チェチェン国民会議はドゥダエフ議長の下で急進化し、一九九一年六月、第二回大会で国民会議はチェチェン人全民族会議と改称され、自治共和国最高会議の解散を要求するようになります。

チェチェン革命

このような情勢の中、一九九一年八月、モスクワ・クーデタ事件が起きました。ザヴガエフは、クーデタ反対の立場を明示することができなかったので、クーデタ失敗後はただちに彼自身が打倒の対象になりました。エリツィンは、首都グロズヌイでもゴルバチョフ派を打倒する手を打ちますが、これを好機到来とみてその先鋒になったのがドゥダエフとそのグループでした。九月に入ると、第三回チェチェン人全民族会議が開かれ、自治共和国最高会議の打倒を宣言しました。民族防衛隊という民兵組織による武力攻撃も始まりました。ドゥダエフ派とザヴガエフ派との争いは、同年九月、ロシア最高会議（一九九三年の憲法改正までロシアの立法機関は人民代議員大会とその中に置かれた最高会議の二重の組織になっており、日本の衆議院に近いのは後者です）議長ルスラン・ハスブラトフ（自身もチェチェン人、一九四二〜）がグロズヌイにきて自治共和国最高会議の解散を要求することで帰趨を決します。しかし、ドゥダエフ派はこれに満足せず、ロシア最高会議の反対をよそに一〇月二七日に大統領および議会選挙を行いました。選挙に勝利して大統領に就任したドゥダエフは、イングーシと分離したチェチェン共和国の独立を宣言したのです。

ドゥダエフ派の分裂

チェチェンの独立に反対であったエリツィンは、チェチェンに非常事態宣言を発布しようとしましたが、ハスブラトフの反対にあって断念します。一九九一年から九三年にかけて、旧ソ連各地では、紛争どころか戦争が起こっているわけですから、チェチェンでもめているようなことは、比較的小さな事件だったのです。一方、九二年になるとドゥダエフ派が分裂し、事実上の首相職を代行していた副首相や首都グロズヌイの市長らが反対派に回ります。さらに九三年にドゥダエフは議会、グロズヌイ市議会、憲法裁判所、内務省などを解散、大統領警備隊長をも敵に回します。状況は次第にエスカレートして、ドゥダエフ派と反ドゥダエフ派が武力で争う状況になりました。

一九九四年八月、さまざまな反大統領派の一つ、暫定評議会が全チェチェン掌握宣言を行いました。これに応じてエリツィンも、暫定評議会にドゥダエフ派の掃討を実行させようとします。しかし、暫定評議会軍は三度にわたるグロズヌイ占領作戦に失敗します。このような経緯の後、九四年一二月一一日のロシア軍進攻に伴う第一次チェチェン戦争が始まりました。

第一次チェチェン戦争

一九九四年の一二月に始まった戦闘はチェチェン各地に及び、九六年の八月まで続きます。ロシア軍のグロズヌイ無差別爆撃によって、市街はほとんど破壊され、チェチェン人だけでなく、残留ロシア人を含めた非戦闘員に非常に多くの死者を出すという状況になりました。しかもロシア軍は、いったん占領したグロズヌイを、九六年にはドゥダエフ派に取り返されてしまうという失態を犯しました。一方九六年、ドゥダエフは、衛星電話の電波で誘導されたミサイルで爆死しました。後任のゼリムハン・ヤンダルビエフ臨時大統領(一九五二〜二〇〇四)はロシアとの和平を進め、ソ連軍で陸軍大佐の位にあったアスラン・マスハドフ参謀総長(一九五一〜二〇〇五)をロシア安全保障委員会の書記の地位にあったアレクサンドル・レベジ(一九五〇〜二〇〇二)と交渉させ、和平が実現します。

第二次チェチェン戦争

戦闘が終わり、国際的な監視のもとで行われた選挙で、マスハドフが大統領に選ばれました。しかし、サルマン・ラドゥエフ（一九六七〜二〇〇二）やヤマダエフ一族などの戦争中に発言力を高めた野戦軍司令官たちや、ヤンダルビエフやシャミル・バサエフ（一九六五〜二〇〇六）などイスラーム主義者は、公然とマスハドフ大統領に叛旗を翻し、政府は名のみの存在になります。ついに、イスラーム主義過激派はチェチェンと隣国ダゲスタンにイスラーム国家を樹立するという主張の下に、一九九九年八月、ダゲスタンに侵入します。ロシアはきたるべき戦争には絶対に勝つという信念で、この機会を待っていました。過激派の軍隊はただちに追い返され、ロシア軍がチェチェン領内に進撃するのが九九年一〇月です。マスハドフ大統領は過激派と手を結んでロシア軍と戦う決意を固めますが、ロシア軍の進攻はすばやく、チェチェンの正規軍は瞬く間に敗れ、二〇〇〇年二月にはロシア軍が首都を制圧、チェチェン戦争の終了宣言を行いました。正規の戦争はここで終わりましたが、多くの武装グループが山の中や丘の陰に残って、ゲリラ戦を続けます。二〇〇〇年まではだいたい連邦軍がチェチェン軍と戦い、その後はむしろ連邦内務省軍や連邦保安局（ＦＳＢ）が、小規模なコマンドやスナイパーなども使って、独立派の武装部隊をせん滅していきました。

しかし、二〇〇二年一〇月にはモスクワの劇場占拠が起こって、チェチェンの武装勢力はまだ健在だという非常に強い印象を世界中に与えました。また鎮圧に際し警察部隊が毒ガスを投入したために、多数の人質が死亡し、ウラディーミル・プーチン大統領（一九五二〜）の責任がたいへん強く問われました。しかも、翌年九月一日には、隣国の北オセチア＝アラニアの小さな街ベスランというところで、小学校の体育館ごとテロリストに占拠される事件が起こり、独立派武装集団が健在であるかのような印象を与えました。この時も多数の人質が殺傷され、ロシアや北オセチアの政府が強く批判されました。

さて、それでは、チェチェンの武装勢力はまだ残存しているのか、プーチン大統領の勝利宣言は偽りだったのか、何よりもチェチェンの戦争はどうなっていくのか、これから順にみていきましょう。

野戦軍司令官の肖像

第一次チェチェン戦争でチェチェンが勝ったのは、ロシアの油断もあったかもしれません。よく戦術的な間違いがあったともいわれています。しかし一方ではチェチェン側に非常に熟練したコマンドがいたことも事実です。チェチェン軍のリーダーたちはどういう人だったのかということを説明したいと思います。

表3-1では、第一次チェチェン戦争時の二一人の司令官の経歴を示してあります。このリストは新聞やインターネットなどの情報源から作成しました。もちろん野戦軍司令官はほかにも大勢いたわけですが、主要人物はほぼ網羅されていると思います。

表で取り上げた二一人の野戦軍司令官は、それぞれ自分の軍隊を率いた有力者で、この人たちが第一次チェチェン戦争を勝利に導きました。いくつかのキャリアパターンを読み取ることができます。まず、15番のマスハドフはドゥダエフの後、選挙で大統領になった人で、彼が一九九六年の和平を導きました。五一年生まれですし、旧ソ連陸軍に入って大佐にまでなっている。つまり、ソ連社会のことを知っているだけではなくて、ソ連軍の戦争のやり方を知っているということです。マスハドフのようにそもそもソ連軍の将校だった人はほかには17番の陸軍将校出身のマハエフが挙げられます。

また、生粋の軍人ではないけれども、政府に勤めていた役人出身者がいます。例えば内務省は軍隊と同じ階級制度を持っています。今ロシアでは軍警察治安関係者をシラヴィキといい、プーチン大統領もその出身です。シラヴィキ中、警官出身では、4番のアルサノフがチェチェン革命に参加しました。19番のモヴサエフも警官でし

表 3-1　野戦軍司令官経歴分析(1994〜96年)

	名前	生年	経歴
1	アトゲリエフ，トゥルパルアリ	1969年	アブハジア紛争に参加(92年)，チェチェン共和国内務省勤務(92-94年)，野戦軍司令官，東部で活動，ペルヴォマイスク戦に参加(96年)，国防軍特殊部隊長，マスハドフ大統領候補選挙事務所長(97年)，1997年第一副首相
2	アブドゥルハジエフ，アスランベク	1961年	91年チェチェン革命参加，アブハジア紛争参加(92年)，シャリ郡戒厳司令官(94年)，野戦軍司令官，97年チェチェン・コントラクト・グループ総支配人に就任
3	アルサヌカエフ，アブ		91年チェチェン革命参加，95年まで大統領警護官，大統領府直属防諜特殊部隊長官(95年)
4	アルサノフ，ヴァハ		交通警察官，91年チェチェン革命参加，チェチェン共和国議員(91年)，北西戦線司令官(96年)，副大統領(97年)
5	イサエフ，ウスマン	1957年	ルムンバ名称民族友好大学卒，外交官(84-98年)，チェチェン・イングーシ法務省勤務(88-91年)，法律改定委員会議長(91-93年)，ナショナル銀行頭取(93年)，検事総長(94年)，野戦軍司令官(95年解任)，96年何者かに誘拐，殺害される
6	イスラピロフ，フンカルパシャ		アブハジア紛争参加，野戦軍司令官，キズリャル作戦(96年)に参加，97年反テロリスト・センター長官
7	ゲラエフ，ルスラン		アブハジア紛争参加(92-93年，大統領連隊を指揮)，野戦軍司令官，南西方面軍司令官。副首相(97年)，98年国防相
8	ゲリスハノフ，スルタン	1965年	内務相(93年)，国家安全部議長(93-95年)，国防軍特殊部隊長(95年)，野戦軍司令官，東部で活躍
9	ザカエフ，アフマド	1959年	ルムンバ名称民族友好大学卒，チェチェン・イングーシ共和国俳優協会議長(80年)，文化相(93年)，野戦軍司令官，大統領顧問，97年第一副首相
10	ハイホロエフ，ルスラン	1963年	農民，野戦軍司令官，西部で活動。
11	バサエフ，シャミル	1965年	ソ連軍召集経験あり。チェチェン革命参加(91年)，アブハジア紛争従軍。
12	バサエフ，シルヴァニ		シャミルの弟。野戦軍司令官，ヴェデノ郡知事。
13	バタエフ，ハムザト		野戦軍司令官，バムト郡戒厳司令官。
14	ハチュカエフ，ヒズル		野戦軍司令官，西部で活動，96年サマシュキ防衛戦参加。

表3-1　（続き）

	名前	生年	経歴
15	マスハドフ，アスラン	1951年	ソ連陸軍大佐，チェチェン共和国国防省副参謀長，参謀総長，97年大統領。
16	マダエフ，イサ		野戦軍司令官，国家安全部副長官。
17	マハエフ，ドク		ソ連陸軍将校，野戦軍司令官。西南方面軍副司令官。
18	マハシェフ，カズベク		チェチェン・イングーシ共和国内務省労働矯正部勤務(80年代)，94年チェチェン共和国内務相，97年副首相。
19	モヴサエフ，アブースピヤン	1959年	内務省シャリ郡交通警察隊支部長，シャリ郡国家保安部職員，野戦軍司令官，ブジョノフスク作戦参加，国家安全部長官(95-97年)，国防軍特殊部隊勤務後退役。
20	ライソフ，モヴラディ		国家安全部特殊部隊長。
21	ラドゥエフ，サルマン	1967年	グデルメス郡知事(92年)，野戦軍司令官，96年キズリャル作戦指揮官。私兵部隊「ドゥダエフ大統領軍」を擁する。第6大隊長，ドゥダエフ大統領死後，ヤンダルビエフの引きを得て准将に昇進するが，98年マスハドフ大統領によって階級剝奪される。

た。一九五九年生まれですから少し年長組です。現在もロンドンで活動している9番のザカエフは、五九年生まれですから、革命のときは三〇歳を過ぎています。ルムンバ名称民族友好大学の出身です。18番のマハシェフは、もともとチェチェン・イングーシの政府に勤めていた人ですから、行政などをよく知っているということになります。

こういったソ連時代にある程度経験をつんだ人たちのグループに対して、かなり若くて、一九九二年と九三年にグルジアの自治共和国だったアブハジアが、独立を求めてグルジアと戦ったアブハジア紛争でグルジア軍と戦った実践経験を持つ司令官たちがいます。一番有名なのは、11番のシャミル・バサエフでしょう。彼はソ連軍に徴兵されたことがありますが、九一年の政変時には二六歳にすぎません。その後アブハジア紛争に従軍して、いわゆるアブハズ大隊の司令官になりました。彼にはやはり野戦軍司令官の弟(12番のシルヴァニ)がいます。1番のアトゲリエフも、六九年生まれですので年は若いですが、アブハジア紛争に参加しています。7番のゲラエフも、アブハジア紛争に参加した非常に有名な司令官です。6番のイスラピロフもアブハジア紛争に参加してい

表3-2　マスハドフ政権閣僚(1998〜99年，著者が適宜摘出・追加)

大統領	＊アスラン・マスハドフ
副大統領	＊ヴァハ・アルサノフ
首相	＊シャミル・バサエフ
第一副首相	＊トゥルパルアリ・アトゲリエフ(経済)
副首相	＊カズベク・マハシェフ(内務)
	＊アフマド・ザカエフ
外務大臣	イリヤス・アフマドフ
内務大臣	＊カズベク・マハシェフ(兼務)
	アプティ・バタロフ
	アイダミル・アバラエフ
経済大臣	＊トゥルパルアリ・アトゲリエフ(兼務)
保健大臣	ウマル・ハンビエフ
国家シャリーア安全大臣	アスランベク・アルサエフ
	アブドゥルメリク・メジドフ(前任者)
国防大臣	＊ルスラン・ゲラエフ
	マゴメド・ハンビエフ(更迭)(2004年3月)
国家安全部長官	＊アブースピヤン・モヴサエフ
軍事防諜長官	ロムアリ・バイスグロフ
シャリーア防衛隊長	マゴメド・ハンビエフ
国境および税関郡司令官	マゴメド・ハトゥエフ
特別誘拐対策連隊長	マゴメド・マゴメドフ
反テロリスト・センター長官	＊フンカルパシャ・イスラピロフ
大統領警護隊長	アフメド・アヴドルハノフ(2002年時)

ます。少し年長者の中にも、２番のアブドゥルハジエフのように、九一年のドゥダエフの政権奪取に至るチェチェン革命に参加して、その後アブハジアに行って戦った人々がいます。こういう人たちが第一次チェチェン戦争を勝利に導きました。

第一次戦争後の処遇

次に述べるのは、野戦軍司令官たちの戦後の去就です。表３-２「マスハドフ政権閣僚」をみるとそれが非常によく分かります。星印を付したのは表３-１にみえる人物です。

一九九七年の大統領選挙後、新しい内閣ができます。たびたび交替はありましたが、大臣の多くを野戦軍司令官が占めたことが特徴です。まず、大統領のマスハドフは、ソ連軍大佐から第一次チェチェン戦争の司令官となりました。副大統領も第一次チェチェン戦争の野戦軍司令官です。首相や副首相もそうでした。外務大臣や保健大臣は違うようですが、内務大臣も三人のうち一人は野戦軍司令官でした。国家シャリーア安全大臣は、先の司令官のリストに載っていませんが、やはり野戦軍司令官です。国防大臣や国家安全部長官はもちろん司令官出身です(ただし、ハンビエフは前のリストにないが、大隊長)。軍事防諜長官については不明です。シャリーア防衛隊長はイスラーム的秩序を守る部隊を率います。また反テロリスト・センター長官、大統領警護隊長のような人々は当然武官です。そうすると、主要な野戦軍司令官というのと、マスハドフ政権の大臣や局長たちというのはほとんど同じ集団であることになります。第一次チェチェン戦争の野戦軍司令官の多くは職業軍人ではありませんが、かなりの人がソ連軍やそのほかで武装組織の経験がある。それが第一次チェチェン戦争で野戦軍司令官になり、そしてマスハドフの政権ができると大臣になったわけです。

軍閥割拠の様相

野戦軍は有事に形成されるもので、平時にはないはずの組織です。戦争が終わりますと、職業軍人以外は除隊して、日常の仕事に戻ります。一般に、軍隊組織は平時編成の枠組みだけになって、特別の任務がなければ管理要員だけが残ります。ところが、チェチェンの場合は一九九六年以降も野戦軍という組織はそのまま残りました。つまり戦争もしていないのに、あちらこちらに実戦部隊があるということです。第一次チェチェン戦争の時の野戦軍司令官の重要な人たちは、そのまま自分の部隊を解散せずに、地方にそのまま残っていて、そこを割拠していました。

その重要な人物の一人はラドゥエフで、この人は地方の知事でもありました。知事と軍隊とは関係ないはずですが、戦争の時の軍隊を解散しないままで、自分は知事になって、給料と予算をもらって、その軍隊を養っていました。シャミル・バサエフは、一時的には首相の地位についていましたが、地方に割拠したまま自分の軍隊を持っていました。国防大臣のゲラエフも、本来であれば、首都グロズヌイにいて全軍を監督すればよいのですが、自分の軍隊は保持し続けました。

こうした状況の中、戦争が終わってから有名になる人物もいました。ウルス・マルタン郡に割拠したアルビ・バラエフです。彼は原理主義的なイスラームの熱心な信者なのですが、そこで私兵を養っていました。一説によると誘拐身代金で予算を確保していたといいます。そのうち、野戦軍司令官上がりの大臣たちが、そのまま自分の軍隊を持って地方に割拠している、つまり軍閥ができあがってしまいます。マスハドフ大統領にはそれらを解散させる実権がありませんでした。

チェチェン軍司令官たちの運命

一九九九年に第二次チェチェン戦争が始まります。戦局の推移を野戦軍司令官の動静からみてみます（表3-3）。これも完全なリストではなく、いろいろなところから私が集めた情報です。おそらく完全なリストは、政府がその司令官たちに給料や予算を支給した記録をみなければわかりません。ロシア軍はチェチェン側文書を押収しているはずですから、何十年か経てば公開されるかもしれません。当面はこれを接収して、資金の来歴や支持者の特定、兵員の規模などを分析しているはずですが、それらが終われば研究者にも公開されることでしょう。

表3-1にもあった古参司令官の例からみてみましょう。まず、例えば、アルサノフ副大統領ですが、目立った活躍もなく二〇〇一年に解任されました。モヴサエフは反テロ課報部隊の司令官でしたが、戦争が始まってすぐ一九九九年の夏、戦死しました。3番目のラドゥエフも九九年のうちに逮捕され、裁判終了後刑務所で死亡します。虐待されて死んだのか、あるいは過去の爆弾事故の後遺症があったのかもしれません。アブ・アルサヌカエフも二〇〇〇年には捕まってしまいます。彼は逮捕後、降格されました。戦争が始まると、マスハドフ大統領

郵 便 は が き

料金受取人払郵便

札幌支店
承　認

1024

差出有効期間
H22年８月10日
まで

０６０-８７８８

札幌市北区北九条西八丁目
北海道大学構内

北海道大学出版会 行

ご 氏 名 （ふりがな）		年齢 歳	男・女
ご 住 所	〒		
ご 職 業	①会社員　②公務員　③教職員　④農林漁業 ⑤自営業　⑥自由業　⑦学生　⑧主婦　⑨無職 ⑩学校・団体・図書館施設　⑪その他（　　　　）		
お買上書店名	市・町　　　　　書店		
ご購読 新聞・雑誌名			

書　名

本書についてのご感想・ご意見

今後の企画についてのご意見

ご購入の動機

1書店でみて　　2新刊案内をみて　　3友人知人の紹介

4書評を読んで　　5新聞広告をみて　　6DMをみて

7ホームページをみて　　8その他（　　　　　　　）

値段・装幀について

A　値　段（安　い　　普　通　　高　い）

B　装　幀（良　い　　普　通　　良くない）

表3-3　第二次チェチェン戦争でのチェチェン国軍組織崩壊

1　投降・捕虜・戦死などによるチェチェン側野戦軍司令官の中立化

名前	地位	経歴
アルサノフ，ヴァハ	副大統領	開戦時はグルジア，のちイングーシに移住，2001年1月に解任
モヴサエフ，アブースピヤン	軍事防諜長官	1999年夏戦死
ラドゥエフ，サルマン		1999年12月逮捕され，裁判後刑務所で死亡
アルサヌカエフ，アブ		2000年4月連邦軍に逮捕。マスハドフ大統領に降格を命じられる
アスタミロフ，イサ	将軍，副首相，	2000年2月あるいは5月に戦死。マスハドフ派
アフマドフ，ルスラン		2000年6月逮捕
ドルガエフ，アブドゥルジャン	ゲラエフの副官	1999年アルグンで死亡
ハムザトフ，モヴラディ	将軍	2000年4月ゴイトイ村で逮捕
ハトゥエフ，マゴメド	将軍	2000年1月ヴェデノで重傷
サイダエフ，ミハイル（ムマディ）	将軍，マスハドフの参謀	2000年9月27日，ウルス＝マルタンで逮捕される
ハンビエフ，マゴメド	国防大臣	2000年11月ベノイ村で負傷し，引退。2004年3月部下と共に投降
ハスヌカエフ，イスラム	マスハドフの参謀	2001年にはマスハドフの代理としてバラエフ，アフマドフとの作戦会議にも出席した。2002年4月逮捕
バラエフ，アルビ	前述	2001年6月23日，アルハン・カラで戦死
アフマドフ，リズヴァン	〃	2002年6月29日，グロズヌイ近郊で戦死また，彼の兄弟で後継者ゼリムハンも同年9月14日に殺害された
ハッターブ		2004年死亡。部下あるいはロシア側特務機関に毒殺されたと考えられる
ゲラエフ，ルスラン	前述	2004年2月，ダゲスタンからグルジア東部に潜入を試みてロシア軍に発見され戦死。他の野戦軍司令官の密告があったと信じられている
アイダミロフ，ヴァヒド	〃	2002年4月30日，待ち伏せ攻撃を受け戦死。マスハドフ派
アバラエフ，アイダミル	〃	2002年5月，交戦中死亡。内務相。
バタロフ，アプティ	〃	マスハドフ派，2000年4月13日逮捕，6月再逮捕
ゲリスハノフ，スルタン	〃	2003年3月段階では戦闘から離脱

表 3-3　（続き）

2　脱走行為によるチェチェン政府軍将官の降格勲章剝奪

名前	地位	出身地
サイドフ，イブラギム	大佐	バチ＝ユルト
メジドフ，シェイヒ	大佐	バチ＝ユルト
クルチエフ，レミ	大佐	クルチャロイ
ガイボフ，イドリス	大佐	クルチャロイ
ドゥバエフ，シェイヒ	少佐	クルチャロイ
ハスハノフ，マイルベク	少佐	クルチャロイ
イダコフ，ヌン	大佐	ツァツァンユルト
アルサエフ，アラシュ	大佐	ツァツァンユルト
マザエフ，ナスィ	大佐	ツァツァンユルト
イドリソフ，シャミル	大佐	グデルメス
タマエフ，トゥルプアリ	大佐	グデルメス
アブエフ，サルマン	将軍	アレロイ
テミルバエフ，モヴサル	少佐	アレロイ
バンタエフ，アブバカル	大佐	コムソモルスコエ
バタロフ，アプティ	大佐	ナウルスキー
テミルバエフ，イブラギム	大佐	アルグン市
アルサヌカエフ，アブ	大佐	グロズヌイ市
スルタノフ，アリ	将軍	シャリ
フルトゥィゴフ，イブラギム	大佐	マフケトゥイ
ムルダシェフ，ヴァヒド	将軍	ノヴォグロズネンスキー。ノジャイ・ユルトの野戦軍司令官

もロシア軍と戦いましたが、概してマスハドフ派は苦戦を強いられました。

第二次チェチェン戦争では、多くの野戦軍司令官は、ハッターブ、バサエフ派の人です（ハッターブ、バサエフについては次項参照）。サウジアラビアに本拠を置くアル・ハラマイン・イスラーム慈善財団は、かつてアフガニスタン、ボスニア＝ヘルツェゴビナのイスラーム勢力に資金と人員での支援を行っていた団体で、現在では国連決議によってテロ支援団体に指定されていますが、一九九九年に「チェチェン基金」を設けて、アゼルバイジャンのバクーに事務所を開設、さまざまな経路で現地に資金を送達しました。この援助金のチェチェン側窓口は、ハッターブとシャミル・バサエフで、同じ野戦軍司令官でもバサエフ、ハッターブにつながる人とマスハドフ派では、装備から食料に至るまで、待遇が違ったというふうにいわれています。

マスハドフ政権の国防大臣を務めたゲラエフは大統領派でした。そのために、ほかの人たちが皆チェチェンの地の利のよいところで戦っているのに、ゲラエフは自分の戦う場所がなく、チェチェンとグルジアの国境を行ったり来たりしていました。負傷の際、グルジアで静養したりしていたのですが、チェチェン―グルジアの国境の監視が厳しくなり、通行困難になったので、ダゲスタンを回ってグルジアに入ろうとしたところを、ロシア軍に発見されて殺され、身元確認によってゲラエフだったと分かりました。バサエフ派がロシア軍に密告したという説もあります。マスハドフ派は、アイダミロフが二〇〇二年に死んでいますし、アルサヌカエフも二〇〇〇年に逮捕されました。バタロフも捕まっています。それから第一次チェチェン戦争ではかなり有力な将軍であったスルタン・ゲリスハノフは、二〇〇三年には戦線を離脱しています。表の10番目のミハイル・サイダエフもマスハドフ派ですが、二〇〇〇年には逮捕されています。11番目の国防大臣ハンビエフも、二〇〇〇年に負傷して退き、後にロシア軍に投降しています。12番目のハスカヌエフもマスハドフ派でしたが、これは二〇〇二年になってから捕まっています。表3-3の2にみられる降格の理由は明らかではありませんが、少なくとも正規軍の一部はロシアとの新たな戦争に賛成ではなかったということになるでしょう。

新たに司令官として登場した人々も次々に倒れていきました。表3-3の1で6番目のルスラン・アフマドフは、兄弟のリズヴァンやゼリムハンも全員野戦軍指令官になりますが、誘拐では人後に落ちない有名な人物といわれます。これも二〇〇〇年六月に捕まっています。7番目のドルガエフは、国防大臣であったゲラエフの副官ですが、これはすぐに死亡しています。8番目のハムザトフも二〇〇〇年に捕まっている。9番目のハトゥエフという人も、二〇〇〇年に重傷を負っています。13番目のバラエフ、これは二〇〇一年に自分の家の近くで戦死しています。

このように、派閥を問わず、重要なポストについていた人物たちが次々に死亡、あるいは戦線離脱していますが、特にマスハドフ派の消耗が大きいように思えます。

チェチェン戦争の傭兵化

チェチェン人の野戦軍司令官が倒れると、その欠を補うのは外からきた指揮官たちでした。有力な外国人のいわゆる傭兵隊長たちが対ロシア戦争を指導しますが、チェチェン戦争の傭兵化とはそのことを指します。これは必ずしも第二次チェチェン戦争だけの特徴ではありません。最初に触れるハッターブなどは初めから戦争に参加していました。しかし、第一次チェチェン戦争では、外国人兵士の寄与は副次的な意味しかありませんでした。また、ヨルダンからの義勇兵は、一九世紀にオスマン帝国領へ移住したチェチェン人の子孫であったようです。

外国人兵士の姿が目立つようになったのは一九九七年からであるという証言もありますが、九九年夏にはまずボスニアからイエメン人アブー・ズバイル、ボスニア人ヘンデルの二部隊が到着し、エジプト人アブー・アフマド、同アブー・アイマン、アルジェリア人アル・マーリー、チュニジア人アブー・ハムザ、パレスチナ人アブー・ウサーマ、同アブー・アリー、サウジアラビア人シャイフ・ナーデル、ヨルダン人アブー・アフマド、ボスニア人ペゾの部隊が続き、年末までに三〇〇人ほどが戦線に投入されたとみられています。彼らはハッターブおよびシャミル・バサエフの指揮下に入りますが、外国の団体の援助によって資金潤沢であったハッターブは、彼らに日給一〇〇ドルを支払ったといわれています。

チェチェン人の初期損失が甚大だったこともあり、第二次チェチェン戦争になって初めて、アラブ人やパキスタン人などの指揮官の名前が浮上し、頻繁に出てくるようになりました。その中でもとりわけのビッグネームがサミール・ビン・サーレフ・アッスワイレムことハッターブ(一九六九～二〇〇二)です。この人はチェチェン人ではありません。生まれについては諸説ありますが、死後に実の兄と名乗る人物が新聞のインタビューで確認しているのでサウジアラビア人でしょう。このハッタープは厳密な意味では傭兵とはいえません。自己資金を持ち、兵士を引き連れた義勇軍の将軍です。さて、シャミル・バサエフは、ドゥダエフ政権の成立後、アブハズ人のグルジアからの独立戦争を支援するためにチェチェン人の部隊を率いてアブハジアに行きましたが、一九九四年にパキスタン経由でアフガニスタンに入り、軍事教練施設で研修を受けます。ここで、タジク人兵士の紹介でハッタープと知り合い、その結果ハッタープは九五年、アラブ人志願兵を率いてチェチェンに赴き、各地を転戦することになります。第二次チェチェン戦争開始当時、自ら五五〇人もの部下を率いていましたが、二〇〇二年三月に毒殺されました。テレビに出てきた写真では非常にきれいな死に顔でした。

ハッタープの下には多くの外国人司令官が集まりましたが、彼らの損害も大でした。例えば、地雷の専門家で爆弾テロを実行したアブー・ウマルが二〇〇一年に戦死、さらにその後任に任命されたアルジェリア人アブー・サイヤフが死亡すると、二〇〇二年一月には通称ウズベクのオイラヒモフがその後継者になるといった具合です。サウジアラビア人（一説ではチェチェン人）のアブー・ダルは、アル・ハラマイン・イスラーム慈善財団の関係者で、アラブ人傭兵部隊を率いていましたが、二〇〇一年には戦死しています。パキスタン人のアブー・アブドゥラは、パキスタンの軍事組織アル・バドル団のメンバーで、ハッタープの資金窓口でした。アラブ傭兵二〇〇人を指揮しダゲスタンで活動しましたが消息不明です。

ハッタープに次いで有名な人物アブー・アル・ワリードはもともとサウジアラビアの軍人ですが、オサマ・ビンラーディンとも親交があり、一九九五年、ムスリム同胞団系「アル・タンズィーム・アル・ハズ」の特使としてチェチェンへきました。この人物は、世界中から集まったハッタープの資金一切を自分が仕切ろうとしていたといわれていますが、二〇〇四年に死亡しました。やはりハッタープの側近アブー・ヤクープもおそらく外国人だと思いますが、二〇〇一年に死亡しました。これらの情報は、ハッタープの国際義勇兵（傭兵）部隊である「国際イスラーム平和維持旅団」の幹部陣が、壊滅状態にあることを示しています。このように、大立者のハッターブを始め、有力な外国人の将軍たちも二〇〇二、三年には、ほとんど倒されてしまうという状況になりました。チェチェン人自体のリーダーは、早くも一九九九年には次々と戦死、捕獲、戦線離脱により前線から消えます。それに代わって、戦争を継続しようという野戦軍司令官には外国人が目立ってきます。さらにアラブ人義勇兵たちもいなくなり、出てきたのがジャマーアトのアミールと呼ばれる司令官たちなのです。二〇〇六年一、二月の時点でのチェチェンにおける武装勢力指導者の最新の集団ということがいえるでしょう。

ジャマーアト・アミールの出現

ジャマーアトとは、アラビア語では共同体という意味です。ロシアでは信者が祈禱のために資金を出し合ってモスクを設置し、世話役であるイマームを雇用しますが、ジャマーアトはその団体です。ロシアのイスラーム教徒はどこかのジャマーアトに所属しています。けれども、ここではそのことをいっているのではありません。地域のモスク維持団体と重なるかもしれませんが、モスクでお祈りするだけの信者よりももっと熱心な、要するに原理主義的な人たちが、自分たちの集団をジャマーアトと称しています。ロシアにおいて原理主義的なイスラーム運動は一九八〇年代からみられ、九〇年代にはサウジアラビア、ヨルダン、クウェート、アラブ首長国連邦などからの布教者の増加によって顕著になり、特にチェチェンでは第一次戦争後、原理主義に基づく社会や国家建設を主張する声が高まりましたが、第二次戦争以降、地縁的な原理主義信者組織が武装するようになります。

例えば二〇〇四年八月、アルグン市で、アブカリモフと六名の仲間が治安当局と戦って射殺されています。二〇〇三年暮れにも、ゴイトイという村のジャマーアトのアミールが警官に殺されています。二〇〇三年にもアヴトゥリという村のジャマーアトに属する戦闘員が警官を射殺しております。シャリ郡でもアミールが逮捕され、ウルス・マルタンではジャマーアトのアミールが殺害されています。ノーヴィエ・アタギというところでも、ジャマーアトが活躍しているという情報があります。

また、スタールイエ・アタギというところのジャマーアトの某兄弟が、アラブのクライシュの家系を誇る人を殺したと報道されています。アラブのクライシュとは、七世紀にイスラーム教を興したムハンマドが出た権威ある部族です。特にこの人はサイードと呼ばれていますから、ムハンマドの子孫で由緒ある血統ゆえに尊敬されるべき人なのです。したがってその人を殺すのには特別の目的があり、ジャマーアトの人が実行したことには大きな意味があるはずです。アルハン・カラというところにもジャマーアトが存在します。またグロズヌイ市で二〇〇二年の出来事ですから、もう当然ロシア側の支配下に入っているはずですが、グロズヌイ市の中にもそのようなジャマーアトがあり、大量の武器を隠し持っていたという報道がなされています。

この組織はモスクを維持するための普通の地域組織とは違うので、ロシアの当局もあらゆるものをジャマーアトというのではなく、特に戦闘活動あるいはテロ活動をしているものをジャマーアトといっています。関係者の証言では、何人かが集まり、アラブ人の野戦軍司令官のところに行くと、リーダーはそのジャマーアトのアミールと認定され、武器や金や必要な物資が支給されます。普通の信仰共同体とは別の形のジャマーアトが存在していると考えられるのです。しかも興味深いことに、アルグン市やグロズヌイ市内以外の名前を挙げた村々は、決して山の中ではないのです。首都のグロズヌイやその周りを取り囲むような、近郊地帯にこうした武装集団が出現したようなのです。

ジャマーアトと称するテロ組織は、チェチェンの外にもあります。例えば、カラチャイ・チェルケス共和国に住んでいるカラチャイ人からなる、カラチャイのジャマーアトも有名であり、イングーシにはイングーシのジャマーアトもあります。ただし、イングーシのジャマーアトは、イングーシ人の武装集団という程度の意味です。

それらと対比されるチェチェンのジャマーアトは、村落やグロズヌイの区単位ぐらいで、組織されているようです。

チェチェンの今後

最初にモスクワの劇場占拠事件やベスランの小学校占拠事件のようなことが、これからも起こるのだろうか、またチェチェン独立派は再び勝利するのだろうかと問題提起をしましたが、先ほどからの説明のように、指揮官たちが多数戦死あるいは戦線を離脱しています。しかし、この最後のジャマーアトのアミールというのは、新聞記事には年齢の記述がありませんが、おそらく無名の若い人たちです。少なくとも第一次チェチェン戦争や第二次チェチェン戦争の初期には全く名前が出てこない人々です。そして大臣でもなければ局長でもない。

今のところこれ以上に詳細なデータはありませんが、ジャマーアトに関する事件というのは村落やグロズヌイ市内の地区に住む人々がどこかから武器を調達して、仲間と一緒にロシア治安関係者を攻撃したか、計画したということであると私は推測します。逆にいえば、チェチェン独立派はもう大規模な戦闘はできない状況にあるのでしょう。もちろん有力な隊長で、まだどこにいるのか分からない人もいますが、シャミル・バサエフ自身も野戦軍司令官からは引退したと発言しています(その後、二〇〇六年七月に死亡)。引退したが、特殊な任務は行うといっていました。モスクワの劇場占拠事件の指導者はアルビ・バラエフの弟でした。これまでは、野戦軍司令官が死ぬと弟がその後を継いでいましたが、彼にはもう継ぐべき部隊がなかったのです。そこで人と資金を集めて、モスクワの劇場占拠事件を起こしたのでしょう。

そうすると、劇場占拠事件やベスラン事件というのは、チェチェン人武装勢力が強いから起こったのではなく、もう有力な実戦部隊がないので戦場では戦えない。違う手段、別の作戦として劇場占拠やベスラン事件を実行したと考えることができます。もちろん過激な独立派がもういないわけではないので、このような事件はまだまだ起こるかもしれません。小規模なヒットアンドランは長く続くでしょう。しかし、第一次チェチェン戦争の時のように、独立派ゲリラがグロズヌイを奪還するようなことはないだろうといえます。つまり、チェチェン問題の治安的なレベルとしては、別の段階に入ったとみなすことができます。チェチェン人の武装勢力はまず過激イスラーム派、それから武力闘争を支持する世俗的民族独立派、それら両方合わせても現在は戦争を継続する状況ではありません。大きなテロが起こったのは、彼らが強いからではなくて、むしろ弱いからなのです。

ただ、それがチェチェンとモスクワ中央との関係の「正常化」を必ずしも意味しないところにチェチェン問題の難しさがあります。徹底抗戦派だけがよいチェチェン人であるということはできません。ラムザン・カディロフ大統領（一九七六〜）率いる現政権は親ロ派とされ、独立派に対する人権侵害も批判されています。しかしラムザンの父親のアフマド・カディロフはイスラーム教徒を指導するムフティー位にあった人で、もともと第一次チェチェン戦争では常にドゥダエフのそばにいた人でした。ジャーナリストがドゥダエフとインタビューすると、そばに座っていた人です。しかもラムザンの治安部隊には投降した旧独立派兵士が多数加わっています。したがって、アフマドやラムザン自身も果たして心から親ロ派なのかどうか疑問があります。またカディロフ政権には第二次チェチェン戦争の初期から、ロシアと戦うことに反対した将官も含まれます。彼らはロシアよりも原理主義的なイスラーム運動を嫌ったのであろうという理解が正解でしょう。よって彼も含めて現在モスクワと協調している人たちも、おそらく便宜的にそういう立場をとっているのだと思います。あるいは今の立場の中で、チェチェンの国家性に関わるできる限り有利な条件を、モスクワからもぎ取ろうとしていると考えるべきでしょう。モスクワとグロズヌイの権力分割をめぐる潜在的な問題は、独立派に対する戦闘が終わった後もくすぶり続けているとみなければなりません。その意味で、チェチェン情勢は、イスラーム原理主義集団であるジャマーアトの今後も含めて注意深く観察していく必要があるといえそうです。

〈参考文献と解説〉

現代より歴史を知りたいという方にはお勧め。

・植田樹『チェチェン大戦争の真実――イスラムのターバンと剣』日新報道、二〇〇四年。

筆者による専門研究。

・北川誠一「チェチェン市民の社会的帰属意識」『旧ソ連における市民的アイデンティティーの研究』東北大学、二〇〇〇年、二三―五七頁。

・北川誠一「チェチェン政治の対立的要素」『ロシア研究』第三〇号、二〇〇〇年、五八―七二頁。

鈴木宗男氏をめぐる事件で有名になった佐藤優氏ですが、もともとたいへん優れたロシア分析家ですので、チェチェン問題に関しても実に面白いことが書かれています。

・佐藤優『自壊する帝国』新潮社、二〇〇六年。

ペレストロイカ以降の政治動向が詳細に検討。

・塩川伸明『国家の解体と構築』(『多民族国家ソ連の興亡』第三巻)岩波書店、二〇〇七年。

ジャーナリストが、第一次チェチェン戦争の頃、現地へ行っていろいろなものごとを自分の目でみて書いたルポルタージュ。

・林克明『カフカスの小さな国――チェチェン独立運動始末』小学館、一九九七年。

紛争の経緯を詳しく描写。

・林克明・大富亮『チェチェンで何が起こっているのか』高文研、二〇〇四年。

チェチェンだけではなく、ロシア南部、あるいはＣＩＳ南部を全体的に取り上げ、それだけ広い視野から分析。

・徳永晴美『ロシア・ＣＩＳ南部の動乱』清水弘文堂書房、二〇〇三年。

フランス人が書いたものですが、現地の情報もふんだんに取り上げられています。

・パトリック・ブリュノー、ヴィアチェラフ・アヴュツキー著、萩谷良訳『チェチェン』(文庫クセジュ八九〇)白水社、二〇〇五年。

非常に新しいことをジャーナリストの目で執筆。
・横村出『チェチェンの呪縛——紛争の淵源を読み解く』岩波書店、二〇〇五年。
二〇〇六年に暗殺されたロシア人女性ジャーナリストのチェチェン・ルポ。
・アンナ・ポリトコフスカヤ著、三浦みどり訳『チェチェン——やめられない戦争』ＮＨＫ出版、二〇〇四年。

第四章　ダゲスタンのイスラーム

——スーフィー教団間の多元主義的競争

松里公孝

何かと物議を醸す北コーカサスの中でも、ダゲスタンは特に人目を引く地域です。そこでは、世界的にみても稀なほど、イスラームが熱心に信仰されています。伝統的にスーフィズム（イスラーム神秘主義）がさかんな地域であり、こんにちでも十数人のシェイフ（教団指導者）がいる一方、神とムスリム（イスラーム教徒）の間に介在者を認めず、したがってスーフィズムの聖人崇拝を排撃するサラフィズム（原初イスラーム復興運動）も強い勢力を誇っています。つまり、スンナ派の信仰形態の両極がさかんなのです。ダゲスタンでは、宗教指導者が「我々のイスラームはアラブ諸国におけるイスラームよりも正しい」などと平気で発言しますし、多くの人がそれを信じています。

以上のような特殊性にもかかわらず、一九九九年、なかば独立状態にあった西隣のチェチェン共和国の武装組織が侵入してきた際、ダゲスタン人は、動揺することなく、自らの血を流してでもロシアの統一を守る立場に立ちました。この武力紛争が第二次チェチェン戦争のきっかけとなり、チェチェンは独立を失ってしまったのだから、チェチェンの武装勢力は馬鹿なことをしたものだと後知恵で考えてしまいがちです。しかし、一九九〇年代のダゲスタンにおけるサラフィズムの強さを思い起こせば、「これだけ信仰深いダゲスタンの人々は、異教徒であるロシア人と戦うために決起するだろう」とチェチェンの武装勢力が考えたとしても無理はありません。

もっとも、一九九九年の武力紛争は謎が多い事件であり、ロシア側がチェチェン・ダゲスタン間の境界線の警備を緩めるなどして意識的にチェチェン武装勢力を招き入れたのではないかとする説も現地で根強く残っています。まさに第二次チェチェン戦争のおかげでエリツィンの後継者指名を受けたプーチンの人気が急上昇したのは事実なので、さまざまな憶測が飛び交うのも無理はないといえるでしょう。

ダゲスタンのイスラームについての先行研究では、チェチェン紛争や「イスラーム原理主義」への論者の関心から、ダゲスタンが抱えている鋭い民族間対立や、ムスリム内の、特にスーフィズムとサラフィズムの対抗に注目する視角が支配的でした。例外的には、「潜在的緊張を抱えているにもかかわらず、本格的な武力衝突が勃発しないのはなぜか」という観点からの研究もあり、本章の視角はこれと類似しています。ダゲスタン人がチェチェンの武装勢力を支持しなかったのも、ダゲスタンがチェチェンの道を選べば、それまで曲がりなりにも共存してきた諸民族、諸宗派間で内戦が勃発することが目にみえていたからでしょう。以上のような視点からダゲスタンを見直すことで、「イスラーム原理主義が強いところ＝紛争地域」、「北コーカサス人＝血の気が多い武断主義者」といった固定観念を克服することも可能になるでしょう。

ダゲスタンの民族

ダゲスタンは、カスピ海東岸にある共和国で、面積約五万平方キロメートル、人口は約二六〇万人(二〇〇二年)です。ダゲスタンという名前はトルコ語の「山」にペルシア語の地名を示す接尾語「スタン」がついたもので、字義通り「山岳地帯」を意味します。同時に、首都マハチカラがそうであるように、この共和国はキャビアで有名なカスピ海に面しています。

ダゲスタンは、ロシアでもっとも貧しい地域の一つであり、住民の五八%は農村部に住んでいます。近代化が遅れていることとイスラーム特有の生活規範から、出生率はロシア平均の一・五倍を超えます(千人あたり、ロシアでは九・八、ダゲスタンでは一五・五)。これといった産業もないのに人口増加が著しいので、青年の失業問題が深刻になっています。これは、イスラーム運動隆盛の社会的背景の一つといえるでしょう。チョウザメの乱獲のため、かつてドル箱であったキャビアからも大きな収益を期待することができなくなりました。

また、ダゲスタンの顕著な特徴の一つは、その多民族性です。旧ソ連の共和国は、それぞれ単一の名称民族と結びついていますが(タタルスタンならばタタール人、バシコルトスタンならバシキール人など)、民族構成が極端に複雑なダゲスタンでは、一四の国家構成民族が定められ、プーチンによる首長任命制の導入以前には、それらの代表が国家評議会という集団執行権力を形成していました。共和国議会にも議席の民族割り当て（クォータ）があったのです。ただし、当時でも、マゴメダリ（ムハンマド＝アリー）・マゴメードフ国家評議会議長（ダルギ人、一九三〇～）が事実上の単独責任の首長でした。首長任命制下の現在では、穏健派アヴァル人のムフ・アリエフ（一九四〇～）がその職を務めています。

言語的には、これらの民族は北コーカサス系（アヴァル人、ダルギ人、レズギ人、ラク人、タバサラン人、チェチェン人、アグル人など）、テュルク系（クムク人、アゼルバイジャン人、ノガイ人など）、インド・ヨーロッパ系（ロシア人、アルメニア人など）に分けられます（図4-1）。人口比率が特に大きいのは、アヴァル人（二八・六％）、ダルギ人（一六・六％）、クムク人（一三・〇％）の三民族です。

かつてロシア革命以前においては、山岳高地に北コーカサス系諸民族が暮らし、平野部にテュルク系やインド・ヨーロッパ系が暮らすという住み分けがありました。その後、ソビエト政権下で山岳部の土地不足を緩和するために北コーカサス系諸民族の低地移住が促進されたため、平野部に住んでいたテュルク系諸民族は圧迫されることになり、こんにちのダゲスタンの民族対立の一因となっています。中部では、クムク人はアヴァル人やダルギ人に土地を奪われたと感じています。同様に、伝統的にシーア派が優勢な都市であった南部のデルベントは、タバサラン人やレズギ人の流入で相当スンナ化されてしまいました。つまりソ連期に混住状況に拍車がかかったわけです。

平地に住むテュルク系のクムク人やアゼルバイジャン人は、自分たちを、北コーカサス系諸民族よりも文化的に上とみなす傾向があります。実際、かつてクムク語がダゲスタン中部で、アゼルバイジャン語が南部で共通語でした。北コーカサス系の住民同士の間でも、母語で話しても通じないので、テュルク語を嫌でも習得したのです。南部ではアゼルバイジャン語はまだ民族間共通語としての地位を保っており、ちょうど日本人が外国人を見

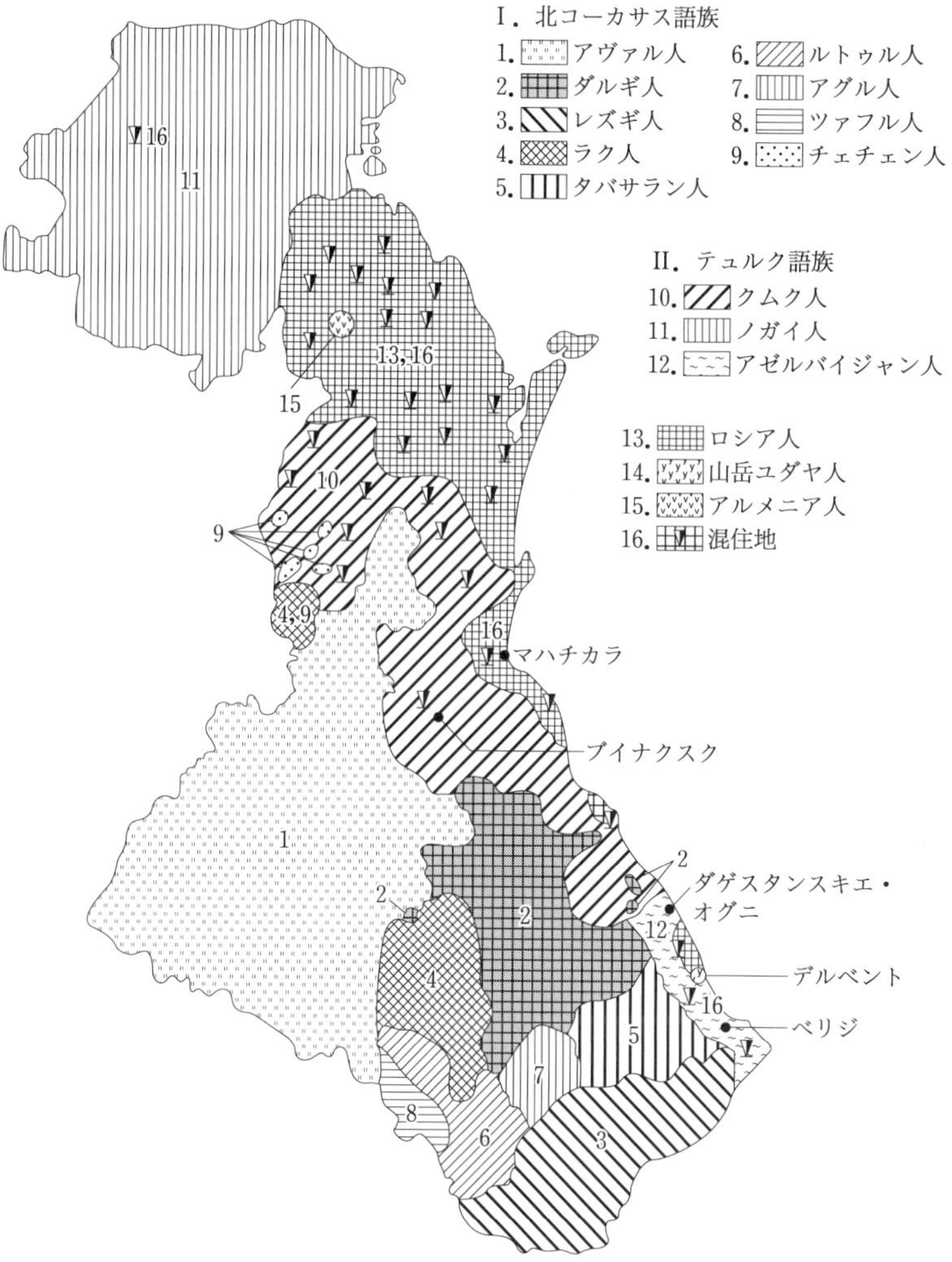
I．北コーカサス語族
1. アヴァル人
2. ダルギ人
3. レズギ人
4. ラク人
5. タバサラン人
6. ルトゥル人
7. アグル人
8. ツァフル人
9. チェチェン人
II. テュルク語族
10. クムク人
11. ノガイ人
12. アゼルバイジャン人
13. ロシア人
14. 山岳ユダヤ人
15. アルメニア人
16. 混住地
マハチカラ
ブイナクスク
ダゲスタンスキエ・オグニ
デルベント
ベリジ

図4-1　ダゲスタンにおける民族分布

ると必ず英語で話そうとするように、南部の人々は私を見るとアゼルバイジャン語で話しかけてくるので閉口します。なお、近代化が進んだレズギ人地域やデルベント市を除けば、南部でのロシア語の水準は悲惨です。

クムク人には、アヴァル人やダルギ人の田舎染みた行動を笑う小噺(アネクドート)がたくさんあります。他方では、奥深い山岳部で、社会主義時代の反宗教政策に抗してイスラームを守ってきたと自負しているアヴァル人やダルギ人の目には、帝政以来、ロシア人との緊密な協力のもと世俗化が進んでいたクムク人が、社会主義が没落するや否やイスラームのお題目を唱え、宗教における覇権を求め始めたのは偽善かつ日和見に映ります。

ダゲスタンのイスラーム

旧ソ連圏のスンナ派イスラームにおいては、トルコと同様に、イスラーム社会を律する四法学派の中でもっとも柔軟、穏健、リベラルなどといわれるハナフィー学派が支配的であるのに対し、ダゲスタンとチェチェンは、シャーフィイー学派が支配的な例外的な地域です。このこと自体、ソ連のほかの地域は、キプチャク・ハン国やオスマン朝を介してイスラームを受容したのに対し、ダゲスタンは、はやくも七〜八世紀にウマイヤ朝からイスラームを伝えられたことの歴史的結果であり、ダゲスタン人の誇りの源泉となっています。ただし、ウマイヤ朝下でイスラームが伝わったのはあくまでダゲスタン南部であって、山岳部やチェチェンにおいてもイスラームが支配的になるのには一六世紀までかかっています。

こんにちのトルコやロシア、特にタタルスタンの体制派イスラーム指導者の間では、「ハナフィー派が四法学派の中でもっとも進歩的でリベラルである。だから「イスラーム原理主義」などとは無関係で近代社会に適応できる」という言説が支配的です。ただし、「リベラル」は宗教においては必ずしも褒め言葉ではないので、この自讃はムスリム知識人や活動家の間で複雑な反応を呼びます。逆に、ダゲスタンでは、宗教指導者がシャーフィイー学派の「厳格さ」を誇る傾向があるようです。ダゲスタンには、スーフィズムも一二世紀には伝わりました。シャーフィイー派の大思想家でスーフィズムの確立者でもあるアブー・ハーミド・ガザーリー(一〇五八～一一一一)の存命中から、彼の著作はダゲスタンで活発に写本されたといわれています。

二〇〇四年の一二月時点で、ダゲスタンには一七六六のモスクが存在し、そのうち一一〇七が集団礼拝に使用する金曜モスクです。これはロシアの州・共和国の中では最多です。二〇〇七年の一月時点で、一四の分校を持つ一九のイスラーム高等教育機関があり、一一三のマドラサ(中等学校)、九四のマクタブ(初等学校)があります。今世紀に入ってから、ロシア政府がイスラーム教育機関の教育学的・政治的内容の点検を強めつつあるため、かつて安易に設立されてきた大学の分校、マドラサ、マクタブの総数は減少傾向にありますが、それでもこの数です。

いかにダゲスタンでイスラームが熱心に信仰されているかは、この小さな共和国から一時は一万三〇〇〇人の巡礼者をメッカに送っていた事実からも明らかです。第二次チェチェン戦争を始めとした諸要因により、この数は六〇〇〇人程度にまで縮小していますが、それでもたいへんな数です。ちなみに、人口が二倍あるロシア内陸部のバシコルトスタンからの巡礼者数は四〇人程度だそうです。ダゲスタンの小学校では、父兄が望めば子供にアラビア語を教えることができます。アラビア語の教師資格を持った者がそれだけ多いのです。村イマーム(礼拝の指導者という意味であるが、実際にはキリスト教の司祭に当たるようなコミュニティの精神的リーダーの役割も果たす)の中でも、アラブ諸国のそうそうたるイスラーム大学で何年間も学んだ若者がざらにいます。

政治的にはロシアに敵対しているバルト諸国のガソリンスタンドがほぼ完全にロシア資本(ルコイルやタタルスタン石油)なのに対し、ダゲスタンのガソリンスタンドの看板はたいがいアラビア文字です(アラブ資本が直接進出してきているのです)。多宗教的南部にあり、またアゼルバイジャンの影響から世俗化の進んだデルベント

図4-2　井戸で水をくむダゲスタンの女性たち

市を除けば、女性のズボンや短めのスカート姿をみることなど首都マハチカラでさえ滅多にありません（図4-2）。郡部に行けば女性はほぼ一〇〇％民族衣装を着ています。首都でさえ、ビールしか置いてないバーが多いのですから、農村に行けば禁酒は徹底しています。私がギムルィ村（一九世紀のコーカサス戦争の際の反乱軍の指導者シャミールの生村、図4-3、図4-4）で聞いた話ですが、村で酒類を販売する店が開くと、まず村議会の代表が「イスラーム精神に基づいて」紳士的に酒類撤去を申し入れます。店主が「私は国の販売許可を受けている。何であんたたちの同意が必要か」などと開き直ると、いつの間にか誰かが店に放火してしまうそうです。こうした事が二件続いた後、ギムルィ村で酒を売ろうなどとは誰も考えなくなりました。

スーフィー教団について

ダゲスタンでは、伝統的にスーフィズムが強いと冒頭で触れましたが、スーフィズムにおいては、シェイフと弟子の関係が決定的に重要です。弟子の多くは俗界で通常の職業につきつつ、定期的にシェイフに会って精神修

図4-3　シャミールの生地ギムルィ村

図4-4　シャミールの生家と子孫

行のための課題を受け取ります。しかし、弟子の中には、シェイフを継承することを目指して修行する「プロ予備軍」もいます。そうした弟子は、シェイフに絶えず付き添い、秘書的な仕事をこなしながら、礼儀作法から宗教理論までシェイフから学ぶのです。

ダゲスタンのシェイフは、必ずといってよいほど、若い男性の弟子を身近に置いています。宗教理論もシェイフが教えるとはいえ、スーフィズムは主に精神修行の媒体ですから、学問としてのイスラームについては、宗教学校などで別に学ぶことが期待されています。このような事情を反映して、ダゲスタンのムスリム指導者は、「自分はシルシラ（スーフィズムの系譜）においては誰々の弟子、シャリーア（神法、ここでは宗教知識の意）においては誰々の弟子」という言い方をよくします。場合によっては十年近い修行を経て、弟子は免許（イジャーザ）をシェイフからもらいます。これは、自分自身がシェイフとなって弟子をとり、自分の教団を形成してよいという免許皆伝を意味します。こうして教えが継承されていくのです。

ちなみにスーフィズムにはさまざまな著名な教団（タリーカ、アラビア語の「道」を語源とする）がありますが、これを教団と呼んでよいのか、実は疑問です。数百万人いるとされるタリーカのメンバーは世界に分散しており、しかもフランシスコ、ドミニコといったキリスト教の修道会とは違って、相互に組織的なつながりがあるわけではありません。つまり、宗教政治上のアクターとしてはタリーカは無意味なのです。しかも、ダゲスタンでは、たとえばナクシュバンディーの免許をとった者が、さらなるプレステージを求めてシャーズィリーの免許もとるといったことがよく行われており、こうなるとタリーカは、教団どころか派閥組織としての意味も持たないということになってしまいます。タリーカに代わって現実の宗教政治に意味を持つのは、シェイフと弟子たちで形成される具体的単位です。これは、こんにちのロシアではヴィルド（原義はスーフィズムの特殊な祈禱）と俗称されますが、これをむしろ教団と訳すべきだと私は思っています。ダゲスタンの有力シェイフは、数百から数千人の弟子をもってヴィルドを形成し、ほかのシェイフと連合したり対立したりしながら宗教政治を展開するのです。

ムスリム宗務局の歴史

以上がダゲスタン・イスラームの歴史的・形態的な特徴ですが、ロシアという国家の中に存在する以上、国家とイスラームの関係が重要です。次に、ロシアにおけるムスリム管理の歴史を見てみましょう。

ロシアは、イワン雷帝による一五五二年のカザン征服後、ムスリム圏に膨張を始めました。その後の対イスラーム政策は基本的に抑圧的なものでしたが、一八世紀後半、エカテリーナ二世はイスラームを国家監督の下に寛容に扱う政策に転じました。女帝はクリミアをオスマン帝国の勢力圏から奪取した際に、そこにあったシステムを参考にして、ウファに「マホメット教」宗務協議会(以下、宗務局)を設置しました。その長はムフティーと名づけられました。この呼称のアラブ圏におけるもともとの意味は、宗教上の問題について公式の判断をする権限を持った学者を指します。なお、ロシア帝国においては、宗教の国家監督という考え方はほかの宗教にも適用され、宗務局、コンシストーリヤなど、呼び名は違っても似たような役割を果たす機関を、宗教別、宗派別に導入しました。これは、国家監督を受け入れるのなら、その宗教の存在を認めるという意味もありました。ムスリム宗務局が置かれた都市は、表4-1の通りです。

管見では、現代世界のムスリム行政機構のあり方には三つの型があります。一つは、アラブ諸国にみられる、宗務・ワクフ(信徒共有財産)管理省、つまり世俗政府の一部がムスリム行政を担う聖俗融合型です。もう一つは、世俗政府からは一応独立した宗務局がムスリム行政を行う方法であり、これはセルジューク朝に端を発し、オスマン朝下で発達し、ロシア帝国も模倣した方法です。こんにちでは、トルコと旧ソ連諸国がこの方法を採用しています。第三の型は、国家が半官半民の社会団体を作って、宗教活動家を義務的にそれに帰属させる方式で、社

表4-1　ムスリム宗務局の所在地と監督地域

所在地	監督地域
ウファ シンフェローポリ トビリシ（ソ連期にはバクーに移された）	欧露およびシベリア地域 クリミア 南コーカサス
以上に加え，ソ連期に新設	
タシケント ブイナクスク（後にマハチカラ）	中央アジア 北コーカサス

会主義時代のユーゴスラヴィアや現代中国がそれに当たります。

表4-1が示すように、ダゲスタンの場合は、一九四四年に、対独戦争にムスリムを動員することを目的に、北コーカサス・ムスリム宗務局がブイナクスクに開設されました（のち、共和国首都のマハチカラに移転）。ソ連末期には、KGBとの癒着が指摘されるなど、北コーカサス・ムスリム宗務局は信用を失い、折からの地方分権化傾向を反映して、北コーカサスの諸共和国のそれぞれが自前の宗務局を持つことになりました。一九九〇年一月、ダゲスタン・ムスリム大会は、ダゲスタンの宗務局を北コーカサス宗務局から独立させることを決め、初代のムフティーとして、クムク人を選びました。当時のソ連共産党ダゲスタン委員会第一書記はアヴァル人であり、このクムク人ムフティーは党指導部への反対派となりました。

ソ連全体においてそうだったように、一九九〇年代の初め、ダゲスタンでも民族運動が盛り上がりました。そのため、一四の国家構成民族によって共和国を形成するというそれまでの方式（前述）が批判され、各有力民族が自前の共和国を持とうとしました。アヴァルスタン（アヴァル人が、自分に民族的に近いチェチェン人と、チェチェン領およびダゲスタン山岳部を合わせて共和国を作ろうとした）、ダゲスタン平野部を独立させるクムクスタン、レズギスタン（南ダゲスタンとアゼルバイジャン北部のレズギ人居住地域を統合しようとした）といった構想が次々に生まれました。クムク人指導下のムスリム宗務局は、クムクスタン形成の試みに好意的でした。他方、共和国議会議長はダルギ人のマゴメダリ・マゴメードフであり、このように、アヴァル、クムク、ダルギの間で共和国の指導職は分割されていました。ソ連共産党の崩壊は、この力のバランスを崩し、アヴァル人に不利な状況が生まれます。

一九九二年二月、武装したアヴァル人の一団が宗務局の建物を占拠しました。彼らは、ムフティーを選出する権利を持った唯一の機関であるムスリム大会を召集せず、宗教学者（ウラマー）協議会のメンバーを入れ替えて、それに新ムフティーを選ばせました。この後一五年間、ダゲスタンでムスリム大会は一度たりとも召集されず、この後の五人のムフティーはすべてアヴァル人です。多くのムスリムは、このような宗務局を正当なものとは認めず、九六年頃までにクムク宗務局、ダルギ宗務局、南部宗務局などの民族別、地域別のムスリム宗務局が生まれました。なお、ロシアのほかのムスリム地域、ヴォルガ・ウラル地方やシベリアなどにおける宗務局の分裂は、連邦レベルでの分派抗争（ロシアの有力ムスリム指導集団タジュジン派とガイヌトゥジン派の対立）と結びついていたのですが、北コーカサスは、伝統的に宗務局が別だったこともあり、ロシア連邦レベルの分裂の影響はほとんど受けませんでした。

宗務局をめぐる争いがこれほど激しい理由の一つは、これをめぐって巨額の金が動くからです。サウジアラビアなどから流入する援助はいうまでもなく、そのほかにも、宗務局はメッカ巡礼をめぐる観光業を独占できます。すでに述べたように、ダゲスタンから、今でも毎年六〇〇〇人の巡礼者がメッカを訪れます。一人から例えば五万円の純益があったとすれば、計三億円になります。宗務局をめぐる金銭的な確執がいかに凄まじいかは、一九九八年八月のムフティー爆殺事件が示しました。当時三九歳の若いムフティーでもあったサイドムハンマド・アブバカーロフが車中で実弟、運転手もろとも爆殺されてしまったのです。アヴァル民族主義者は、アブバカーロフが「ワッハーブ主義者」に暗殺されたかのようにいいますが（そうすれば彼は殉教者になれるので）、金銭をめぐる確執から殺されたことは、ロシアのムスリムコミュニティの中でさえ定説となっています。

サイド＝アファンディ・チルケイスキー

アヴァル人による宗務局占拠の背後には、やがてダゲスタンで最有力のシェイフ（ナクシュバンディーとシャーズィリーを兼ねる）となるサイド＝アファンディ・チルケイスキーがいました。彼は一九三七年にブィナクスク郡チルケイ村に生まれ、今でもそこに住んでいます。ちなみに「チルケイスキー」という名前は、生村に由来します。概して、ダゲスタンのシェイフたちは、生村または活動拠点を由来名とし、姓を名乗ることはあまりありません。彼は幼くして父と死別したため、牧童として三〇歳近くまで生計を立てました。宗教者になるには遅すぎるとも思える年齢からシャーズィリー・タリーカを習い始めたのですが、才覚を発揮して、たちまち自分のシェイフの寵児となりました。サイド＝アファンディは世俗教育も七年間しか受けておらず、ブハラ、タシケント、ましてやカイロやダマスクスでイスラームを学んだわけでもありません。四冊ある自著のうち三冊は詩篇であり、残り一冊はQ＆A形式で書かれたスーフィズム的イスラームの入門書です。乏しい教育は、彼の世代の旧ソ連のイスラーム指導者にとっては決して恥ではありませんが、サイド＝アファンディの問題点は、この程度の教育であるにもかかわらず、世界的な意義を持ったイスラーム指導者であるかのようにふるまうところにあるのです。

サイド＝アファンディが弟子のマインドコントロールに長けているのは間違いなく、彼の弟子たちは、サイド＝アファンディに批判的なシェイフたちはすべて「偽シェイフ」だと信じています。一般にシェイフにとっては、聖職についている弟子よりもむしろ、俗界で高い地位を占めている弟子を持つことが重要ですが、この点で、サイド＝アファンディのエリート主義は際立っており、共和国政府の高官・政治家、特にＫＧＢ、内務省・警察、税関、国境警備などの権力機関に弟子を多く持っています。これは、サイド＝アファンディが自分のライバルに権力機関を差し向けることができるということを意味しています。サイド＝アファンディの弟子のとり方を指して、「労農クォータ抜きのソ連共産党」などと揶揄する者もいます（ここでクォータとは、ソ連共産党も社会のエリートを義務的に入党させましたが、一応、社会主義政党だったので、労働者や農民の党員比率を一定程度は保たなければならなかったことを指しています）。

宗務局の武力占拠（一九九二）の後、サイド＝アファンディは、その数年前にライバル陣営からヘッドハンティングしていた、当時三六歳でサイド＝アファンディから免許をもらったばかりのクムク人シェイフ、アルスラナリ（アルスラン＝アリー）・ガムザトフを宗教学者協議会の議長に据えました。翌年には、ガムザトフは、ブイナクスクにあるサイド＝アファンディ系のイマーム・サイプリ・カーディー名称イスラーム学校（現大学）の学長になりました。クムク人シェイフの重用は、サイド＝アファンディ派がクムク人地域に浸透するためであり、また、「イスラームにアヴァル民族主義を持ち込んでいる」という批判を避けるためです。こうしたところにも、ダゲスタンにおける民族間関係の緊張と緩和の間合いを見て取ることができるといえるでしょう。

この頃、ロシア連邦は一九九七年九月宗教法（「良心の自由と宗教団体に関する法」）を成立させ、それに先行する一九九〇年ロシア共和国法の「分裂自由化」規定をより徹底し、たった三つの地方宗教組織が集まれば中央宗教組織（宗務局であろうと総主教座であろうと）を作れるとしました。ところが、同じ九七年の一二月にダゲスタンで採択された宗教に関する地方法は、まったく逆に、公式（アヴァル人派）宗務局以外の宗務局を禁止し、また民族範疇に則して宗務局を作ることを禁止したのです。いうまでもなく、この「連邦法からの逸脱」は、サイド＝アファンディの熱心なロビー活動の結果でした。また、世俗政府にもっとも大きな影響力を持つダルギ人が、人口的に多数派のアヴァル人を慰撫するためにこのような政策をとったとみなすことも可能です（九〇年代のロシアでは州・民族共和国の指導者は公選されていました）。

ちなみに、ロシアにおけるもう一つの有力ムスリム共和国タタルスタンで一九九九年に採択された宗教法も、公式宗務局の独占的地位を保障しました（タタルスタンでは、その前年、ミンチメール・シャイミエフ大統領の介入で、五年以上続いていた宗務局の分立が克服されていました）。プーチン政権の成立後、連邦法に矛盾する地方法が改正させられたことは有名ですが、象徴的なことに、このタタルスタンとダゲスタンの宗教法は、今日に至るまで黙認されています。

以上をまとめると、ダゲスタンのスンナ派におけるサイド＝アファンディ、アヴァル人派は、一九九二年における宗務局乗っ取り、九七年の共和国宗教法で宗務局の独占を合法化したことにより覇権を固めてきました。この過程の第三段階は、九九年の武力紛争をピークとする「ワッハーブ派」との闘いでした。これを口実に、宗務局は、イスラームには本来存在しないはずの聖職者位階制を形成し、職業的なイスラーム教育を導入しようとします。以下、順に見てゆきます。

「聖職者」位階制の形成

ダゲスタン政府は、早くも一九九一年には、宗教問題を管轄する部局（宗教局）を導入しました（九八年に政府委員会に昇格、二〇〇六年に民族省に吸収）。この機関は、スンナ派内部の対立がある際にいずれにも与せず、むしろ対立を長引かせることによって世俗権力の影響力を確保しようとするボナパルティスト的傾向があります。一九九七～九九年の「イスラーム原理主義」運動の最盛期にも、伝統イスラーム勢力の抗議にもかかわらず、カラマヒ村をバリケードで囲んでシャリーア・ゾーンなるものを作った勢力と話し合いを続けていました。さすがに武力衝突前夜になると、郡・市レベルで宗教上の監視・調停活動を強化する必要が生まれ、「宗教団体との関係についての、また宗教的・政治的過激主義との闘いのための」委員会が郡・市行政府に設置されて、治安関係者や地方知識人がそこに参加しました。軍事紛争中は、この委員会が、原理主義シンパを割り出すなどの非常措置に動員されました。二〇〇一年ごろから、この委員会は「イデオロギー的・教育的活動」に重点を移し、未登録宗教組織の撲滅、宗教学校の監視、国外でイスラームを学んだ者のデータバンクの作成、原理主義シンパに対する「予防説得」活動などを行うようになりました。なお、一九九〇年代のロシアでは、イスラーム復興に対応する人材が圧倒的に不足していたために、ムスリム青年は、エジプト、シリア、サウジアラビアなどの大学に行って学びました。当時は、アラブ諸国側からの潤沢な奨学金もありました。ところが、反原理主義キャンペーンが強まると、こうした国外で教育を受けた青年は、潜在的危険分子とみなされるようになったのです。

世俗権力の側で郡・市レベルの宗教監督機構が整備されたのと並行して、宗務局も郡・市イマームなるものを任命しました。彼らは、村イマーム（モスク指導者としての本来のイマーム）を召集して協議会を主催し、村イマームと宗務局の間を媒介します。当該郡・市のスンナ派イスラームが弱体な場合には、宗務局は郡・市イマームを派遣する場合があります。他方、郡・市イマームは、しだいに村イマームの人選に影響力を持つようになりました。聖職者位階制はイスラームに反するのではないかという私の質問に対し、宗務局側の指導者は、上意下達のカトリックの位階制とは違って、この組織は協議原則で運営されているし、郡・市イマームの任命に際しても、地元のイマームの意向が重視されているので問題はないと回答しました。

トルコなどでは、まるで当然のようにイスラーム聖職者が国から給与を受け取っていますが、ダゲスタンでは、この点でやや複雑な手続きがとられています。まず、共和国政府が、宗務局に服属している郡の行政長官に多めに給料を払います。行政長官は、この超過分を郡イマームに寄付します。そして郡イマームが、それを村イマームに分配するのです。ただし、その額は些少で、給与ではなく生活補助と呼ぶにふさわしいようです。

ダゲスタンにある四二の郡・市のうち、五つのクムク人郡、一四の南部テリトリー（一二郡と二市）は、宗務局が任命する郡・市イマームを追い返してしまいます。図4-5を図4-1と比べれば、サイド＝アファンディの派

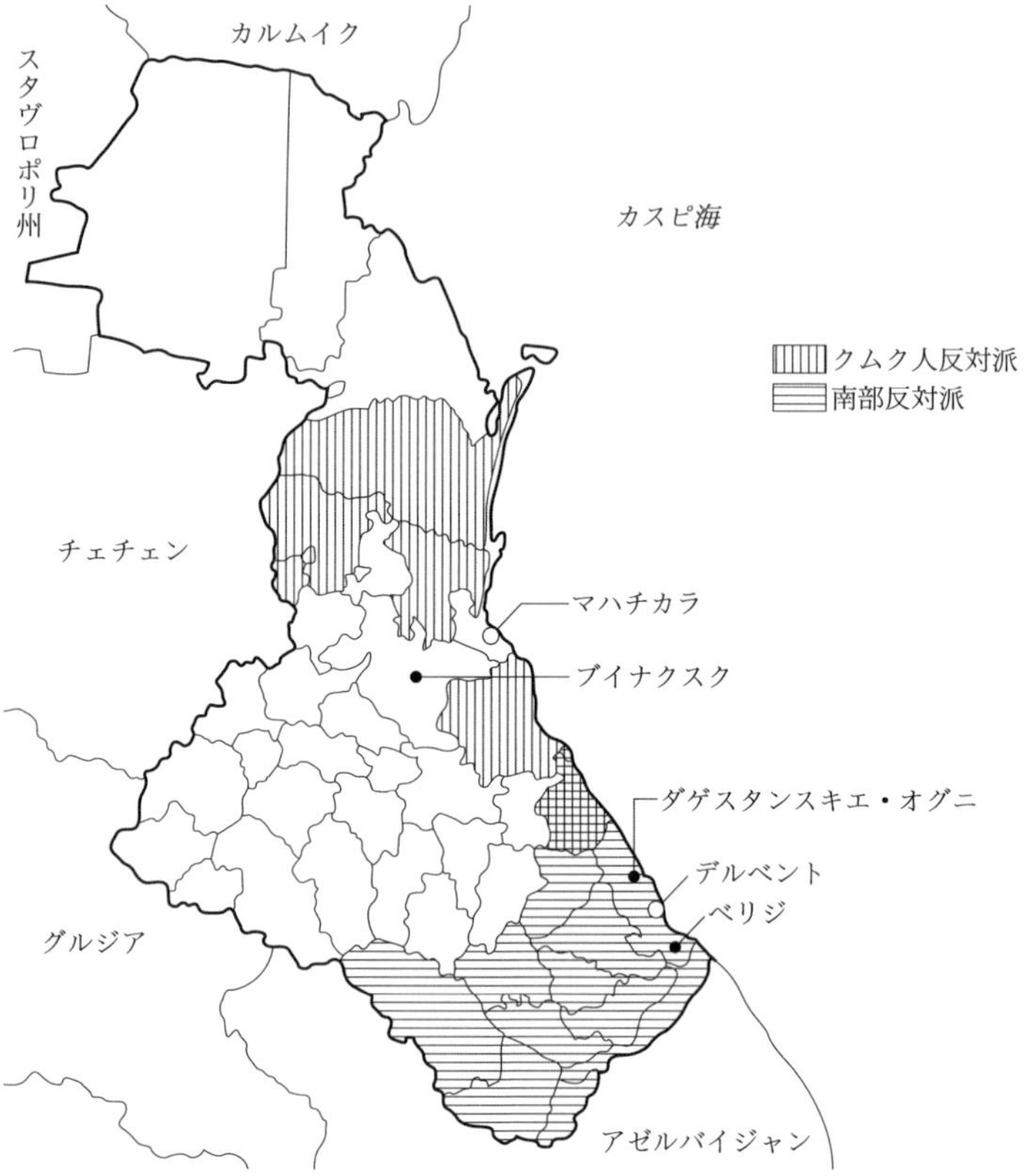

図 4-5　宗務局に服従しない郡・市

閥エゴゆえに、宗務局の影響力がアヴァル人郡やダルギ人郡の枠を越えることがいまだにできていないことがわかります。しかし、村レベルでは、着々と切り崩しが進んでいます。ダゲスタンでは宗教共同体の結束が固いので、宗務局も野党も、たとえ自分のテリトリー内にある市町村でも意のままにイマームを任命することはできないし、逆に敵対的なテリトリーでも当該市町村の住民とよい関係を作れば手の者をイマームとして送り込むことができるのです。こうしたイマーム人事を利用した勢力浸透と並んで重視されたのが、イスラーム教育です。

イスラーム教育の強化

一九九九年のチェチェン武装勢力の侵入に続く反「ワッハーブ派」キャンペーンの中で、宗務局＝サイド＝アファンディ派は、設備もみすぼらしい私塾的なイスラーム学校しかなかった状況を変えるべく、宗務局の付属地に北コーカサス・イスラーム大学のゴージャスなビルを建設しました。「ダゲスタン」ではなく「北コーカサス」を名乗っているのは、北コーカサス全域から学生を受け入れるためです。この大学は二〇〇二年に教育を開始したのですが、寮、スポーツ施設が完備され、ロシア語・文学、歴史、経済学、コンピュータなど世俗教育に力を入れているところが特徴です。ちなみに世俗大学としての資格は得ていないので、この大学の指導部は、学生に、マハチカラ市内の世俗の大学で並行して学んで学位をとることを推奨しています。

この大学の学生の約半数はアヴァル人であり、これに次いで多い順にダルギ人、レズギ人、チェチェン人となります。アヴァル人のライバルであり、現宗務局に批判的なクムク人の学生の数は、チェチェン人にも及びません。この学生の構成自体がアヴァル人が抱く民族ステレオタイプと戦略を反映していて興味深いものです（「アヴァル人とクムク人の間でうまく立ち回り、漁夫の利を得るダルギ人」、「ダゲスタン南部への橋頭堡としてのレズギ人」（後述）、「北コーカサス全体への橋頭堡であり、共和国の西の防波堤としてのチェチェン人」など）。私は、この大学の若い講師や管理職たちとも面談しましたが、若者とは思えない如才なさ、宗教を完全に職業と考えている醒めた態度などは、かつての共産青年同盟幹部を想起させました。

すべてにおいて北コーカサス・イスラーム大学と対照的なのは、マハチカラ市街中心部にあるイマーム・シャーフィイー名称イスラーム大学です。この大学は、一九八九年、当時のクムク民族運動の指導者で、後にシェイフとなって公式宗務局への激烈な批判者となるムルタザリ・カラチャーエフ（一九四九～）によって創設されました。ダゲスタンのイマームや宗教学者の手弁当で運営されているにもかかわらず、この大学の卒業者の約三〇％は聖職についています。執行部が宗務局の敵対者であることを考慮すれば、この就職率は驚くべきものだといえるでしょう。

南部反対派

図4－5が示す宗務局への二つの反対派地域のうち、より多宗教・民族混住的で、したがってより面白い南部をみてみましょう。南部ダゲスタンの中心都市はデルベントです。この都市は、コーカサス山脈がカスピ海にもっとも迫った隘路地帯に位置しています。サーサーン朝ペルシアは、この隘路に栓をすることで遊牧民の侵入を防ごうと考え、五、六世紀に長城を築きました。デルベントはこの長城内の要塞都市として興り、長城を始めとする古代建築物のおかげで、世界遺産に指定されました。デルベントの重要性はダゲスタン第二の都市というばかりではありません。アゼルバイジャン国境に近いため、さまざまな権力機関・治安機関が集中しているのです。

ユーラシア文化圏とペルシア文化圏の接点という位置は、この都市を多宗教・多民族空間とし、寛容の伝統を育みました。実際、アゼルバイジャン人が担うシーア派が多数派とはいえ、スンナ派、ユダヤ教徒、正教徒も多数在住するデルベントでは、スンナ派が圧倒的な山岳・中部ダゲスタンでみられるような神権的な画一主義は不可能です。

一三〇九年に開かれたデルベントの金曜モスクは、それ以前のキリスト教会に端を発するといわれる由緒ある建物（世界遺産指定の理由の一つ）で、デルベントの宗教的寛容のシンボルとなっています。シーア派とスンナ派が共同管理し、広大な礼拝堂を左右に分けて両派が並行して礼拝します。こんにち、マハチカラの宗務局からは独立した存在で、共和国レベルのシェイフ間の諍《いさか》いが南部に伝播するのを防いでいます。

南部反対派のリーダーは、タバサラン郡のフリク村出身のナクシュバンディーのシェイフ、シラジュジン・フリクスキー（一九五五～）です。彼は、一九八〇年代にタシケント・イスラーム大学でわずか一年ほど公式イスラームを学んだ後、八九年に自分のシェイフの後を継ぎました。神学上の知識よりも人間的魅力で弟子をひきつけていることは一目瞭然で、弟子たちは、シラジュジンの浄めの後の汚水を飲むという噂すらあります。強硬なクムク人反対派と違って、シラジュジンは柔軟で、九二年の宗務局のアヴァル化の後も宗教学者協議会のメンバーを二〇〇〇年まで続けましたし、九六年に南部宗務局を作ろうとして失敗した後も、やはり二〇〇〇年まで公式宗務局の南部代表であり続けました。とりわけ、「南部に手を出さなかった」前ムフティー、つまり九八年に爆殺されたアブバカーロフとの関係は良かったようです。反宗務局のシャーフィイー名称イスラーム大学で学び、しかもその分校を自宅に開きながら、同時にサイド＝アファンディ系のサイプリ・カーディー大学でも学び、学長であるガムザトフ（一三五頁参照。宗教学者協議会議長でもある）からシャーズィリーの免許をもらったと称しています。

二〇〇〇年にシラジュジンが宗務局南部代表のポストをサイド＝アファンディ系のイマームに譲ったこと（後述）は、たしかに、南部イスラームのアヴァル化の重要な里程標でした。しかし、こんにちにおいても、南部のイマームや行政長官たちは、はるばるフリク村まで相談事にやってきます。ただし、シラジュジンへの宥和は宗務局側の一時的譲歩であり、それと同時に宗務局はサイプリ・カーディー大学や北コーカサス大学にレズギ青年を優先的に入学させて、近い将来に南部に送るべき宗教指導者を着々と育てていると、ガムザトフは説明しています。以下、宗務局の南部工作の二事例をみてみましょう。

デルベント金曜モスクの分裂工作

先に、デルベント金曜モスクは、スンナ派とシーア派が共同管理してきたと述べましたが、モスクを管理する評議会の議長は、伝統的にシーア派アゼルバイジャン人が務めてきました。ところが、ペレストロイカの中で、デルベント金曜モスクのタバサラン人コミュニティ(スンナ派)が、シーア派アゼルバイジャン人からヘゲモニーを奪おうとした事件が起こりました。タバサラン人は、金曜モスクのスンナ派コミュニティのイマーム後継者争いに敗れたアグル人マヴルディン・ネチフォフ(一九五六〜)をイマームに担ぎ上げて、「第二金曜モスク」を旗揚げしたのです。住民はこれを「タバサラン・モスク」としか呼びませんでしたし、(当然豚も扱った)獣医院跡地にモスクを建てたため、その後長く続くスキャンダルの種となりました。ネチフォフが、後に「ワッハーブ主義派組織」に指定される外国の財団「イスラームの救い」から建設資金を受けたことは、将来、彼自身が「ワッハーブ主義者」とレッテル貼りされる際の一論拠となりました。

極少数派のアグル人であったネチフォフは民族問題に非常に気を遣ったのですが、結局、タバサラン人コミュニティともうまくいかず、イマームを解任されました。その際、汚職が理由とされ、当時の市警察署長で将来ダゲスタン内務大臣になるアヴァル人のアディルギレイ・マゴメドタギーロフが介入しました。やがて、マゴメドタギーロフは、空き家となったこのモスクを、サイド=アファンディに、事実上献上します。

喉から手が出るほど欲しかった南部への進出拠点を手に入れたサイド=アファンディは、アゼルバイジャン出身のアヴァル人(アゼルバイジャンにはアヴァル人居住地域があり、約五万人のアヴァル人が暮らしています)マフムード・ピリエフをイマームとして派遣しました。ピリエフは、サイプリ・カーディー大学で学び、すでに学長アルスラナリ・ガムザトフの弟子でした(既述のとおり、ガムザトフはサイド=アファンディの弟子です)。彼に白羽の矢が立った理由は、南部の共通語であるアゼルバイジャン語を使えるからでした。ピリエフは、二〇〇

○年には、シラジュジンの後を継いで宗務局の南部代表となりました。「第二金曜モスク」の建物も完成し、付属イスラーム学校が開かれ、金曜日に集う信徒数も増えました。山の中腹とはいえ、本家の金曜モスクよりも低い場所にあることが、足の弱い老人には好評です。しかし、ピリエフは信徒から尊敬されていません。金銭に潔癖でないと思われていますし(原因不明の資金不足でミナレットつまり尖塔はまだ建たず、アザン＝礼拝の呼びかけが騒音公害になっています)、金曜の説教の水準も低く、まるでサイド＝アファンディ個人の宣伝をしているようだと言われています。もちろん、本来の金曜モスクは、「第二金曜モスク」など認めていません。

一九九九年に非合法化された原理主義者は、本来の金曜モスクに集うようになりました。自分たちのモスクは奪われ、通常のスンナ派モスクからは締め出され、ほかに行き場がないのです。彼らの多くは商売で生計を立てている青年で、金曜モスクでの態度はお世辞にもよいとはいえません。礼拝だけはするのですが、イマームの説教も聞かず、床に寝転がってお喋りしています。礼拝時以外には、モスク前の広場で「ワッハーブ的な」書籍を販売したり、通行人をつかまえては宗教論争を挑んだりしています。原理主義者への寛容政策は、宗務局に、デルベント金曜モスクを攻撃する絶好の口実を与えました。しかし、モスク評議会議長でもあるシーア派コミュニティのアフンド(スンナ派のイマームに当たる)にいわせれば、金曜モスクを名乗る以上はムスリムを取捨選択するわけにはいきません。万一原理主義青年たちをモスクから排除すれば、青年たちは、自分たちがワッハーブ主義者だから排除されたとは決して認めずに、シーア派がスンナ派を迫害したと声を上げるでしょう。これは、デルベントの宗教状況にとって致命的となりかねない、とアフンドは述べていました。

宗務局は、「ワッハーブ主義との闘争」やスンナ派の統一への希求を利用して、二〇〇三年には、デルベント金曜モスクのスンナ派コミュニティの副イマームを任命することに成功しました。翌年にこの人物がイマームに昇進すると、何とピリエフを副イマームに任命したのです。つまり、ピリエフは、「第二金曜モスク」のイマームにして本来の金曜モスクの副イマームになってしまいました。このあからさまな政治任用は信徒の憤激を呼び、〇四年一二月には、宗務局支持者と批判者の間で集団殴り合いが起こりました。その結果、宗務局系のイマームとピリエフは解任され、スンナ派コミュニティは、カイロでイスラームを学んだあるアグル人を新しいイマームに選びました。

ネチフォフのその後

デルベント「第二金曜モスク」のイマームをくびになったネチフォフは、隣のダゲスタンスキエ・オグニ市のモスクのイマームとなったのですが、信徒の多数派を占めるタバサラン人との関係がうまくいかずに、一年も経たないうちにまた失職しました。本人によれば、宗務局から目をつけられ、宗務局職員に「ソ連時代にイスラームを学んだ者は皆KGBのスパイだ」などと信徒の面前でなじられたこともあったそうです。今でこそ、ソ連時代にブハラやタシケントでイスラームを学んだことは原理主義者でないことの証明であるかのように重宝がられますが、九〇年代にはこのようなことがよく言われたのです。スーフィズムに対して批判的なネチフォフは、タシケント・イスラーム大学を出て帰省した後、どのシェイフの下にもつかず、いわば無所属イマームです。彼は、宗務局だけではなく南部反対派のシェイフ・シラジュジンにも批判的で、このようなネチフォフに、「ワッハーブ主義者」のレッテルを貼るのは容易でした。

その後の彼は長い闘病生活を強いられますが、二〇〇一年にようやく平安の地を得ました。デルベントのさらに南にあるレズギ人の町ベリジのイマームとして招かれたのです。ネチフォフはアグル人ですが、言語的に近いレズギ語を使いこなすことは難しくありませんでした。ところが、ネチフォフが首実検がてらベリジのモスクに招かれた次の金曜日、宗務局南部代表のピリエフは、自分が推すイマーム候補をこのモスクに派遣しました。信徒は、自分たちはすでにネチフォフに声をかけているので、ネチフォフが断った場合にのみ宗務局の候補を考慮すると答えました。さらにその翌金曜日、ネチフォフがイマーム職を受諾する旨を信徒に伝え、金曜説教をすると、宗務局から派遣されていた若い職員がネチフォフの「真のイスラーム」からの逸脱について長々と批判し始めました。信徒の中の老人たちはいぶかしがり、この若者に何年イスラームを学んだか尋ねました。若者は、本当は三年しか学んでいなかったのですが、さばを読んで五年と答えました。たとえ五年でも、自分よりずっと年長のネチフォフを「イスラームから逸脱している」などと批判するのは分不相応で、老人たちは、「お前には道徳がない」といって、この若者をモスクから追い出してしまいました。

南部に着々と進出しつつある宗務局=サイド=アファンディ派ですが、この例にみるように、宗教共同体の機嫌を損ねれば、イマームを任命するどころではなくなるのです。

二〇〇一年のアラファト事件

一九九〇年代のなかば、ある富裕なレズギ人家族が、「アラファト」という宗教団体を興し、これに帰属するモスクを建設しようとしてデルベント市内に土地を確保しました。しかし、基礎工事を行ったところで資金を切らしてしまい、シェイフ・シラジュジンに泣きつきました。建築の素養があり、トルコの資金を導入してそれまでもいくつかの美しいモスクを南部に建ててきたシラジュジンは、これを引き受け、二〇〇〇年にはモスクを完成させました。建設中の九八年、「アラファト」は、マハチカラのシャーフィイー名称イスラーム大学(前出。反宗務局)の分校を、モスク敷地内に開きました。宗務局の南部差別政策のため、それまで南部にイスラーム高等教育機関は一つもなかったのです。やがて、学生・学童や両親までが敷地内に住むようになり、「アラファト」はシラジュジン支持者のコミューンの様相を呈するようになりました。彼らは、文字通り自分の手でモスクを完成に導きました。例えば、建物解体のアルバイトをし、アルバイト料と同時に廃材（石や木）をもらってきて、それをモスクの資材に使ったのです。「アラファト」の重要性にかんがみ、シラジュジンは、最良の弟子をそこに送りました。イサムトディン・サイドフです。

一九六六年生まれのイサムトディンは、アフガニスタンでの兵役を挟んで、八〇年代にルイビンスク航空技術大学とペルミ総合技術大学で学びました。ペルミでのある神秘的な体験をきっかけに、イサムトディンは、子供時代に祖父から学んだ礼拝を再開し、アラビア語を自学自習しました。九〇年に生まれ故郷のタバサラン郡に戻ってシラジュジンの弟子になり、生村で子供にイスラームを教えました。同時に通信教育でバクー教育大学を卒業し、アゼルバイジャン語の教師の資格を得ました。自らは中等教育しか終えていないシラジュジンは、三つの世俗学位を持つこの卓越した弟子を心から評価し、かわいがりました。九五年には、イサムトディンは、郡庁所在地ホチニのイスラーム教師として招かれました。ホチニのコミュニティは、イサムトディンの生活を助けるために、世俗学校でもアゼルバイジャン語を教えさせました。

二〇〇〇年、「アラファト」は、イサムトディンをイマームとして派遣してくれるようシラジュジンに頼みました。優れた弟子を郡庁所在地から引き抜くのはシェイフにとってつらい選択でしたが、それでもデルベント市の拠点を発展させることの方が重要だったのです。

イサムトディンの指導下で、「アラファト」のイスラーム学校の生徒は旧ソ連各地からも集まるようになり、その数は三〇〇人に達しました。宗務局も、今やダゲスタン内相となったマゴメドタギーロフも、重要なデルベント市にシラジュジン派が強固な足場を持つことをおいそれと許すわけにはいきませんでした。当初、宗務局・内務省は、「アラファト」に「ワッハーブ主義」のレッテルを貼ろうとしましたが、典型的スーフィズムをワハビズムといいくるめるのは神学上あまりにも無理があります。そこで、衛生・建築・防火基準違反などから「アラファト」を追及する方針に変え、二〇〇一年一〇月一一日、ついに警官隊が「アラファト」に突入し、市外の未成年者が未登録在住している事実を突き止めました。警察は、未成年者をバスで故郷に送り、「アラファト」の中心メンバーを拘束しましたが、ほどなく釈放しました。これらメンバーは「アラファト」の敷地に戻り、座り込み、ズィクル（スーフィズムの修行法で、神の名などを長時間連禱すること）しながら再度の試練に備えました。一三日未明、警官隊が再突入し、女子供も警棒で殴打した上で、メンバー全員を拘束しました。この人権侵害はダゲスタン全土を驚かせ、マゴメードフ国家評議会議長や連邦保安局（FSB）が介入して「アラファト」メンバーは釈放されました。この後、「アラファト」は、「バーブ・アル・アブヴァーブ」（デルベントのアラビア語名で「門の中の門」の意）と改称し、法的な不備を克服する作業に取り掛かることになります。

アラファト事件もまた、サイド＝アファンディの強みと弱みを示しています。彼は警察・治安機関に弟子が多いので、それらを敵対者に振り向けることができます。しかし、スーフィー諸派の間で多元主義的な競争が展開しているため、権威主義体制下とは違って、この方法を思うがままに駆使することはできないのです。

流血回避の理由

以上、スーフィー教団間の対立や連合をみてきたのですが、ここで私たちは、ダゲスタンの民族信教状況の一般的特質に行き着きました。つまり、ダゲスタンについて驚くべきなのは、鋭い対立を抱えているということではなく、鋭い対立が流血一歩手前で抑制されているということなのです。その理由を考察して結びとしたいと思います。

まず、しばしば誤解されていますが、ダゲスタン人の最大の忠誠対象は、自分が帰属する民族ではなく地縁共同体（村）です。ダゲスタンの地縁共同体の強さは、その地形や外部勢力に侵略されてきた歴史に起因し、イスラーム以前からの特徴であるといわれます。また、一九世紀のコーカサス戦争、二〇世紀の農業集団化などで、地縁共同体はますます強化されました。もし対立の単位が民族であったなら、民族に媒介されて対立はただちに全共和国に伝播するでしょう。ダゲスタン人の帰属意識が地縁共同体に向けられるために、共和国レベルの対立は、村レベルで中和されたり調整されたりするのです。

例えば、マハチカラ市長のサイド・アミーロフはダルギ人ですが、その支持基盤は抽象的なダルギ人コミュニティではなく、中部ダゲスタンにある彼の生村出身者を中心とした多民族的な連合です。例えば、ダゲスタンの政界と闇世界で大きな影響力を持つクムク人のカラチャーエフ兄弟(本章で登場したシャーフィイー名称イスラーム大学学長、シェイフ・ムルタザリはその次兄)、そして野菜生産で有名なハジャルマヒ村出身者(ダルギ人)がアミーロフを支持しています。野菜の生産地が政治的に重要といわれてもぴんとこないかもしれませんが、野菜はダゲスタンの現金収入の主な源泉であると同時に、その流通を押さえていることは、モスクワなど中央の大消費地を覆うネットワークを持っていることを意味しています。いずれにせよ、多民族的なアミーロフ支持者を結ぶのは、抽象的な民族意識ではなく、具体的な利益でしかありません。

本章は、宗務局も、野党側も、勢力拡大のためには宗教共同体の意向と真剣に向き合わなければならず、イマームや共同体を意のままに動員することなどできないことを示しました。ダゲスタンのイスラームの特徴は、地縁共同体と宗教共同体がほぼ完全に一致していることです。これは、すでに革命以前から、たまたまあれこれのモスクに集まる人々を宗教共同体(マハッラ)と称してきたヴォルガ・ウラル地方との根本的な違いです。一九九〇年代のヴォルガ・ウラル地方では、政治的な動機から、ある地縁共同体内部に「第二金曜モスク」、果ては「第三金曜モスク」を開くことが当たり前のように行われましたが(無論、その資金があればの話)、ダゲスタンでは、デルベントのような大きな都市においてさえ「第二金曜モスク」に対する心理的な抵抗は大きいのです。

これがどこまでシャーフィイー派の原則主義、ハナフィー派の「柔軟さ」に起因するものかは、宗教学者にきくしかありません。ダゲスタンのシェイフ、宗教学者たちは、コミュニティを分裂させてはならないというシャリーアの解釈においては法学派間で違いはない、ヴォルガ・ウラルが上述の有様なのは、ハナフィー派だからではなくて、単にイスラームについて不勉強だからであると言います。

スンナ派内政治において紛争が押さえ込まれる別の理由は、シェイフ間の多元主義的競争が、警察や司法を宗教政治上の目的で動員することを困難にすることです。これは、中央アジアの権威主義体制下でイスラームの一部が過激化したのとは対照的な事情でしょう。

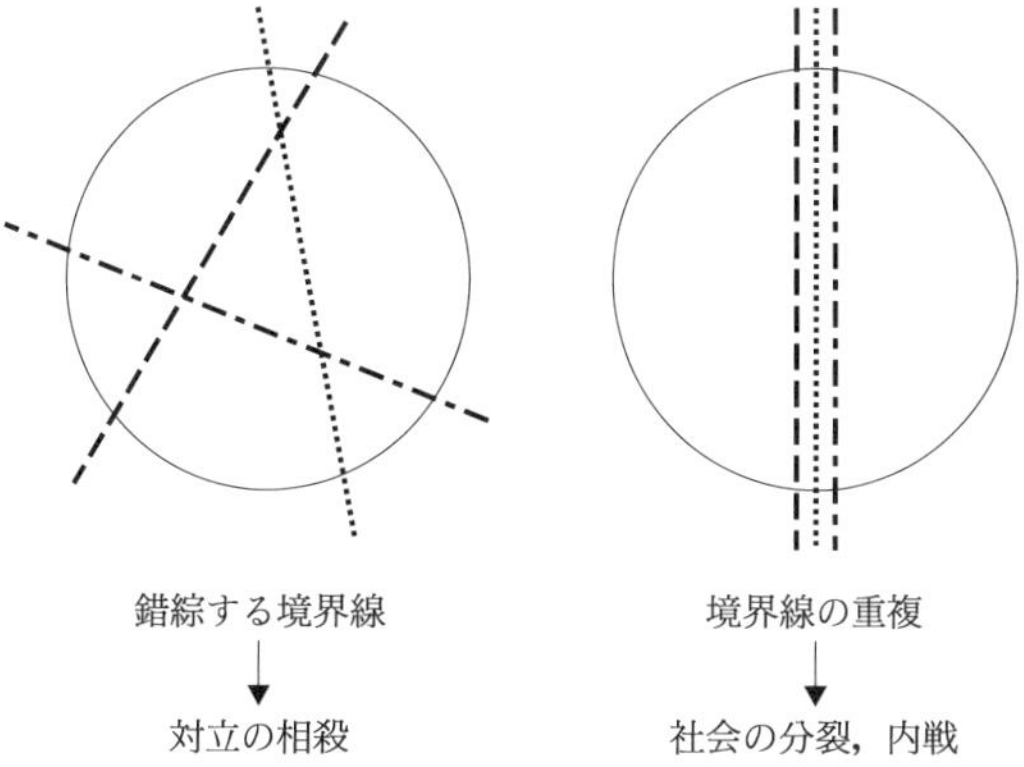

図4-6　社会的亀裂と紛争の危険性

第三の理由は、言語・宗教・社会経済・派閥などが引き起こす諸対立の境界線が錯綜しており、ある争点では敵対しているが、別の争点では味方であるという事情がままある点です（図4-6）。例えば、ダルギ人の宗教指導者は、アヴァル人による宗務局権力の独占に不満で、この点ではしばしばクムク人宗教指導者と同盟します。しかし、ダルギ人の世俗指導者は、マゴメードフ指導下で彼らが有していた世俗政治における主導権を維持するために、人口的に多数派のアヴァル人を怒らせるわけにはいきませんでした。また、ノガイ人はテュルク系のハナフィー学派、ロシア人はスラブ系正教徒、クムク人はテュルク系のシャーフィイー学派、アゼルバイジャン人はテュルク系のシーア派です。しかしこれらは、山岳コーカサス人の低地移住に直面しては同盟者となるのです。また、この争点ではクムク人は同じシャーフィイー学派のダルギ人やアヴァル人と対立することになります。言語・宗教・社会経済・派閥などが引き起こす諸対立の境界線が重なってしまうと、社会は真っ二つに分裂し、内戦が起こりやすくなります。これは、例えばナゴルノ・カラバフや旧ユーゴスラヴィアで生まれた状況です。

第四の理由は、第三の理由から直接導かれることですが、諸陣営のリーダーが自陣営の民族的な混合性を、自分の主張が説得力を持っていることの証拠として自慢することです。これは非常に重要な行動規範であり、これが逆転して、諸陣営が自らの民族的純血性を誇るようになると、社会は内戦に近づきます(これもカラバフ、ユーゴスラヴィアにみられました)。サイド＝アファンディ派は、アヴァル民族主義なる批判に、クムク人シェイフであるアルスラナリ・ガムザトフを掲げ、また彼を通じてクムク人郡であるブイナクスクでサイド＝アファンディの支持者が多いことを掲げることができます。逆に、野党側は、著名なアヴァル人宗教学者(アーリム)であったマゴメドサイド・アバカーロフ(故人)が、サイド＝アファンディに非常に批判的であったことを、彼が自民族内でさえ必ずしも支持されていない例として挙げることができます。

最後に、ダゲスタンの民族間関係においては機能していますが、スンナ派内政治では働いていない紛争緩和メカニズムについて触れましょう。それは、ある紛争における勝者が、余勢を駆って敗者を徹底的に追い詰めるのではなく、ある争点における勝利を別の争点における意識的譲歩で一定相殺するゲームのルールが確立されていることです。このルールが生きている限り、敗者は引き金に指をかけるだけで、それを引くことはありません。マゴメダリ・マゴメードフが長く共和国の首長を務めたのは、彼はこの点で天才的なブローカーだったからです。たとえば前出のムルタザリ・カラチャーエフは、シェイフであると同時に企業家で、一九九八年にミネラルウォーターに着眼し、起業しました。これが儲かる商売であることに目をつけたマゴメードフ議長は、ムルタザリを説得してこの企業を国有化し、実際には自分の息子に与えてしまいました。しかし、その代償として、ムルタザリの弟でマハチカラの副市長だったナビユラを、「西カスピ漁業」(事実上の漁業省)総裁に任命したのです。これはキャビアビジネスをはじめとする漁業利権をカラチャーエフ兄弟・クムク人に与えたことを意味しています。この公営企業は、それまでアヴァル人の縄張りだったのですが、ナビユラは、就任直後、数十人のアヴァル人職員を解雇しました。激怒したアヴァル人は機関銃を手に、この公営企業を包囲し、ナビユラたちは、同じ武器を手に立てこもりました。そこで、今度はこの紛争を解決するために、マゴメードフ議長は、公共事業省なる新官庁を作ってアヴァル人に与えたのです。この例が示すように、無駄な役職の増大というパトロン・クライエント政治の一般法則は、マゴメードフ指導下でも如実に現れました。新政権下で行政機構縮小が目標として掲げられていますが、実際の効果は乏しいと思われます。

「敗者を追い詰めるのではなく、別のところで埋め合わせしてやる」という原則を、ダゲスタン出身の政治学者エンヴェル・キスリエフは、アーレンド・レイプハルトの有名な概念を若干戯画化して「多極共存型民主主義」と呼びます。しかし、スンナ派内政治においては、サイド=アファンディ派の独占欲から、これが働きません。これが、民族間関係と比べた場合に、スンナ内政治をより非妥協的・紛争的にしていると考えられるのです。

〈参考文献と解説〉

ダゲスタンのスンナ派政治の対立的側面を強調した先行研究。

- Dmitrii Makarov and Rafik Mukhametshin, "Official and Unofficial Islam," Hilary Pilkington and Galina Yemelianova, eds., *Islam in Post-soviet Russia: Public and Private Faces*, London-New York: RoutledgeCurzon, 2003, pp. 117–163.

衝突回避メカニズムに注目する研究。

- Edward W. Walker, *Russia's Soft Underbelly: The Stability of Instability in Dagestan*, Berkeley Program in Soviet and Post-soviet Studies Working Paper Series, Winter 1999–2000.

中央アジアのムスリムの一部が過激化したことの背景の考察。

・宇山智彦「中央アジアにおけるイスラーム信仰の多様性と過激派の出現」『ロシア研究』第三〇号、二〇〇〇年、三七—五七頁。

著者によるヴォルガ・ウラル地域のイスラーム政治の分析。

・Kimitaka Matsuzato, "Muslim Leaders in Russia's Volga-Urals: Self-Perceptions and Relationship with Regional Authorities," *Europe-Asia Studies* 59: 5, 2007, pp. 779–805.

より詳しい説明や典拠(特にインタビューの相手、日付、場所)を求める読者は次も参照。

・Kimitaka Matsuzato and Magomed-Rasul Ibragimov, "Islamic Politics at the Subregional Level of Dagestan: Tariqa Brotherhoods, Ethnicities, Localism and the Spiritual Board," *Europe-Asia Studies* 57: 5, 2005, pp. 753–779.

・Magomed-Rasul Ibragimov and Kimitaka Matsuzato, "Alien but Loyal: Reasons for the 'Unstable Stability' of Dagestan, an Outpost of Slavic Eurasia," *Emerging Meso-Areas in the Former Socialist Countries: Histories Revived or Improvised?*, ed. by Kimitaka Matsuzato, Sapporo, 2005, pp. 221–246.

・K. Matsuzato, ed., *Islam ot Kaspiia do Urala: Makroregional'nyi podkhod*, Sapporo, 2007. (http://src-h.slav.hokudai.ac.jp/coe21/publish/no12_ses/contents.html)

著者によるダゲスタン研究紀行。

・松里公孝「ダゲスタンのイスラム(前編・後編)」『スラブ研究センターニュース』第九五号、二〇〇三年・第九七号、二〇〇四年(http://src-h.slav.hokudai.ac.jp/jp/news/95/news95-fr.html; http://src-h.slav.hokudai.ac.jp/jp/news/97/news97-fr.html)。

＊　なお、本章は、科学研究費補助金・基盤研究B「ロシアにおけるイスラームと政治」(平成一五〜一七年度、北川誠一代表)の成果の一部です。本章の元になった英語論文は、マゴメド＝ラスール・イブラギーモフとの共著でしたが、本章では日本人向けに書き直すために、私一人の文責としました。

第三部　美的表象とコーカサス社会

――芸術と国家、民族の関係を知るために

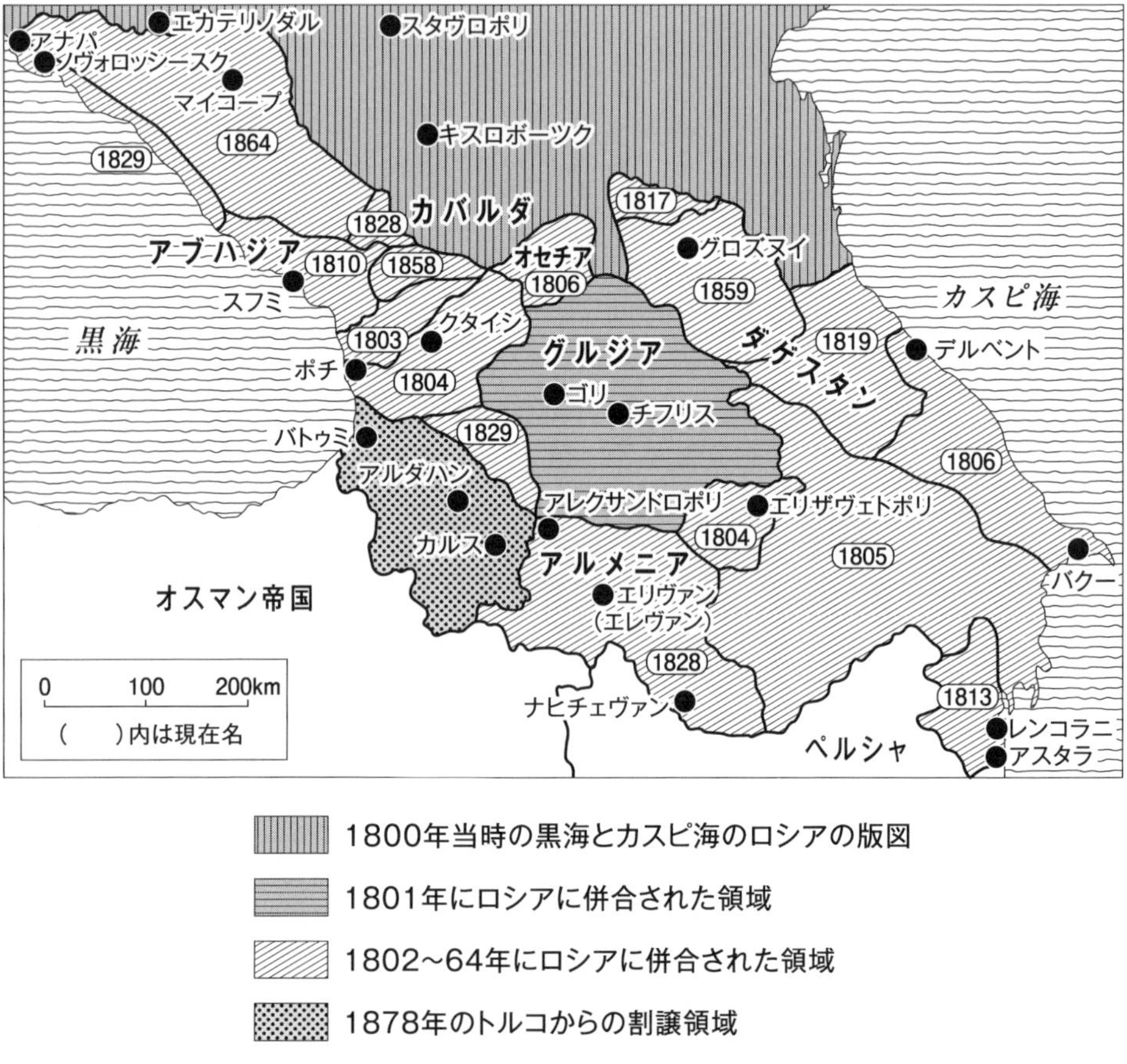

ロシアによるコーカサス征服

出典：M. ギルバート『ロシア歴史地図』東洋書林、1997 年をもとに作成

第五章　特権的トポスのはじまり

――コーカサス表象の原型と「他者の声」について

中村唯史

ロシア人の抱くコーカサス・イメージ

私は文学を専門としていますが、最近はコーカサスの地とそこに住む人々がロシア文学においてどのように表象されてきたのかを調べています。これはロシアの人々がコーカサスに対して抱いてきた表象それ自体を考察するのです。「事実」と照らし合わせてみた場合のこの表象の正誤や、ロシアとコーカサスの相互関係といった問題は、少なくとも現時点では対象外としています。

なぜロシアの対コーカサス観を取り上げるのか、またその際になぜとりわけ文学が問題となるのかというと、それは文学によって形成されたコーカサスの表象が、今でもなおロシアで現実的な力として機能しているからです。後で述べるように、それは近代以降のロシア人の自己認識と密接な関わりを持っています。また、現在もロシアから政治的・経済的・文化的な影響を受けているコーカサス現地の状況を考える上でも、ロシア人がこの地に対して抱いているイメージを知る必要があることはいうまでもありません。

ロシア連邦軍がチェチェン共和国に侵攻したのは一九九四年のことです。当時、ロシアの文芸雑誌やジャーナリズムには、チェチェンおよびその周辺地域、つまりコーカサスに関する記事や論考が数多く現れました。その頃は言論に対する締め付けも現在ほど厳しくはなく、報道は必ずしもチェチェンが敵、悪であるというようなものばかりではありませんでした。むしろ、反戦的・厭戦的で、チェチェン側に共感を示す論調の方が優勢だったように思います。

ただ、そういう記事や論説を読んでいて気づいたのは、ロシアのジャーナリストや識者によるコーカサスとそこに住む人々についての言及に、一定の型があるということでした。コーカサスの人々は山と調和して生きている、女性は心がきれいで純粋で素朴で従順である、男性は勇猛で一本気で、生まれながらの戦士である――といった固定的なイメージが、必ずしもコーカサスに対して敵対的ではない、むしろ同情的な論調の中で多用され、世論形成に大きな役割を果たしていたのです。このように現在でもなおロシアの人々の意識に深く根づいているコーカサスの地とそこに住む人々についての表象の構造や、成立過程を考察する必要があるのではないかと思ったのが、私がこの研究を始めたきっかけでした。

特権的トポスとしてのコーカサス

次になぜロシア文学におけるコーカサス表象を取り上げるのか、なぜ文学なのかということですが、当時の報道では必ずしも文芸誌ばかりではなく、新聞の時事解説や政治・経済誌の論考でも、コーカサスを扱った過去の文学作品を想起・引用する例が非常に多かったのです。

ロシア文学においてコーカサスを主題とした最初の作品は、「国民文学の父」といわれる詩人アレクサンドル・プーシキン(一七九九〜一八三七)の『コーカサスの虜』(一八二二)であるというのが定説です。プーシキンはこの少し前にコーカサスを旅行し、それを契機にこの叙事詩を書いたのです。彼は一八二九年にも再度コーカサスを訪れています。

一八二八年には詩人ミハイル・レールモントフ(一八一四〜四一)が、やはり『コーカサスの虜』という題の叙事詩を書いています。彼は少年時代の一時期をコーカサスで過ごし、その若い晩年にはコーカサスに流刑となり、この地で決闘で亡くなりました。彼の代表作『現代の英雄』(一八三九〜四〇)も、かつては自我の苦悩を鋭く描き出した近代小説のはしりとして論じられていましたが、コーカサスを舞台としています。

一八七二年には、『戦争と平和』(一八六八〜六九)、『アンナ・カレーニナ』(一八七五〜七八)などで有名な文豪レフ・トルストイ(一八二八〜一九一〇)が、やはり『コーカサスの虜』という子供向けの短編を書いています。トルストイも一八五〇年代に軍に志願してコーカサスに駐留した経験があります。初期の代表作『コサック』(一八五二〜六三)は、これまで青春小説としての面ばかり強調されてきた感がありますが、この際の経験がもとになっていて、舞台はやはりコーカサスです。トルストイはまた晩年には、実在した人物を題材とする美しい中編『ハジ・ムラート』(一八九六〜一九〇四)を書いています。

プーシキン、レールモントフ、トルストイといえば、一九世紀ロシア文学のメインストリームです。そうした作家が共通して『コーカサスの虜』という題の作品を書いている。皆実際にコーカサスに行った経験があり、その際の印象や見聞をもとに代表作を書いている。コーカサスを題材とした作品の比重は、ロシア文学において、実はかなり大きいのです。一八二〇〜三〇年代には一種の「コーカサス・ブーム」が起き、有名無名の作家たちが競うようにしてこの地を舞台とする作品を書きました。その後もソ連期を経て現代に至るまで、コーカサスはロシア文学において特権的なトポスであり続けています。

ロシア最大の「他者」

ソ連期のロシアは文学の権威が高い社会でしたから、学校で強いられてにせよ、自ら好んでにせよ、誰もが大作家の主な作品には触れていました。先ほど少し述べたような、ロシア人が抱いているコーカサスの人々に対するステレオタイプは、一九世紀のロシア文学において形成された後、教育やメディアを通じて現在に至るまでロシア人の対コーカサス観を強く規定し続けています。

このことをよく示しているのは、チェチェンでの戦闘がもっとも激しかった時期に、ウラジーミル・マカーニン(一九三七〜)の短編小説『コーカサスの捕虜』(一九九五)やセルゲイ・ボドロフ監督(一九四八〜)の映画『コーカサスの虜』(一九九六)が発表され、人々に深い感銘を与えたことでしょう。ちなみにボドロフ監督の映画は日本でも公開され、大きな反響を呼びました。これらの作品は、題名からもうかがえるように、それぞれプーシキンやトルストイの『コーカサスの虜』の設定を踏まえた一種のパロディです。一九世紀文学の設定を現代のチェチェン紛争に置き換えるという戦略によって、人々に強い衝撃を与えたのです。

このような戦略は、読者や観衆がオリジナルの作品を知っていることが前提になければ成り立ちません。ロシア文学のコーカサス表象を考察すべきなのは、このようにロシア人の現代に至るコーカサス観の基本的な型が、過去の文学作品によって形成されたものであるからです。

ところで、ここでもう一つ考えるべきは、ロシアの作家たちをひきつけたのが、なぜほかならぬコーカサスだったのかということでしょう。ユーラシアの中央に位置するロシアは、古くから多様な民族やエトノス集団との接触を重ねてきました。一三世紀から一五世紀にかけてのいわゆる「タタールのくびき」、ピョートル大帝（一六七二～一七二五）の改革以降の西欧系テクノクラートの流入。一八世紀後半からは世界のユダヤ人人口の実に半数近くが、ロシア帝国の版図内で暮らしていたといわれています。一九世紀後半にはロシア帝国は中央アジアの併合を進め、イスラーム教を信奉するテュルク系の人々との接触が本格化しています。

今述べたのはごく代表的な例にすぎず、ロシアはその歴史上、さまざまな民族と交渉してきたのですが、そうした中でモンゴル人やタタール人、ドイツ人やユダヤ人などが登場する作品よりも、コーカサスを題材にした作品の方がより大きな影響力を持ってきたのはなぜでしょうか。

その理由は、おそらく歴史的な経緯と関係があります。近代的な意味でのナショナリズムがロシアで確立したのは、一八一二年の対ナポレオン戦争がきっかけといわれています。それまでのロシアは西欧化した貴族と、ほとんど中世の状態のまま放置されていた民衆との乖離が甚だしかったのですが、ナポレオン軍との戦争の中で階層の別を越えた「ロシア人」としての一体感が形成されたというのです。その一方でロシア帝国はこの数年後からコーカサスの併合を本格化し、新聞や雑誌にはこの地域についての記事があふれるようになりました。こうしてコーカサスとこの地に住む人々は、「自己」意識を確立しつつあった当時の「ロシア人」にとって、もっとも強く意識される「他者」となったのです。

コーカサスがロシアにとって最大の「他者」として表象されるようになったのは、多分に歴史的な偶然の結果です。しかし、ひとたび成立した「他者」としてのコーカサス・イメージは、その後、現在に至るまでロシアの人々の意識を規定し続けています。ロシア人はコーカサスという「他者」の中に「自己」に欠けているものを見出して憧れたり、逆に自らのうちに発見した負の属性を彼らに投影し、これをおとしめたりしてきました。コーカサスはロシアにとって、自己意識を映し出す鏡のようなものだったといえるかもしれません。

叙事詩『コーカサスの虜』

ロシア文学におけるコーカサス表象の嚆矢は、プーシキンが一八二一年に書いた叙事詩『コーカサスの虜』です。プーシキンは「ロシア国民文学の父」と呼ばれていますが、それはその後のロシア文学を貫く大きな主題のほとんどが、この詩人によって手がけられているからです(図5-1)。例えば、ピョートル大帝の強権によって沼地の上に突如作り出されたペテルブルグという西欧風の首都がロシアにとって持つ意味を問う「ペテルブルグ神話」の伝統がロシア文学にはありますが、その文学的な端緒となったのはプーシキンの叙事詩『青銅の騎士』(一八三三)です。

「コーカサス・イメージ」についても同様で、プーシキンの『コーカサスの虜』には、その後のロシア文学に繰り返し現れ、現在でもロシア人のコーカサス観を規定しているイメージの原型を見出すことができます。

この叙事詩の主人公は、コーカサスにやってきて捕虜となってしまったロシア人の青年と、この捕虜の世話をするうちに彼を愛するようになった現地の娘とです。青年がコーカサスにやってきたのは、ロシアでの生活に絶望したからでした。

彼は人々と世界を味わいつくし／頼りない生のまことの意義を知った。／友の心にも裏切りを見出した、／愛の空想のなかにあるのは愚かな夢、／とうの昔に軽蔑していた虚栄や／偽善的な敵意や無邪気な中傷の／犠牲となる習慣にも飽きがきて、／この世にそむき、自然を友とし、／彼は生まれ育った土地を見捨て／遠い地へと飛び立ったのだ／自由の楽しいまぼろしを胸に抱いて。

（川端香男里訳、筆者一部改変、以下同）

虚栄や偽善に満ちたロシアを捨て、「自然」と「自由」を得るためにコーカサスにきた青年が、しかし結局はこの地で「虜」となるところに、作者によって設定された運命の皮肉があります。捕虜となった青年はすべてに絶望しきっていて、何くれと世話をしてくれる現地の娘から愛されるようになっても、この愛に応えることができません。

図5-1　プーシキン(V. A. トロピニン画。1827年)
出典：http://www.hronos.km.ru/biograf/pushkin.html

彼の上に〔娘の〕やさしい眼差しが憩う。／〔中略〕はじめて、おとめ心に／女は愛した、しあわせを知った、／けれどロシアの若者はもう長いこと／生への悦びを失っていた。／彼の心は応えることができなかった、／この幼子《おさなご》のような率直な愛に――／おそらくは忘れていた恋の夢を／思い出すのを恐れたのだ。

この一節では、コーカサスの娘の「幼子のような率直な愛」が、ロシア人青年の無気力・無感動な精神状態と対照的に描き出されています。「文明」という虚偽に対置される「野蛮」な人々の高貴な心情――『コーカサスの虜』の構想には、西欧から伝わった「高貴な野蛮人」の理念が影響しているといわれています。

「高貴な野蛮人」たち

「高貴な野蛮人」とは、文明を虚偽にまみれた病とみなし、この病におかされることなく自然のままに生きている人間こそが精神的な高貴さを保っているとする考え方で、特に一六世紀以降の新大陸との接触の中で西欧に広く流布しました。ロシアに知られるようになったのは、一八世紀後半、フランスの思想家ジャン＝ジャック・ルソー(一七一二～七八)などの著作を通じてのことでした。プーシキンはこの理念をコーカサスの人々に投影したのです。コーカサスの女性は優しくて純朴で貞淑、男性は勇猛果敢で独立不羈というような、現在でもロシアで流通しているステレオタイプの淵源はここにあります。

もっとも「純朴」は「単純」と紙一重、「勇猛」は「残虐」と紙一重であり、この「高貴な野蛮人」という理念は、実際には両義的です。『コーカサスの虜』の場合にしても、娘は文字通り高貴な心の持ち主である一方、同じ集落の男性たちはたしかに勇敢ではあるが、因習にとらわれ、残虐で知性を欠いた存在として描かれています。

物語に戻ると、自分の愛が決して受け入れられないだろうことを悟った娘は、捕虜の足につけられていた鎖を解いてやり、青年をロシアとコーカサスの境界とされるテレク川のほとりまで連れて行って逃亡を勧めます。やがて川を横切っていく青年の耳に娘が身を投げた水音が届きます。物語は悲劇で幕を閉じるのです。

『コーカサスの虜』をロシア人青年の軌跡を中心に整理してみると、次のようにいえるでしょう。この詩にはロシアとコーカサスという二つのトポスがあって、両者を分かつ境界がテレク川(一七一頁図5-2)です。「文明」という病、「虚偽」におかされた主人公はコーカサスに赴き、「自然」と「自由」による再生を図りますが、娘の自然そのままのような高貴な愛に応えられず、結局は虚偽の渦巻くロシアに戻っていくのです。

プロットに焦点を当てて読む限り、この詩は近代的な自意識に目覚めたロシアの青年の苦悩を主題とした作品であり、コーカサスの娘はこの主題を浮き彫りにするための小道具にすぎません。プーシキンの関心はもっぱらロシア人青年という「自己」の問題にあり、コーカサスの娘という「他者」は、作品中「自己」に従属し、連関して機能する関数でしかありません。

ただし、主人公のこのナルシスティックな苦悩こそ、ロシア人としての自意識に目覚めながら、何をすればよいのか見出しかねていた、当時の若者の苦悩そのものでした。プーシキンの『コーカサスの虜』をきっかけとして、この叙事詩の型を踏襲する作品が一八二〇～三〇年代に次々と現れ、コーカサスへの憧憬や関心が高まって、一種のブームが生じたことはすでに述べたとおりです。

コーカサスの「崇高」な風景

もっとも『コーカサスの虜』には、プロットに直接関わる部分のほかにも、コーカサスの風景や、そこに住む人々の風俗について詳細に記述した箇所が少なからずあります。これらの風景・風俗描写が未知の地に対する人々の知識欲や憧憬をかき立てたことも、この詩が発表当時、圧倒的な人気を博した理由の一つでした。

次の一節は、捕虜となっているロシア人青年が山間集落でなすこともなく、コーカサスの高峰を見上げている場面です。

雪の永遠の玉座、／山々の頂は／雲また雲の不動のつらなりと見え、／そのなかの双頭の巨人、／氷の冠をいだき光っている／巨大で壮大なエリブルス山は／青い空のなかに白くそそり立つ。／うつろな響きととけあって、／嵐の前ぶれの雷鳴のとどろく時、／囚われの男は、村をのぞむ山の上に／いくたび、身動きもせず坐っていたことか！／黒雲がその足元にたちこめ、／広野にはほこりが舞い飛び。／すでにおそれおののく鹿は／岩の間に隠れ家を求めている。／鷲は断崖から飛び立って／空の高みで鳴き交わしている。／馬たちのざわめき、家畜の群の鳴き声は／すでに嵐の音にかき消されてしまう……

一九世紀初頭のロシアの詩人や作家が西欧の文学・思想・芸術の動向を注意深く観察し、新しい潮流が生じると、いち早くこれを取り入れていたことは、「高貴な野蛮人」に即してすでに述べたところですが、明らかにプーシキンはこの場面において、一八世紀に西欧の詩や絵画や哲学で隆盛した「崇高」の理念を念頭に置いています。ロシア文学の研究には、西欧との比較が不可欠です。西欧で生まれた概念や手法を受容する際に、ロシアがこれをいかに変換したかが問題となるのです。

哲学の分野で「崇高」を論じた一人にドイツのエマニュエル・カント(一七二四～一八〇四)がいます。カントの考えは一種の不可知論で、人間は時間と空間というア・プリオリに備わった範疇を通してしか認識をすることができない、したがって人間はものの真の姿、「もの自体」を把握できないというものでした。「崇高」も「高貴な野蛮人」と同様に、啓蒙時代の理性万能主義への違和感から注目されるようになった理念でしょう。世界には人間の認識や知覚を超えた大いなる何かが存在する。カントはこの大いなる何かのあり方を「崇高」と呼んだのです。

ロシアの場合、「崇高」の理念は、カント以前に、イギリスやフランスの詩や評論を通じて伝わっていたようです。一八世紀の西欧の詩や絵画では、人間の存在や知覚の限界を超越した崇高を示唆するために、「険しい高峰」や「荒れ狂う海」が好んで主題として取り上げられました。人間には全貌を捉えきれない「巨大」なものや「壮大」なもの、「嵐」や「颪」や「雷鳴」といった動的なもの、「霧」や「黒雲」といった人間の視界をさえぎるもの、「万年雪」のように人間の一生を凌駕して永遠に存在し続けるものなどが、「崇高」を表すための重要なモチーフでした。

以上を念頭に置いて、先ほどの一節をみてみると、この風景描写が「崇高」の凝縮的な表現であることが分かります。プーシキンは、コーカサスの山岳風景に西欧からきた理念を投影し、この地の自然に「崇高」の位相を付与したのです。

プーシキンの複眼性

この詩において、主人公であるロシア人の青年は、コーカサスから二重に拒まれているといえます。崇高の具現であるコーカサスの高峰は、集落で虜となっている身には、決して達し得ない世界です。もっとも、西欧の文芸や絵画で伝統的に「神の使者」という象徴性を帯びている鷲が飛ぶその高みは、ロシア人であれコーカサスの人々であれ、そもそも人間には達することの許されない領域かもしれません。ただし主人公には、このほかにも到達しえない領域があります。コーカサスの人々の「自然」で「自由」な世界、すなわち「高貴な野蛮人」の世界です。

すでに述べたとおり、『コーカサスの虜』という作品は、基本的には苦悩するロシアの「自己」意識の物語であり、コーカサスという「他者」は、この物語を円滑に進めるための従属関数という以上ではありません。ただしその一方で、この作品の「自己」には、コーカサスの風景と人々とに二重に拒まれることによって、自らが結局は「ロシア」の内部にいるしかないこと、そこからの脱出が不可能であることへの痛切な感触があります。『コーカサスの虜』におけるロシア人主人公のこのような立場を、「ロシア」との関係を念頭に置いて、「内在的立場」と呼ぶことができるでしょう。

ところで『コーカサスの虜』という詩は、主人公の物語が終わったあともなお続きます。「エピローグ」がそれに当たりますが、ここで描かれているのは主人公の後日譚ではなく、ロシア軍によるコーカサス占領の過程の概観です。一部ご紹介しましょう。

そして私はあの栄光の時をほめたたえる、／血なまぐさい戦いのにおいをかぎつけて／怒りたけるコーカサスへと／われらが双頭の鷲がとびかかった時を、／白髪まじりのテレク川のほとりに／はじめて大いなる戦いの雷鳴がとどろき／ロシア軍の太鼓が鳴りひびき……／英雄よ、私はお前をほめたたえる、／おおコトリャレフスキー、コーカサスのむちよ！／嵐のごとくお前が駆けすぎたところでは――／お前の歩みはまるで黒き病のように、／人々を屠りほろぼすのだった……〔中略〕／だが見よ――東の国が叫びをあげる！……／雪白き頭を垂れよ、帰順せよ、コーカサス！／かくてエルモーロフが乗り出して行く。

コトリャレフスキーやエルモーロフは、ロシア駐留軍の歴代の指揮官の名前です。彼らを先頭とするロシア軍のコーカサス征服の過程が、「栄光の時」としてほめたたえられているのです。もっともロシア軍の進軍を

「黒き病《ペスト》」になぞらえている一節などは、プーシキンの心境が決して礼賛一辺倒ではなかったことを示しています。

永遠の万年雪を冠したコーカサスがロシア軍に屈していくというこの記述は、『コーカサスの虜』のこれまでの分析を前提としてみた場合、奇妙なものです。一切の人為を超越した位相を帯びているはずのコーカサスの山々が、人為にほかならないロシア軍の前に屈し、帰順しているのですから。

ただしこの記述には、それ自体としては整合性があります。ロシア軍に「崇高」の位相が与えられているからです。ロシア軍の進撃は「嵐のごとく」であり、またその進軍太鼓は「雷鳴」になぞらえられています。印象的なのは、本編では主人公が崇高の高みに仰ぎみていた「鷲」が、エピローグではロシア帝国の国章である「双頭の鷲」と化していることでしょう。プーシキンは、少なくとも詩句の上ではロシア帝国を崇高の位相へと超越させ、その前にコーカサスを屈服させているのです。

このようなエピローグの記述は、本編の主人公であるロシア人青年のような「内在的立場」からの語りではあり得ません。これは長年にわたるロシアのコーカサス進出の過程を、時を越えた高みから俯瞰する視点、ロシアとコーカサスを並べ見ることができるような位置からの語りです。エピローグの語りが立脚しているこのような位置を、「超越的立場」と呼ぶことができるでしょう。

よくいわれることですが、プーシキンという詩人は複眼的です。この複眼性は『コーカサスの虜』の場合、語りの立場の複数性となって現れています。コーカサスの崇高な自然にも高貴な野蛮人にも到達できない主人公に寄り添った、本編におけるロシアに対する内在的立場と、ロシアとコーカサスという空間的差異もロシアのコーカサス征服という歴史的時間の進行をも超越して、これらを俯瞰しているエピローグの超越的立場とです。

詩人と帝国の共犯関係

プーシキンは一八二九年にもう一度コーカサスを旅行していますが、「内在」と「超越」という二つの立場は、この時の経験に基づいた作品にも、分離した形ではありますが、やはり現れています。旅行したその年のうちに書かれた詩『コーカサス』をまずみてみましょう。以下はこの詩の前半部です。

コーカサスは私の眼下にある、私はひとり頂に／断崖の端に積もる雪の上に立っている。／遠い頂上から飛び立った鷲が／私と等しい高さで微動だにせず虚空に浮いている。／ここから私が目にしているのは、奔流の誕生と／恐ろしい雪崩の初動。

ここでは黒雲も穏やかに私の足下を流れていく。／黒雲を貫いて、落下する瀑布のざわめきが聞こえてくる／瀑布の下方には、切り立った巌のむき出しの岩塊。／さらにその下方、あそこには乏しいコケと乾いた茂み。／あそこにはもう草地と緑の木陰、／鳥たちがさえずり、鹿が駆けている。

あそこでは人々が山中に家を営み……

（筆者訳）

この詩では、「私」は断崖に一人、神の使いである鷲と同じ高みに立っています。「私」（これは明らかに詩人を寓意しているのですが）は、本来人間が到達しがたいはずの「崇高」の領域にいるのです。その高みから、「私」は連を追うごとに、視線をしだいに下へと降ろしていきます。「私」はコーカサスの全景を俯瞰しているのです。動的な現象として崇高を具現する「奔流」や「雪崩」も、「私」は観賞しこそすれ、自身がそれらの脅威におびやかされることはありません。「黒雲も穏やかに私の足下を流れて」いきます。雲は、『コーカサスの虜』のロシア人青年にとっては高峰の頂という到達しえない領域にあるものですが、この詩の「私」にとっては、逆に自分の立つ崇高の領域を下界から分かつ装置となっています。『コーカサスの虜』の主人公と『コーカサス』の「私」とは、雲を挟んで、ちょうど正反対の位置に立っているのです。「私」の立場は明らかに超越的です。

一見したところ、『コーカサス』というこの詩は、「孤高の詩人」を歌ったロマン主義的な叙情詩、あるいは単にコーカサスのパノラマを描いた叙景詩のように読めます。実際、そういう解釈は一定の説得力を持っていますが、しかし私たちは、そもそもこの詩がなぜ成立し得たのかを考えてみる必要があるでしょう。ロシア語詩人プーシキンが、ロシアからきてコーカサスの険阻な峰の頂に立ち、景色を観賞して帰ってきて、そしてこの詩を書いたわけですが、ロシアとコーカサスの山頂との間の往復の安全を、詩人に保証していたものはいったい何でしょうか。

いうまでもなくそれは、コーカサスの地で強まりつつあったロシア帝国の支配にほかなりません。「超越」は人事を超えた、それこそ「崇高」で普遍的な立場のようにみえるのですが、実は何らかの権力に下支えされていて、ただそのことが抑圧され、隠されている場合が多いのです。

この事情はおそらく、『コーカサス』を書いた当時のプーシキン自身にも、よく自覚されてはいなかったでしょう。いやむしろ詩人はこの時期、主観的には、ロシア帝国による圧制に批判的になり、コーカサスの人々の苦衷に深く同情していたものと思われます。現在まで残っているこの詩の草稿の末尾には、「かく荒々しい自由を圧するのは規律／かく野生の種族は権力によって憂いに沈み／かく今、物言わぬコーカサスは憤り／かく異郷の勢力によって苦しめられている」という四行が書き込まれています。この四行は、検閲を慮ってでしょうか、『コーカサス』発表の際には削除されましたが、この時期のプーシキンが『コーカサスの虜』執筆時とは見解を変え、コーカサスの人々に共感を寄せていたことは明らかです。

けれども、たとえこの四行を加えたとしても、『コーカサス』という詩における「私」の立場が、『コーカサスの虜』のエピローグの語りの立場と同じ「超越」の高みにあることには変わりありません。コーカサスの地に住む人々は、「私」の目に、はるか下方にみえるにすぎないのです。この意味で詩人は、たとえ主観的にはどうであったにせよ、ロシア帝国との共犯関係、少なくとも共存関係にあったといわなければなりません。この詩においてコーカサスの崇高な風景に対峙する「私」の姿は、「怒りたけるコーカサスへと」飛びかかる「双頭の鷲」と同じ位置にあるのです。

エルズルムへの道

けれどもプーシキンはその後、自分とロシア帝国との共犯・共存関係を自覚するに至ったように思われます。彼は晩年の一八三五年に、二九年のコーカサス旅行を題材として再度取り上げ、紀行文『エルズルム紀行』を書いていますが、この散文の中での「私」の立場は『コーカサス』の「私」とは対照的です。

『エルズルム紀行』の「私」は、プーシキンその人を連想させます。彼はロシア駐留軍に勤務している友人たちを訪ねて、はるばるコーカサスまで旅をしますが、着いてみるとロシア軍はトルコへの侵攻を開始していました。「私」は友に会うためにロシア軍のあとをトルコ領の奥深くどこまでも追いかけていきます。ロシア軍と「私」の旅程は、エルズルムという要衝を陥落させたところでようやく終わります(図5-2)。

次にご紹介するのは、「私」がロシア軍を追っていく途中で、ロシアとトルコの国境であるアルパチャイ川に至り、胸躍らせる場面です。

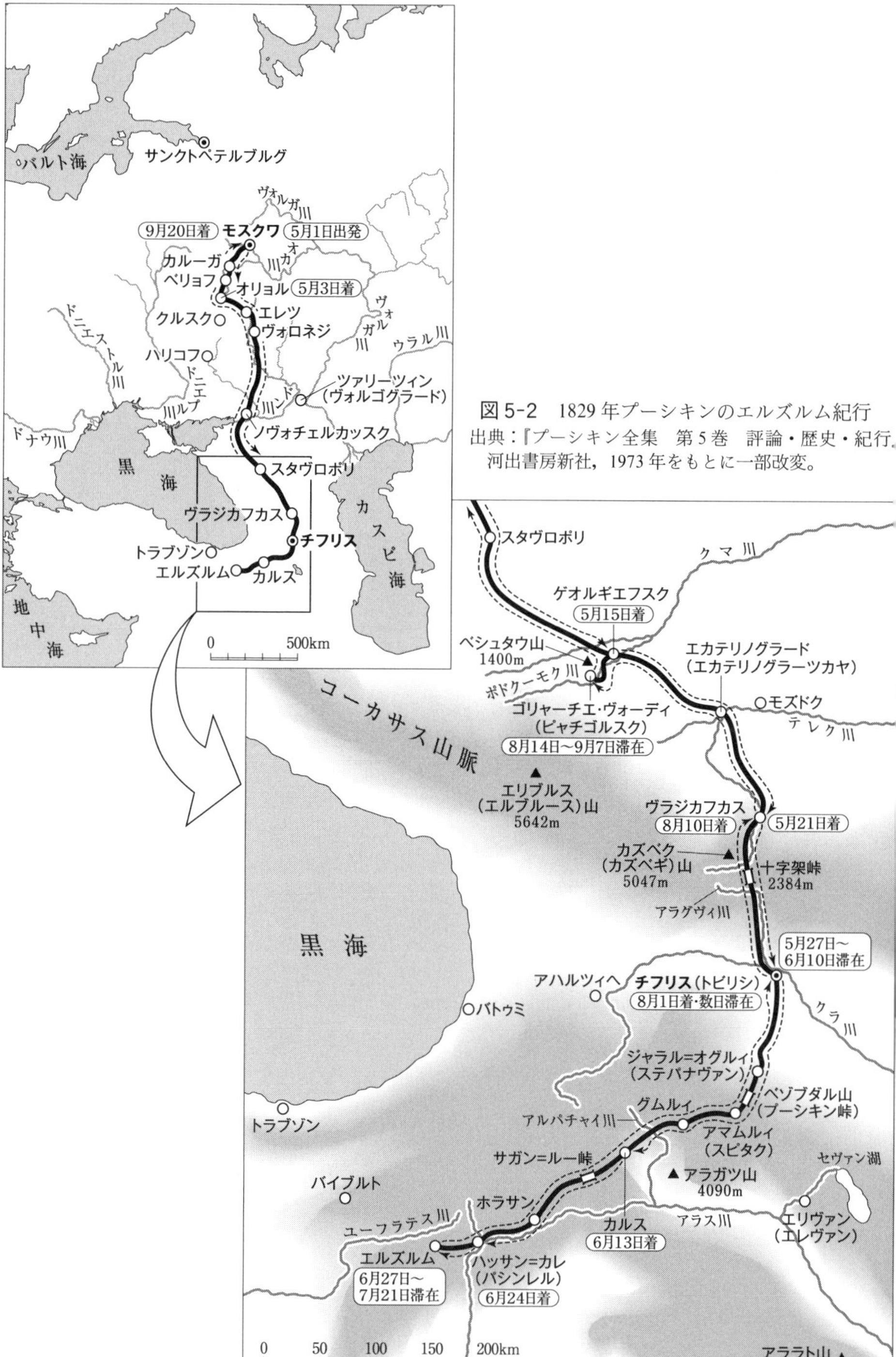

図5-2　1829年プーシキンのエルズルム紀行
出典：『プーシキン全集　第5巻　評論・歴史・紀行』河出書房新社，1973年をもとに一部改変。

馬の用意はできていた。私は案内人をつれて出かけた。すばらしい朝であった。太陽がかがやいていた。私たちは広い草地を、朝つゆときのうの雨の滴にぬれた緑の草のなかをすすんでいった。私たちのまえに、これから渡らなければならない川が光った。「これがアルパチャイです」と案内人のコサックがいった。アルパチャイ川！　われらが国境だ！　それはアララートのねうちがあった。私はいうにいわれぬ感慨をいだきながら川に向かって馬をはしらせた。私は、まだいちども異郷の地を見たことがなかった。国境は、私にとって何か神秘なものをもっていた。子供のころから旅は、私の好きな夢想であった。その後、ながらく流浪の生活をおくり、あるときは南方を、あるときは北方をさまよい歩いたが、まだ広漠たるロシアの国境からそとへ出たことはなかった。私は陽気に禁制の川へ馬を乗り入れ、駿馬は私をトルコ側の岸につれだした。しかし、こちら側の岸もすでに征服されていた。私はやはりまだ、ロシアの内にいたのである。

（米川哲夫訳、筆者一部改変、以下同）

どこまで行っても、「私」は決してロシア帝国の外へ出ることができません。帝国そのものが膨張し続けていくからです。『エルズルム紀行』の「私」は、明らかに『コーカサスの虜』の主人公と同じように、ロシアに対して内在的な立場を脱することができません。しかも『コーカサスの虜』のロシアが「文明」や「虚偽」というような抽象的な属性しか帯びていなかったのに対して、『エルズルム紀行』のロシアは政治・軍事帝国としての具体的な相貌を現しています。

托鉢僧＝「私」の隠喩

このような意味でのロシアに対して超越したり匹敵したりすることは、詩人にはもはや不可能です。最終攻略地エルズルムでのエピソードが、そのことをよく示しています。「私」は捕虜となったトルコ軍の総督《パシャ》や指揮官を見物に出かけます。将校たちが皆軍服である中で、一人だけ燕尾服を身にまとっている「私」をみて、捕虜の一人が「あれはいったい誰なのか」と尋ねます。これに対してロシア軍の将校が「彼は高名な詩人である」と答えると、この捕虜は最大限の敬意を示し、次のように挨拶します。

詩人にあえるとは、祝福に値する時間です。詩人は托鉢僧《デルヴィシュ》の兄弟であります。詩人は祖国ももたなければ、地上の幸福をももっていません。私たち、不幸なるものが栄光とか権力とか財宝とかに心をわずらわしているのに、詩人は地上の主権者たちと並び立っているのです。だから崇拝されるのです。

詩人は托鉢僧と同じく俗世を超越しているという捕虜のこの言葉はいたく「私」の気に入るのですが、「私」はやがて自分の兄弟であるという托鉢僧を実際に目にすることになります。

天幕から出ようとしたとき、半裸に羊の帽子をかぶり、片手に棍棒をもち、肩に革袋を背負った若い男にあった。彼は大声をはりあげて叫んでいた。これは勝利者に挨拶をのべにきた私の兄弟、つまり托鉢僧《デルヴィシュ》だということだった。彼は、力ずくで追い払われた。

俗世を超越するどころか、勝利したロシア軍の陣営にわざわざ現れ、追従の言葉を述べようとして、しかし追い払われる托鉢僧のこの惨めな姿は、燕尾服を着てロシア軍とともに行動している「私」の陰画にほかなりません。托鉢僧がどんなに努力してもトルコ側の人間に分類されてしまうのと同じように、「私」はロシア帝国への帰属を回避することができないのです。

しかしそのようなロシアに内在するしかない「私」の眼前には、相手が全く理解できないことを少しも気にせず一方的に自分の言語で話し続けるトルコ人や、ロシア軍に勤務しているロシア語を読めないコーカサス系士官、ロシアとトルコという二つの力の間で慎重かつ巧みにふるまうアルメニア人などの姿が、現れては消えていきます。彼ら『エルズルム紀行』に登場する「他者」たちは、もはや『コーカサスの虜』の娘のような、ロシアの「自己」意識の従属関数などではありません。彼らは彼ら自身の論理と基準に基づいて発言し、行動する自律的な他者なのです。『エルズルム紀行』を読んで印象深いのは、ロシアに内在する「自己」がそのような自分の立場からみた時にこそ、「他者」が「自己」に従属することなき、まったき他者として立ち現れてくるという逆説です。

内在と超越の相克

ここまで、プーシキンの「コーカサスもの」を考察の対象として、それらの作品の語りにおける「内在」と「超越」という二つの立場を抽出してきました。プーシキンがコーカサスを語る際に現れたこの二つの型は、その後のロシア文学のコーカサス表象にも繰り返し登場しています。

プーシキンはその死後、次第に「ロシア国民文学の父」と位置づけられ、なかば神格化されていきました。その際にはとりわけ「超越」の立場が重視されました。例えば作家のニコライ・ゴーゴリ（一八〇九～五二）は一八三二年に「プーシキンは当初から民族的だった。真の民族性とはサラファン〔ロシアの女性用民族衣装〕について書くことではなく、民族精神そのものに宿っているからだ」と述べています。またプーシキン死後の四三年前後には「スペインでは彼はスペイン人であり、ギリシア人とともにいればギリシア人であり、コーカサスでは正しく字義通りの意味で自由な山岳民だったのだ」とまでいっています。

ゴーゴリのプーシキン論はこの後のプーシキン賛美の先駆的な文章ですが、ここで重要なのは、民族性から社会的・制度的なものが除去されていることです。民族性とは伝統衣装のような、かたちあるものではなく、民族固有の魂のあり方、精神性だというのです。魂というものは自他の別を越えることができる。相手に共感、感情移入できるからです。プーシキンは他者に共感したが、その共感の度合い、感情移入の仕方があまりにも完璧だったので、詩人自身の筆になるさまざまな出自の人物が皆、それぞれの民族性の完全な具現となっているというのが、ゴーゴリの主張です。彼がプーシキンを超越的立場に置こうとしていたことは明らかでしょう。このようなプーシキン像は、後の世代にも――例えばフョードル・ドストエフスキー（一八二一～八一）が晩年に行った、有名なプーシキン顕彰講演などにも引き継がれていきました。

ゴーゴリが取り除いた社会的・制度的なものの中には、おそらく言語も入っていたでしょう。だからこそ彼は、プーシキンの作品で生じている、スペイン人やギリシア人やコーカサスの人々が皆ロシア語で語ったり考えたりしているという奇妙な事態を無視して、「プーシキンはあらゆる民族になることができた」と主張することができたのです。

けれどもプーシキン自身は、むしろ言語の差異に――少なくとも自分が理解できる言語とそうでない言語との違いに敏感でした。若い時期に書かれた『コーカサスの虜』においてさえ、二人の主人公の間に言葉の壁は厳然として存在しています。

定かならざる言葉とまじり合う／眼差しと手ぶりの会話。／彼に歌って聞かせるのは山々の歌、／そしてまたしあわせなグルジアの歌、／そして待ちきれぬ思いに／伝えられるのは異国の言葉。

プーシキンにおいては、言語の差異が、「自己」と「他者」を分かつ重要な基準となっています。「私」には理解できない言語を話す者、ロシア語を読めない者が『エルズルム紀行』にしばしば登場し、いきいきと描かれていることは、すでに述べた通りです。

ところがゴーゴリのように民族性を魂の問題に還元してしまうと、言語のような具体的な差異は非本質的なものとして視野から外れ、その結果、感情移入・共感さえすれば相手が完璧に理解できるのだという確信が生じてきます。このような確信の下では、民族間の差異や、「自己」とは異なる「他者」の自律性は認められなくなってしまうのです。

絵画の分野では、海洋画家として著名なイヴァン・アイヴァゾフスキー(一八一七〜一九〇〇)が、ゴーゴリと同様のプーシキン像を描き出しています。アイヴァゾフスキーは出自としてはアルメニア人で、コーカサスにほど近い黒海沿岸に居を構えていましたが、しばしばロシア海軍の会戦光景を題材にして「帝国海軍の描き手」とも呼ばれた人です。プーシキンの生きていた時代、コーカサスや黒海沿岸は、ロシア帝国に編入されてまもない地域でした。アイヴァゾフスキーは一時期、黒海ほか新しい帝国領の大自然と向き合うプーシキンの絵をさかんに描きましたが、「日の出のアイ・ペトリ山の頂上に立つプーシキン」(一八九九)もそうした一枚です(図5-3)。山の頂に立ち、雲海のうえに上った太陽と対峙するプーシキン。この絵では、詩人は超越的立場に立つものとして描かれています。崇高な自然と対峙する詩人——しかしこの絵に現地の人々の姿や生活は描かれていません。

ロシア文学のコーカサス表象を取り扱った作品には、「超越的立場」から語ったものが少なくありません。それはおそらくロシアに限ったことではなく、自分の立場が普遍的ではなく、ある特定の権力に下支えされていると認識することは、そもそも人間にとって苦痛と困難を伴う作業なのかもしれません。しかし本章の初めの方で言及したレールモントフやトルストイは、その困難な課題に真正面から向き合い、プーシキンの『エルズルム紀

図5-3　アイヴァゾフスキー画「日の出のアイ・ペトリ山の頂上に立つプーシキン」(1899年)
出典：http://www.art-catalog.ru/gallery.php

行』の系譜を継いで、コーカサスを舞台とした作品に「他者の声」を響かせていきました。

叙事詩『ヴァレリク』

だが「他者の声」とはいったい何でしょうか。そのことを鮮やかに示している例として、最後にレールモントフの長編詩『ヴァレリク』(一八四〇)をご紹介したいと思います。この詩名は、足かけ三〇年にもわたった一九世紀コーカサス戦争の中でも、もっとも凄惨といわれた激戦が行われた場所の呼び名にちなんでいます。当時コーカサスに流刑になっていた詩人もまた、帝国軍士官としてこの戦闘に参加したことが知られています。

その時の体験は彼にとって忘れがたいものだったようで、水彩画にも描き残していますが(図5-4)、ご覧のとおり戦争に対する嫌悪や、敵であったはずのコーカサスの人々への共感が強くにじみ出ています。この厭戦感は詩『ヴァレリク』にも共通していて、レールモントフは戦争の残酷さ、惨めさをリア

図5-4　レールモントフ画「ヴァレリクでの戦闘」(1840年)
出典：V. A. Manuilov (and others), *Lermontovskaia entsiklopedia* (Moskva: Bol'shaia Rossiskaia Entsiklopediia, 1999).

ルかつ詳細に描き出しています。
　ここに引用するのは、この詩の本編末尾です。血で血を洗うような戦いが終わり、死を免れた「私」の心には、しかし勝利の喜びも、生きていることへの安堵もありません。

　だが私の心のなかには／同情も悲しみも見つからなかった。／すべては静まり、遺骸は／塚へと運ばれ、血は煙る小川となって／石に流れた。／空気は蒸発する血の／においに充たされていた。将軍は／木陰で進軍太鼓に腰かけ／次々とくる戦況報告に耳を傾けていた。／周囲の森は、霧の中にあるように／硝煙の中で蒼ざめていた。(筆者訳、以下同)

やりきれない思いで、「私」は遠くに

そびえ立つ山なみに目をやり、感慨にふけります。

そして遠く、彼方には、不均衡な／しかし永遠に誇り高く穏やかな堆積として／山々が連なっていた――カズベク山は／尖った頂を輝かせていた。／ひそかな心からの悲しみを胸に抱きながら／私は思った、「人間とは惨めなものだ。／何を彼は欲しているのか！……空は明るく／その空の下には、すべてのもののために、たくさんの場所がある。／なのに、いたずらに、そしてやむことなく／ただ人間だけが反目しあっている――なぜだ？」

「私」のこの感慨は明らかに「超越的立場」からのものです。もちろんここで語られているのは戦争の無意味さですが、「私」自身も否応なくその一方に属しているロシアとコーカサスとの相克をも俯瞰するような「高み」からの語りという点では、プーシキン『コーカサスの虜』の「エピローグ」などと同じなのです。いってみれば「私」は身を戦場に置いたまま、心だけを険阻なカズベク山の頂、「崇高」の高みへと飛ばして、その高みから事態を見下ろしています。

ロシアの人々とコーカサスの人々が、ひとくくりに「人間」と呼ばれているのは、そのためです。「超越的立場」に立っている「私」のこの感慨においては、「自己」と「他者」との別が消去されています。人間どうしを分け隔てる境界を取り除くことは、あるいは一般的には良いことかもしれません。しかし少なくとも『ヴァレリク』という詩では、生身の「私」が現在その渦中にあるはずの、ロシア帝国によるコーカサス侵略や、酸鼻極まる戦場といった状況が、この除去によって「私」の感慨から隠蔽される形になっています。超越的立場からの視点は、たしかに一種の普遍性を獲得するようですが、その一方で「私」の目を現実からそらしてもいるのです。

響く「他者の声」

けれども「私」はその後すぐに、ロシア軍に雇用されているチェチェン人によって「高み」から引きずり下ろされることになります。

肩をたたいて、もの想いから／私を呼び覚ましたのは、わが盟友／ガルブだった。私は彼に尋ねた／この場所は何という？／彼は私に答えた「ヴァレリクでさ、／もしもあんたたちの言葉に置き換えるなら、／きっと、死の河とでもいうのでしょう。たしかに／古代の人々が付けた名ですが」／「今日押し寄せてきたのは、およそどれくらいか？」／「七千人ばかりでしょう」／「山岳民の被害は甚大か？」／「そんなこと知るものですか。――どうしてご自分で数えなかったのです？」／「そうとも！」と誰かが叫んだ。／「今日という日は奴らの記憶に、血塗られた日として残ることだろう！」／チェチェン人は狡猾な目つきでその方を眺め、／そして首を振った。

ロシアとコーカサスとの間の相克を忘却して、超越の高みに立ち、「人間は……」という一般的な感慨にふけっていた「私」は、ロシア人を「あんた達」と呼ぶチェチェン人の存在によって、自分が対立する二項の一方に属している現実へと連れ戻されます。コーカサスの人々を「奴ら」と呼ぶロシアの「自己」意識が、「その方を眺め、首を振る」「他者」によってただちに相対化されます。私はこのガルブの形象こそ、コーカサスを題材としたロシア文学において響いた、ほとんど最初の本格的な「他者の声」であると考えます。

正確にいえば「他者の声」は、直接にコーカサスの人々の声そのものというわけではありません。考えてみればガルブは、レールモントフによって書かれた叙事詩の作中人物にすぎません。「他者」もまたロシアの詩人によって創り出された「表象」なのです。その意味ではコーカサスは、「内在的立場」にせよ、「超越的立場」にせよ、ロシアの詩人たちにとって、遠い存在に留まっていたというべきかもしれません。

とはいえ、ガルブというこの「他者」は、例えばプーシキンが『コーカサスの虜』で描き出した現地の娘とは、何と違っていることでしょうか。ロシア人士官の「自己」の従属関数にすぎなかった娘とは対照的に、ガルブは「私」の超越を阻み、ロシア軍の「誰か」の叫びを相対化するだけの自律性と存在感を獲得しています。このような表象は、作者自身がコーカサスの人々を「自己」とは違うけれども、自律し、尊厳を持った存在として認めようとしていたのでない限り生じません。

ソ連期のダゲスタンの詩人ラスル・ガムザトフ（一九二三〜二〇〇三）は、プーシキン『コーカサスの虜』エピローグ中の「雪白き頭を垂れよ、帰順せよ、コーカサス！」という詩句だけは、現地の人間として「腹立たしい」と公言する一方、晩年のレールモントフの詩に対しては深い共感を隠しませんでした。ガムザトフはコーカサスの側から、ロシア文学のコーカサス表象における「超越的立場」を拒絶して、「他者の声」を響かせる「内在的立場」を評価したのです。このように「超越」ではなく「内在」が境界を越えることの意味を、私たちは民族的・宗教的な軋轢や葛藤が絶えることのない今、考えてみる必要がありそうです。

〈**参考文献と解説**〉

プーシキン、レールモントフの作品出典。
・*Pushkin A. S. Sochineniia v 3-kh tomakh.* Moskva: Khodozhestvennaia literatura, 1978.
・*M. Iu. Lermontov, Sobranie sochinenii v chetyrekh tomakh.* Leningrad: Nauka leningradskoe otdelenie, 1979.
・『プーシキン全集　全六巻』河出書房新社、一九七二年。
ロシア文学のコーカサス表象を体系的・網羅的に論じたものとしては、下記がある。ただし対象時期は一九世紀のみ。

• Susan Layton, *Russian Literature and Empire: Conquest of the Caucasus from Pushkin to Tolstoy*, Cambridge: Cambridge University Press, 1994.

プーシキン、レールモントフらの「虜囚」モチーフを包括的に論じたものとして。

• Paul M. Austin, *The Exotic Prisoner in Russian Romanticism*, New York: Peter Lang Publishing, 1997.

ロシア文学のコーカサス表象の歴史を包括的に論じた日本語の著作はまだないが、下記は、その形成や展開に関しての、ある程度の見取り図となっている。

• 木村崇・鈴木董・篠野志郎・早坂眞理編『カフカース　二つの文明が交差する境界』彩流社、二〇〇六年、第八章：木村崇「ロシア文学が「ゆりかご」で見た幻影」、第九章：乗松亨平「ロシアは「曖昧」な帝国か？——ベストゥージェフ＝マルリンスキイ『アマラト＝ベク』を読む」、第十章：中村唯史「原初への遡行、他者との出会い——二〇世紀ロシア文学のカフカース表象を考える」。

西欧における「高貴な野蛮人」概念の展開とロシアへの移入について。

• Hayden White, *Tropics of Discourse: Essays in Cultural Criticism*, Baltimore: The Johns Hopkins University Press, 1985, pp. 150–196.

• Iu. M. Lotman, "Russo i russkaia kul'tura XVIII-nachala XIX veka", *Izbrannye stat'i v trekh tomakh, t. II*, Aleksandra (Tallin), 1992, pp. 40–99.

• Iu. M. Lotman, 〈Chelovek prirody〉 v russkoi literature XIX veka i 〈tsyganskaia tema〉 u Bloka, *tam zhe, t. III*, 1993, pp. 246–293.

西欧における「崇高」概念の展開とロシアへの移入について。

• M・H・ニコルソン著、小黒和子訳『暗い山と栄光の山』国書刊行会、一九九四年。

• ミシェル・ドゥギー他著、梅木達郎訳『崇高とは何か』法政大学出版局、一九九九年。

• Harsha Ram, *The Imperial Sublime: A Russian Poetics of Empire*, Wisconsin: The University of Wisconsin Press, 2003.

• 鳥山祐介「デルジャーヴィンと崇高の諸相」『スラヴ文化研究』第一号、二〇〇一年、六〇—六八頁。

• 鳥山祐介「ロモノーソフにおける崇高——「聖化」の修辞学」『ロシア一八世紀論集』第二号、二〇〇二年、一—二二頁。

日本語による本格的な『エルズルム紀行』論

・乗松亨平「プーシキン『エルズルム紀行』におけるパロディーとリアリズム――テクスト空間としての「アジア」」『ロシア語ロシア文学研究』第三六号、二〇〇四年、一―一七頁。

ゴーゴリ、ドストエフスキーらのプーシキン観について。

・Katya Hokanson, "Literary Imperialism, Narodnost' and Pushkin's Invention of the Caucasus," *The Russian Review*, 53-3, 1994, pp. 336-352.

ドストエフスキーのプーシキン顕彰講演の邦訳は。

・ドストエフスキー著、小沼文彦訳『ドストエフスキー　作家の日記６』ちくま学芸文庫、一九九八年、三一―六七頁。

マカーニンの短編『コーカサスの捕虜』の邦訳はない。原文の初出は

・Vladimir Makanin, "Kavkaskii plennyi", *Novyi mir*, No. 4, 1995, pp. 3-19.

ボドロフ監督の映画『コーカサスの虜』は、アップルリンク社からＤＶＤ発売。

アヴァル語詩人ガムザトフについて

・中村唯史「帝国と詩人――「ソ連多民族文化」とダゲスタンのアヴァル語作家ラスル・ガムザトフの場合」松里公孝編『ユーラシア――帝国の大陸』（「講座スラブ・ユーラシア学の構築」第三巻）講談社、二〇〇八年。

第六章　舞踊とアイデンティティの多面性・流動性

——コーカサス系トルコ国民を中心に

松本奈穂子

舞踊とアイデンティティ

コーカサスからは世界的に高名な舞踊関係者が誕生しています。グルジア出身のバレエダンサーで『山の心』(一九三八)、『ラウレンシア』(一九四八)や『オテロ』(一九五七)などの振付家としても活躍したワフタング・チャブキアーニ(一九一〇～九二)、グルジア出身の両親を持つ二〇世紀の重要な振付家の一人ジョージ・バランシン(一九〇四～八三)、やはりグルジア出身で高度な技術に裏づけられた華やかな舞踊をみせるバレリーナで、二〇〇四年よりグルジア国立バレエ団の芸術監督でもあるニーナ・アナニアシヴィリ(一九六三～)などの名前は、どこかでお聞きになったことがあるかもしれません。コーカサスではありませんが、ウズベク出身のバレエダンサー、ファルフ・ルジマトフ(一九六三～、ロシア人民芸術家)は、レニングラード国立バレエ(ムソルグスキー／ミハイロフスキー記念サンクトペテルブルグ国立アカデミー・オペラ・バレエ劇場)の芸術監督を務めるなど、非ロシア民族出身でありながらもロシアバレエ界において重要なポジションについています。バレエ・リュッスを率いて世界中を熱狂の渦に巻き込んだ興行師セルゲイ・ディアギレフ(一八七二～一九二九)も含めて、一九～二〇世紀のバレエの発展にコーカサスをも含めたロシア帝国およびソ連の舞踊関係者が果たした役割は、非常に大きいものがあります。

こうしたバレエの世界のみでなく、民俗舞踊の世界においても、ソ連はその高度な発展に大きく寄与しました。コーカサスの舞踊も例外ではありません。そもそも、コーカサスの人々は踊り好きで、結婚式や宴の場では、踊りは欠かせません。彼らの日常を彩るさまざまな舞踊は、専門的な訓練を受けた有能な舞踊手や振付家たちによって、舞台上でさらに華やかに上演されています。舞台上で踊られる民俗舞踊は、国内外の不特定多数の人々の鑑賞に堪え得ることが必要ですので、当然ながら民間で踊られる舞踊そのままの形では演じられません。何らかの法則に基づいた様式を高度に発展させて技の難度を高めたり、それぞれの時点で比較的広範に共有されている舞踊コード――例えばバレエにおけるテクニックや舞台マナーなど――を援用して違和感を和らげ、異なる文化圏に属する人々にも鑑賞しやすく変形されます。

本章ではまず前半で、舞踊として実際に観賞する際にも入りやすい領域、すなわち私たち外国人が目にしやすく舞踊技術が専門的に発達している、こうした舞台上のコーカサス舞踊のみに焦点を絞り、その様式的特徴と、重要な関連領域であるリズムについてざっとご紹介します。

ところで本章にはもう一つ目的があります。観賞のための民俗舞踊に加えられる変形は、より多くの人々に受け入れられやすくするためばかりではありません。舞踊や音楽のように、視覚・聴覚を中心とした人間の諸感覚に強く訴えかける表演芸術は、それぞれの国家によって自国文化を効果的に内外に表象するための手段として積極的に用いられやすい芸術分野です。国の表象文化として選ばれる舞踊や音楽――ここではこれらを国家舞踊、国家音楽と呼ぶことにしましょう――は、当然ながら国家が自国のイメージを伝えるにふさわしいものとして選別・加工・画一化したものであり、国内に存在する多様な舞踊・音楽のすべてが選ばれるわけではありません。多くの場合は自国語の名称を持ち、自国語で歌われます。華やかな公演を世界各地で繰り広げる国立舞踊団や音楽団のレパートリーは、通常こうした国家の意図を反映させています。しかしその一方で、そうした華やかな表舞台には立たないながらも、人々の日常生活により密着した形で踊られる舞踊や音楽も、また存在します。

音楽や舞踊といった表象文化は、それぞれの地域性を色濃く反映するとともに、そこに住む人々のさまざまな属性の一端をも表すものです。例えば、国立民俗舞踊団の舞踊であれば、国民という属性が強く現れます。それと同じく、国内の多様な民族が個別に行う民族固有の舞踊であれば、民族という属性が強く現れます。

そこで後半では国の表象として、あるいは民族性の表象としてなど、さまざまな形で踊られるコーカサス舞踊とそれに反映されるアイデンティティの多面性・流動性について、トルコ共和国でコーカサス舞踊を踊る人々や舞踊団を組織する団体の考え、アイデンティティの出現のあり方などに焦点を当てて考察します。

コーカサスとトルコは、地政学的区分や情報量の格差などから、一見すると全く異なる地域で、異なる文化を持つかのように考えられがちです。しかしよくよくみると、トルコはコーカサスの延長線上にあるといえます。どの国でも、国内におけるその地その地に根づいた文化は、国内の離れた地域よりも、国内の隣接地域や、隣国の隣接地域の文化との共通点を多く持つものです。現在の国家区分の多くが、比較的新しく造られたことを考えれば、これは難なく理解できると思います。トルコ東北部の文化も、例えば同じトルコ国内のエーゲ海地域の文化に比べると、国境を接するグルジア、アルメニア、アゼルバイジャン、イラン各国のトルコ国境付近の地域文化と、より深い共通性もしくは同一性を持っています。さらに、トルコにおけるコーカサス文化は、東部のみに顕著なわけではありません。一九世紀にロシアの南下によってオスマン帝国に逃れてきた北コーカサスの諸民族たちがトルコ各地に点在して村を形成し、コーカサスから携えてきた文化を今も継承しています。

コーカサス文化を考える上で、その延長線上にあって多くのコーカサス文化を内包する隣国トルコをも比較の対象として取り上げることは、ロシアおよびソ連と、オスマン帝国およびトルコという異なる国家体制の中で、同じ根を持つはずの文化や人々の考えがどのように異なる変形プロセスをたどるか、ということを知る上でも、非常に重要であり、かつ有益です。トルコにおけるコーカサス文化を知ることは、コーカサスが持つさまざまな表情を、また一つ別の角度から捉えることのできる可能性を開くことにもなるでしょう。

コーカサス舞踊の概要

コーカサスの舞踊は一般に、難度の高いアクロバティックな技を随所にちりばめた男性の勇壮な舞踊と、優雅な女性の舞踊で有名です。ダゲスタンの「レズギンカ」、グルジアの「ムティウルリ」、アゼルバイジャンの「カフラマンラル」や「イイットレル」などの男性優位の舞踊では、おのおの技能を最大限に生かしたコンペティション形式のシーンが圧巻で、華やかに舞台をもりあげます。国ごとに独自の地域性もみられますが、この特性は共通しています。これらはコーカサス舞踊の代表格で、一般にレズギンカという名称で有名です。レズギンカはロシア側がコーカサスの舞踊を一括して「レズギンカ」と呼んだことから広く定着した名称です。実際には、地域や民族ごとにさまざまな名称で呼ばれます。アブハズの「アプスア」やアディゲの「レペルーシュ」、カバルダの「カーフェ」なども、広義の「レズギンカ」に含めることが可能でしょう。自民族の名称を用いたものもありますが、こうした名称は他者の視線を認識することで自民族のアイデンティティが発達した結果の産物です。

様式的には男女一組のペアや男性二人などで踊られ、前者の例には「イスラメイ」、後者には「チェチェン」などがあります。本来は男女一対の舞踊であったものが、イスラームの影響で男性のみによる踊り方も派生したとされています。舞台上では男女のペアの踊りと、男性舞踊手たちによる戦闘舞踊および踊り比べとしての二つの異なる形態を持つことが多くなります。後者が、本節冒頭で述べた男性優位の、各舞踊団の代表作品です。「レズギンカ」の名でくくることのできる舞踊スタイルの範囲が広いため、ここではこれらをレズギンカ型舞踊と呼びます。

バルカンおよび西アジアにみられる連手型の舞踊も多く存在します。男性の勇壮な舞踊ほどの注目度はないのですが、実はこうした手をつなぐ踊りはイスラーム教やキリスト教が流入する以前から存在し、さまざまな儀礼的要素が含まれていたといいます。もちろん、現在の各国の舞台舞踊にはそうした意味は残っていませんし、民間の舞踊も多くが娯楽として踊られています。以下にいくつかの特性ごとに概要をご紹介します。

舞踊の地域的特徴は、大きく南北の二つに分類できます。大まかには北の方が荒々しく力強い踊りで、南はより柔らかな動きや表現をみせます。中間に位置するグルジアは、南北コーカサスの舞踊文化両方の特徴を自国の文化として、高い舞踊技術の構築とともに、巧みに融合・発展させました。その背景にはグルジアの舞踊文化発展における偉大な貢献者である舞踊家イリコ・スヒシュヴィリ（一九〇七〜八五）の存在が挙げられるでしょう。

民俗舞踊の表演形態に大きな影響を与えた人物にユダヤ系のイーゴリ・モイセーエフ（一九〇六〜二〇〇七）がいます。彼は一九三七年にモイセーエフ舞踊団を設立し、当時称揚されたスターリンテーゼ、「形式は民族的、内容は社会主義的」という手法に倣い、一つの上演スタイルを作り上げました。この「形式」とは例えば各民族ごとの衣装・音楽・舞踊などを指しますが、それを使って表現する意味「内容」は、もともとの舞踊や音楽の意味とは異なる内容も付与される可能性を含みます。各地で次々に編成される民族舞踊団は多かれ少なかれこの路線を継承しました。

モイセーエフの影響も含めロシアからの視線も吸収しつつ変容してきたコーカサスの舞踊に、男性の勇壮さや戦闘的なモチーフと女性の優雅さが強調される構成は、ロシア文学においてコーカサスの男性に勇猛な山岳民、女性に気高い美女といった表象が託されたことと無関係ではないでしょう（前章中村論文参照）。そうした他者からのコーカサスの表象を彼ら自身も部分的に吸収し、自文化の特性と融合させつつ現代も演じ続けていると考えられます。

女性の舞踊

次に、表象のあり方として興味深い女性舞踊の特性にも言及しておきましょう。舞台上における女性の踊りは、舞台上の空間を効果的に用い、視覚的な情報を多くするため、元来一人の踊りを複数化したものが多いといえます。一人の単位を比較的大切に保っているのはアゼルバイジャンの舞踊です。上体の柔らかく繊細な表現を駆使した女性の単独舞踊なども南、特にアゼルバイジャンの特徴です。手や指、腕、肩の各部位をさまざまに動かしながら、踊りを構成するのです。古典音楽旋法ムガームに合わせて踊られる、アゼルバイジャンのこうした女性舞踊は、古典音楽を擁護したイスラーム宮廷文化の影響またはそれを意識して作られたと考えられます。アゼルバイジャンの音楽にはペルシア音楽の要素が濃厚に残っているように、舞踊においてもペルシア宮廷での舞踊文化の片鱗も残されているのではないでしょうか。また、いくつかのアラビア文字が、上肢の動きで表現されているともされ、イスラーム神秘主義のフルフィズム（文字を神秘的に解釈する）とも関連するという見解もあります。イスラーム系の王朝でも踊り手は饗宴に華を添える重要な存在であり、男女を問わず踊り手の美しい姿は多くの細密画に描かれました。現在のアラブやトルコのベリーダンスは欧米からの視線を強く吸収し、表象方法が南コーカサスにおける女性の単独・集団舞踊とは異種の舞踊にみえるかもしれません。しかし宮廷で活躍した舞踊手など近代以前からの職業的ダンサーの存在とそれを愛でる習慣を反映する意味において、これらは同根といえるでしょう。

一方、キリスト教国であるグルジアでは、女性の踊りも多数存在するのですが、アゼルバイジャンほどに上半身による表現が豊かな舞踊は舞台舞踊のレパートリーには登場しません。こうした身体動作が自国を代表する舞踊レパートリーとして定着しなかった理由には、やはりそうした身体表現をイスラーム的もしくはイスラーム宮廷文化の片鱗と理解し、自国の文化に積極的に反映させなかったためと考えられます。

コーカサスの代表的なリズム

少し音楽寄りのお話になりますが、リズムにも触れておきましょう。というのもリズムは、音楽を構成するさまざまな要素の中でも、身体を時間的に統御する上で非常に重要で、舞踊構造の一端を理解するためには必要不可欠であるからです。また、後で触れるトルコとの連続性を考える上でも、重要な要素となります。さらに、コーカサスの舞台舞踊は、ここで触れる定型リズムパターンなしに踊ることはまずないくらい、これらのリズム

譜例1

譜例2

譜例3

譜例4

譜例5

図6-1　コーカサスに頻出するリズムパターン例

は舞踊を支える重要な要素となっているからです。譜例1～5は、コーカサスに頻出する数例のリズムパターンです(図6-1)。舞台上のコーカサス舞踊音楽は譜例1～4にみられるように、三拍が基礎ユニットのものが多く、これらは互いに緩い相関をみせています。曲調やテンポの緩急で、それぞれ出現するリズムが変わることもあります。また、基調となるリズムをそのまま演奏するのではなく、さまざまな装飾や変奏、即興、伸縮を加えながら演奏するのが常です。舞踊の伴奏時には、比較的基調リズムが踏襲されやすいですが、音楽主体の時には、演奏の自由度はより高くなります。

アルメニアの有名な作曲家、アラム・ハチャトゥリヤン(一九〇三～七八)の有名なバレエ作品『ガヤネー(ガイーヌ)』(一九四二)は、「剣の舞」で有名ですが、実はこの作品の中には譜例1～4のコーカサスのリズムがふんだんに使われています。ハチャトゥリヤンは、自分の作品の中に同地の音楽要素をたくさん取り入れていますが、『ガヤネー』は、アルメニアを舞台とした作品ですので、この傾向がとりわけ強くなっています。そこで同作品を例に、コーカサスの拍子の特徴を少しご説明しましょう。『ガヤネー』には複数のヴァージョンがありますが、そのうち一九四二年の原典版(以下［原］)、四六年の組曲版(以下［組］)、六八年のボリショイ版(以下［ボ］)からいくつか例を挙げます。

吹奏楽のレパートリーとしてもよく知られている「レズギンカ」［原、組、ボ］では、譜例1のリズムが小太鼓により終始刻まれ続けています。小太鼓のみでなく、フルートなどの旋律楽器のパートにも、このリズムは断片的に登場します。リズムは、打楽器のみで構成されるものではなく、旋律の中にも含まれています。そして、それは楽曲のイメージにおいて重要な役割を果たしていることが多いので、楽曲中に用いられているさまざまなリズムを聴きとるには打楽器のみではなく、ほかのパートにも目を向けることが大切です。

『ガヤネー』内のほかの作品もみてみましょう。「子守歌」［原、組］や「綿花の採集」［原、組］、「老人とカーペット織りの踊り」［原、組］、「序奏と長老の踊り」［原、組］、「叙情的なデュエット」［原、組］、「絨毯刺繍」［原、組、ボ］前半、「ガヤネーの踊り」［ボ］、「タンバリンを持った娘たちの踊り」［ボ］では譜例2がほぼ全般に現れます。「絨毯刺繍」［原、組、ボ］後半には譜例3が現れます。「ウズン・デレ」［ボ］のように、譜例2と3が同時に使われるなど、一つの曲に複数のリズムパターンが混在する作品もいくつか存在します。ほかにも、これらのリズムが部分的に出現する楽曲は含まれているのですが、出現度の高い楽曲をざっとみただけでも、譜例2は極めて多く用いられているパターンです。

これらのリズムは、ハチャトゥリヤンやユゼイル・ハジベヨフ（一八八五〜一九四八）、ザカリア・パリアシュヴィリ（一八七一〜一九三三）など地元コーカサス出身の作曲家たちが用いる以前から、ミーリ・バラキレフ（一八三七〜一九一〇）、アレクサンドル・ボロディン（一八三三〜八七）、ニコライ・リムスキー＝コルサコフ（一八四四〜一九〇八）ら一九世紀に活躍したロシア国民楽派の作曲家たちによって、イスラーム的東洋の表象、とりわけ中央アジアやコーカサス地域に着想を得た作品群の中に認めることができます。彼らは、ロシア帝国の版図に入ってくる文化圏への関心を、その文化圏に関連する作品を作ることで表現しました。一般にイスラーム圏を音楽で表象する場合には、ヒジャーズやチャハルギャなど現地の古典音楽のいくつかの旋法に含まれる増二度音程を応用した音階が注目されやすいのですが、リズムも表象手段として用いることができるのです。リムスキー＝コルサコフやボロディンらは『シェヘラザード』(一八八八)や『イーゴリ公』(一八九〇)などコーカサスに限定されませんがイスラーム世界をモチーフとした作品を作曲しており、その中にもこうした三連を基礎としたリズムパターンが認められます。これらは、視覚に訴える要素が少ない分、漠然とした印象に留まりがちな音楽のリズムが形成し得る表象を、意図的かつ効果的に用いた例といえるでしょう。お手持ちのCDなどありましたら、どうぞお聴きになってみてください。

さて、ではこれらのリズムパターンはコーカサスの舞踊ではどのように用いられているでしょうか。現在各国の舞踊団、特に北コーカサスで使用頻度の高いパターンは譜例1で、レズギンカ型舞踊、すなわち男女の対面舞踊や、勇壮な男性舞踊に多く出現します。譜例2は、特に南コーカサスの音楽・舞踊において重要なリズムです。とりわけアゼルバイジャンでは自国の代表的リズムとの認識が強く、「ウチュ・バダム・ビル・ゴス」と呼ばれます。譜例3はアゼルバイジャンの緩やかで叙情的な舞踊によく用います。譜例4はアゼルバイジャンの「ヤッル」などに用います。譜例5はグルジア南西部のアチャラ地方の舞踊に多く出現します。これらのリズムを刻む主な楽器としては、舞台舞踊伴奏では脇に抱えて叩く二面太鼓——グルジアではドリ、アゼルバイジャンではナガラなどのように、名称は各国で異なりますが、ほぼどの国でも使われています。この太鼓はイスラームの伝播とともに、コーカサス各地に定着していったと考えられます。

譜例1〜4は中央アジアやイラン、トルコの音楽や舞踊にも出現するので、コーカサス特有というよりは、より広域な文化交流の中で育まれた要素であり、国民文化が形成される中で好んで選択され、その結果現在頻用される要素といえるでしょう。トルコでは特にコーカサスとの連続性が高い東部において、これらのリズムが多くみられます。また、これらのリズムはトルコ共和国に入ってから出現したのではなく、オスマン帝国時代にも奏でられていたようです。現トルコ西部に位置するキュタヒヤ生まれの著名なアルメニア人音楽研究者コミタス

図6-2　アルメニアの音楽例・譜例6
出典：Komitas, Armenian Sacred and Folk Music, Surrey: Curzon, 1998, p.57.

（一八六九～一九三五）が一九〇一年に出版した『アルメニアの宗教・民俗音楽』のアルメニア民族舞踊に関する論考中に挙げられた採譜例の中には、譜例2のリズムおよびそのヴァリアントがすでに現れています（図6-2譜例6）。また、これらと同類のリズムパターンは、やはりトルコ東部の民俗音楽や舞踊音楽に広範に出現します。

トルコにおける国家舞踊としてのコーカサス舞踊

それでは、トルコにおいてコーカサスの舞踊はどのように踊られているのでしょう。

まず、トルコにおける民俗舞踊の分類方法に触れておきます。舞踊形態の特性上は大まかに六つか七つの地域に分けられますが、公的機関における練習や公演の際には必ず行政区分すなわち県ごとに分類されます。コーカサスの舞踊は、北コーカサス系の舞踊を除くと、カルス県を始めとした東北部諸県にみられます（図6-3）。特にコーカサス舞踊の代名詞ともいえるレズギンカ型舞踊を、「シェイフ・シャーミル（シャミール）」あるいは「シャーミル」という舞踊名でそのレパートリーにしているカルス県の民俗舞踊は、舞踊動作はもちろんのこと、衣装・伴奏楽器などの点からも、一見してコーカサスの舞踊であることが分かります。

ところで、こうした県ごとの舞踊レパートリーという区分単位は、一九二三年にトルコ共和国が生まれた後、誕生し始めました。一九三二年以降、共和人民党の国民啓蒙機関である「人民の家」がトルコ各地に設置され、各地の民話、ことわざ、音楽などのフォークロアが収集される中で、舞踊も県ごとに整理されていったのです。それぞれの地域において、行政区分とは異なる分布の下――行政区分より大きかったり小さかったりして、一致しないこと

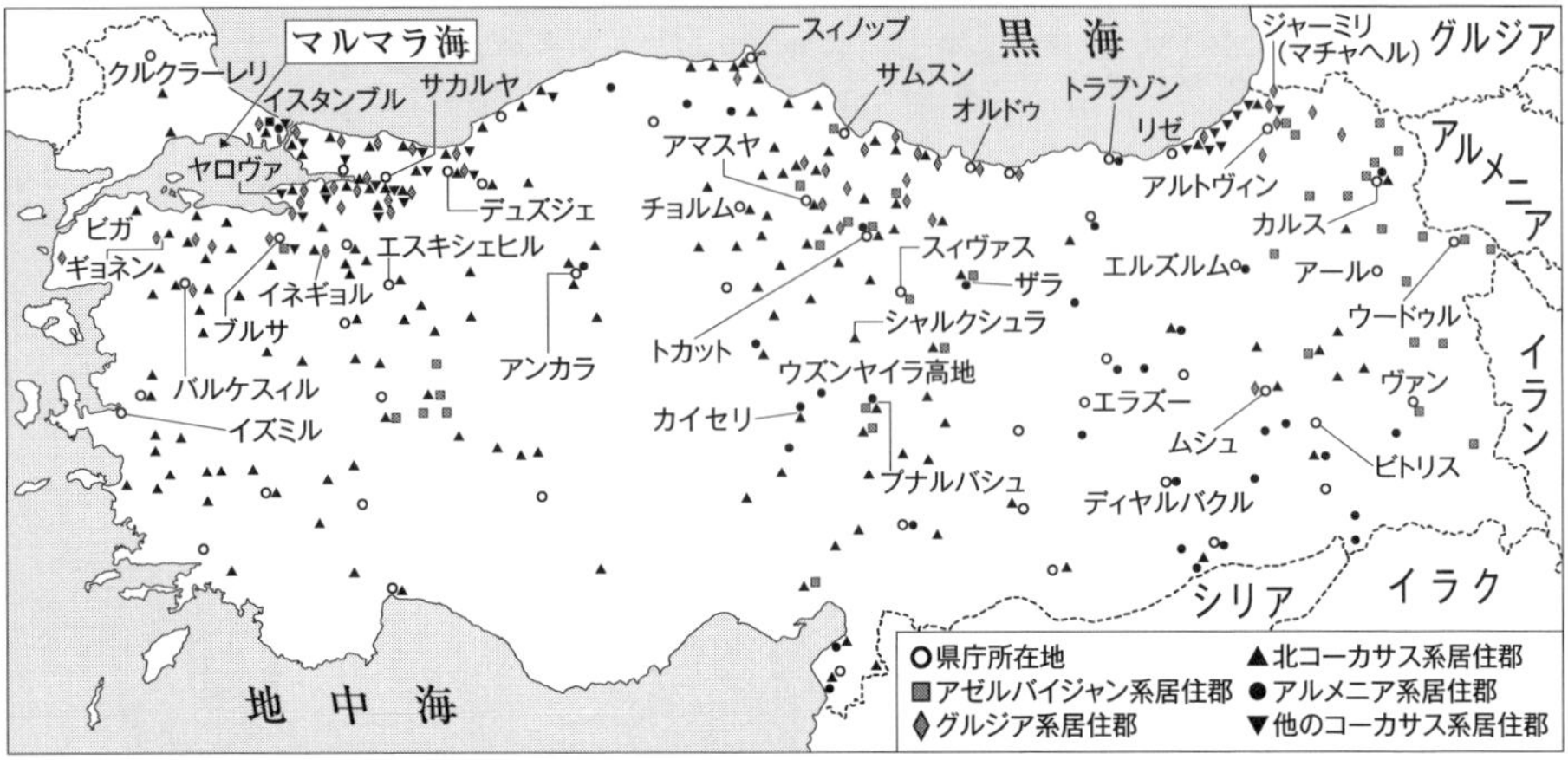

図6-3　トルコにおけるコーカサス系住民の居住地（Andrews, 1989をもとに筆者作成）

がごく当然なのですが――実践されていた舞踊は、「トルコ国の舞踊」という枠組みにおいては、県を基本とする行政区分ごとに分類されていきます。この中で、県をまたがった地域的つながりや、さらには後で触れる民族的な舞踊としての有機的なまとまりは分断され、それぞれ異なる種類として列挙されることになります。そのため、隣接する地域の県の舞踊には同じ名前を持つ舞踊が多いのですが、舞台上で国家舞踊として上演される場合には衣装や音楽、舞踊動作などがそれぞれ微妙に異なることになります。

その一方で、ある県にのみ特定の舞踊が残され、他県で踊られていた同一の舞踊はそのレパートリーに選ばれなかった舞踊も存在します。先に挙げた「シャーミル」などは、リゼやアルトヴィンなど東北諸県で踊られていましたが、カルス県の舞踊として残され、現在はほかの県の舞踊レパートリーには入っていません。カルス県のコーカサスの舞踊には、トルコ国内のさまざまなコーカサス系民族の舞踊文化を代表するような役割も与えられていたようです。

地理的にコーカサスに近いトルコ東北部の国家舞踊として、コーカサス舞踊が踊られていることは分かりました。こうした国家舞踊としてのコーカサス舞踊、すなわちカルス県に由来する国家舞踊は、トルコ国内のどの地域のトルコ国民も、踊りたいと思えば習得し、踊る機会を持つことができます。トルコでもナショナルアイデンティティを高めるために国家舞踊は有用とされており、その普及のために、政府管轄の多様なセクターで国家舞踊のレッスンを廉価で受けることができます。教育省管轄下の人民教育センター、総理府管轄の青少年スポーツセンターなどは各地区に存在し、地区住民の啓蒙のためのさまざまなプログラムとともに、国家舞踊のレッスンも行われています。もちろん八〇以上あるトルコの全県の踊りを一つのセンターで習うことは不可能です。基本的には、そのセンターの舞踊教師として契約している教師の出身地の舞踊あるいはその教師が通じている舞踊を習うことになります。

トラブゾン、クルクラーレリ、ディヤルバクルなど、人気のある県の国家舞踊はかなり定着しており、ほとんどのセンターで見受けられるレパートリーとなっています。コーカサス舞踊が含まれているアルトヴィン、カルス県の舞踊も、たいへん人気があり、やはりほとんどのセンターで習うことができます。そのためさまざまな県の舞踊を、地元に住んでいなくとも学ぶことができるのです。こうした政府諸機関は、国家舞踊を維持・活性化し続けるために、コンクールやフェスティバルなどのさまざまな場を設け、競い合わせることで踊る人々のモチベーションを高めようとしています。

しかし、このように画一化され、国家行事と直結している国家舞踊ではなく、日常生活により密着した形でのコーカサス舞踊となると、踊る人々は限定されます。トルコでは、結婚式などの通過儀礼は、通常出自に根ざした舞踊や音楽で祝われてきました。さまざまな出自を持つ人々が雑多に集まる都会ではその傾向は薄くなりつつありますが、出自を同じくする人々が集団で暮らす田舎ではまだまだ顕著にみられます。日常においてコーカサス舞踊を踊るのは、トルコ国民の中でもコーカサス系の血を持つ人々です。それでは、トルコにいるコーカサス系の人々とはどんな人たちなのでしょうか。

コーカサス系トルコ国民

まずトルコという国の民族構成や言語について、少し触れたいと思います。トルコ共和国(以下トルコ)はトルクメン、ウズベク、カザフ、ウイグルなどテュルク系諸民族(以下テュルク)の言語グループに属するトルコ語が国語です。しかし、国内にはトルコ語を母語としない人々も大勢います。アラブ、クルド、アレヴィー、ユダヤなどさまざまな民族あるいは信仰をともにする共同体が混成しているのが実態です。こうした下位集団は、その区分の仕方によっても異なりますが、およそ四〇はあるとされています。そして、この中にはコーカサス系諸民族も含まれます。トルコでは、ユダヤ、ギリシア、アルメニア教徒以外はマイノリティとして公式に認められていないため、こうした下位集団の人々は一般トルコ国民として何ら差別はない代わり、自らの言語で教育できる学校を持つ権利もありません。

憲法ではトルコ国民はすべて「テュルク」とされていますが、それが国民概念を指すのか民族概念を指すのかが曖昧であるため、さまざまな解釈を生むことで問題が生じてきています。こうした問題を先鋭化する法律に刑法三〇一条があります。これはテュルク性を何らかの形で侮蔑すると問われる罰則で、これにより二〇〇六年のノーベル文学賞受賞者オルハン・パムク(一九五二〜)を始め多くの知識人たちの発言や記事が問題視されてきました(二〇〇八年四月改正法案承認。テュルク性のかわりに新たに「テュルク・ミッレティ」の語が使われるが、ミッレトが国民も民族も表すため根本的問題は未解決)。この三〇一条に触れたとされたために、過度の(テュルク)民族主義者たちから、反感と憎悪の念を受け、身の危険にさらされる人々も多いのです。同法で執行猶予付きの罪状が科せられていたアルメニア系のフラント・ディンク(一九五五〜二〇〇七)はこうした犠牲者の一人で、二〇〇七年一月十九日に、自身が編集長を務めていたアゴス新聞社の建物入り口で射殺されるという、たいへん悲しい事件が起きてしまいました。ディンクの死を悼むデモや葬儀に多くの人々が参列したことは、こうした矛盾に対する社会の意識の高さを表しているともいえます。

また、建国以来の共和人民党による一党支配体制から多党制への移行で民主化が進み始める一九四五年以降、多くの民族系文化協会が出現し(中にはオスマン朝時代の民族系ネットワークを母体とするものもあります)、五〇年代に入るとさらにその数や活動は増加しました。これらはおのおの文化維持・継承・啓蒙・助け合い・機関誌発行、ネットワークの強化などに努めています。機関誌は、協会活動の中枢にいる人々の自民族の存在・歴史・言語・文化・位置づけなどに対する認識および啓蒙活動の変遷などを知るために極めて有益な資料であり、彼ら自身の活動の指針をよく示しています。また、舞踊や音楽といった文化活動は、個々人の主体的な参加形式をとるため、アイデンティティ強化の一装置として機能しているといえます。トルコでは民族別の人口調査は行われていませんので、現在のコーカサス系の人口を的確に捉えることは不可能ですが、それぞれの協会は、自民族のおおよその人口についての認識を持っています。ここではコーカサス系のうちチェルケス系、グルジア系、アルメニア系、アゼルバイジャン系、そしてアフスカ系という集団を取り上げ、各民族が自ら推定している人口も含めて集団ごとの概要と協会活動などを簡単にご紹介します。

まずは、北コーカサスから移住してきたチェルケス系トルコ国民です。チェルケスとは、狭義にはアディゲ、カバルダ系の人々を指すのですが、トルコでチェルケスという場合には、アブハズ系やチェチェン系、オセット系など、同じく北コーカサスから移住してきたほかの民族も含めての総体的な名称として用いられることが多いです。ここでも、特別に断らない限り、チェルケスの人々を後者の広い意味でとることにします。チェルケス系の推定人口は約一〇〇〜五〇〇万人と非常に幅広いのですが、約二〇〇万人台というのがだいたい妥当な線であろうとされています。国内には約九〇〇の村があります。彼らの多くは一九世紀中葉のロシアの南下で、北コーカサスからオスマン帝国領内に移住しました。現在はイスラームの性格が強いコーカサス基金や、世俗的な文化

図6-4　チェルケス系のコーカサス文化協会機関誌『ナルト』5号（1998年）

活動に力点を置くコーカサス連合など、いくつかのネットワークの流れがあります。そのうちの一つであるコーカサス協会連合は、アンカラを頂点として全国各地に五〇を超える支部があり、自文化の保存・継承・啓蒙活動はさかんです（図6－4）。

グルジア系の推定人口は約六万人とされます。彼らはテュルクがアナトリアの地に移住してくる以前から、トルコ東北部に住んでいる人々ですが、一八七七〜七八年の露土戦争で、その多くがオスマン帝国のより西部に移動しました。ブルサ、アダパザル、サカルヤ、スィノップなどマルマラ海、黒海西岸地帯とアルトヴィンなど北東部に、あわせて約六〇〇の村があるといいます。グルジアはキリスト教国ですが、現在トルコに住むグルジア系の人々は、イスタンブルにわずかに残るキリスト教徒のコミュニティを除き、ほとんどがムスリム化しています。グルジア系トルコ国民の文化活動の中枢を担った一人である建築家アフメト・オズカン（一九二二〜八〇）によって彼の郷里であるブルサ県ハイリイェ村に一九六六年に文化協会が形成されて以来、トルコ東北部およびグルジア南西部から移動してきたグルジア系の文化協会が移動先の各地に作られています（図6－5、アフメト・オズカン特集号、写真本人）。

アルメニア系の推定人口は六万から七万とされます。コーカサス系の中で唯一マイノリティとして認められているグループであり、トルコのコーカサス系集団の中では唯一のキリスト教徒集団です。一九一五年の強制移住の結果、東部にいた多くのアルメニア人たちが命を失う、あるいは国外に亡命する、現地のムスリムにかくまわれてムスリム化する、などの運命をたどっており、現在のアルメニア人たちの活動拠点はイスタンブルになっています。アルメニア民族学校があり、多くの子どもたちはここに通いますが、義務ではなく、普通の国立の学校に通うアルメニア系の子どももいます。音楽舞踊文化活動もさかんで、マラル舞踊団、タラル合唱・舞踊団、サヤトノヴァ合唱団などがイスタンブルで活動をしています。しかしながら、その舞踊活動はほかのグループに比べると若干異なる部分があります。ほかの集団がそれぞれの出自に基づいた舞踊の練習・公演を行っているのに対し、例えばタラル合唱・舞踊団では、アルメニア民族文化と関わりのない舞踊レパートリー（例えばギリシアのシルタキ・ダンス、カウボーイの踊りといった創作舞踊など）の練習も行われています。

図6-5　グルジア系の機関誌『チュヴェネブリ』56，57合併号(2005年)

アゼルバイジャン系は一三〜一五万人いるとされています。一八七七〜七八年の露土戦争におけるロシアへのカルス割譲によるオスマン帝国内部への移動、一九一八年ボリシェヴィキ革命やその後の人口交換によるカルスへの移動など、主に一九世紀初頭〜二〇世紀前半にかけて、ロシアの勢力が強まるにつれて、トルコ側への移住の波がありました。一九四九年アンカラに設立されたアゼルバイジャン文化協会は、機関誌「アゼルバイジャン」（図6-6）を発行してアゼルバイジャンとのネットワーク強化をはかる一方、舞踊などの文化活動も行っています。トルコが国民概念として採用しているとも解釈できるテュルク民族であるため、非テュルク系の民族に比べると、自らの民族アイデンティティ存続のた

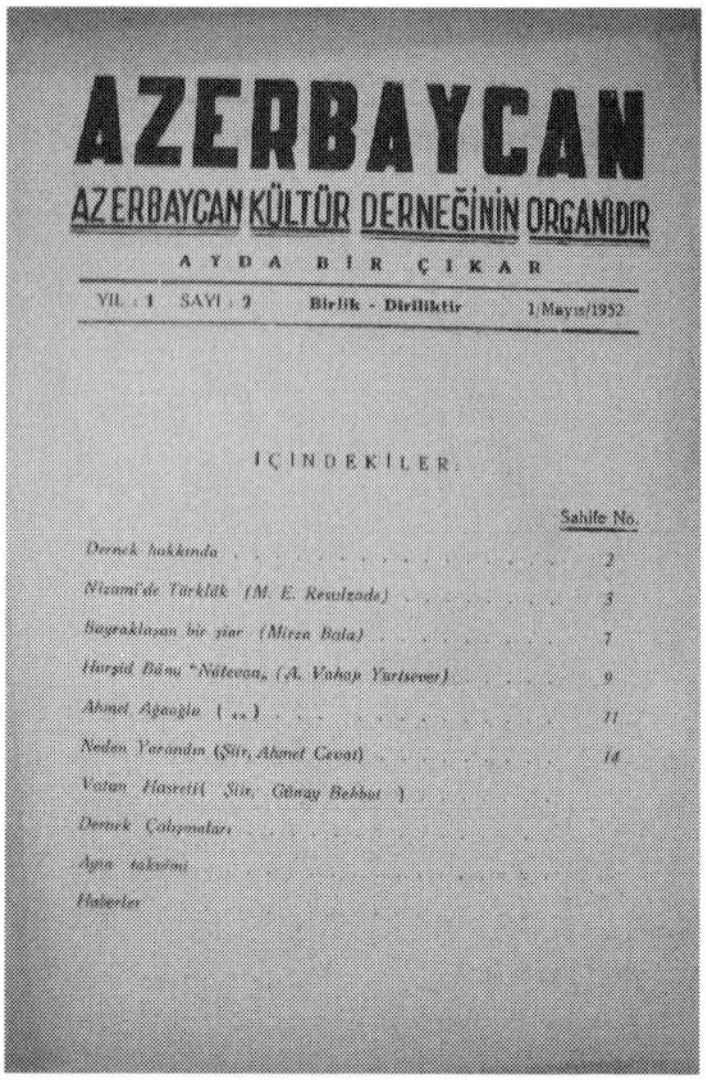
AZERBAYCAN
AZERBAYCAN KÜLTÜR DERNEĞİNİN ORGANIDIR
AYDA BİR ÇIKAR
YIL : 1　SAYI : 2　Birlik - Dirliktir　1/Mayıs/1952

İÇİNDEKİLER

	Sahife No.
Dernek hakkında	2
Nizami'de Türklük (M. E. Resulzade)	3
Bayraklaşan bir şiir (Mirza Bala)	7
Hurşid Banu "Nütevan" (A. Vahap Yurtsever)	9
Ahmet Ağaoğlu („)	11
Neden Yarandın (Şiir, Ahmet Cevat)	14
Vatan Hasreti (Şiir, Günay Bekbut)	
Dernek Çalışmaları	
Ayın takvimi	
Haberler	

図6-6　アゼルバイジャン系の文化協会機関誌『アゼルバイジャン』2号(1952年)

めの活動をする必要性をあまり感じていないようです。

アフスカ・テュルク系は、一九四四年スターリンによってグルジア南西部から中央アジアに移住させられました。メスヘティア・トルコ人という言い方がなされる場合もあります。一九六八年に帰還が許されますが、故地のグルジアの受け入れ態勢が芳しくなく、アゼルバイジャンなど同じテュルク系の国々に戻ってきました。トルコには一九九二年以降移民が始まり、現在約二万人のアフスカ系が住むとされています。トルコでのアフスカ系協会は一九九六年にブルサに初めて設立され、現在は国内に一五ほどの協会があります。二〇〇四年、アンカラに国際アフスカ連盟が設立され、国際的な互助活動を続けています。同じテュルク語系であるため、トルコには親近感を持っています。『ビズィム・アフスカ』という機関誌を発行しています(図6-7)が、協会レベルでの舞踊・音楽活動はまだありません(二〇〇五年現在)。

このほか、ムスリム化したアルメニア系といわれるヘムシン系、グルジア語系の言語を話すラズ系などトルコ東北部に多いコーカサス系の民族も存在します。

民族系文化協会による民族意識の構築

彼らは前述の各民族ごとの文化協会活動を通じて言語、食事、音楽、舞踊など自文化の維持・継承・発展・啓蒙に努めています。彼らの民族的活動および意識、アイデンティティなどについて、これからもう少し詳しく触れるのですが、その前に民族という概念について、少しだけ補足しておきたいと思います。

民族は国民に比べると、より本源的にみられがちです。しかし民族および民族意識という概念は、会社員や家族、帰依する宗教など一個人が持つ多様な属性の一つにすぎず、これらほかの属性と同様に、状況によってその有り様はさまざまに変化します。民族ごとの境界意識や対立意識なども、時世によって異なっていきます。しかし、民族という概念が本質的なものであるという見解に純粋にであれ故意にであれ根ざした多くの不和や紛争は、後を絶ちません。これはほかの概念にも当てはまることですが、当概念を時世ごとに必要な形に変形して、他者との差別化や他者の権利喪失を含んだ権利の獲得（および極端な場合には他者への意図的な攻撃も含みます。望むと望まざるとにかかわらず、何らかの権利を獲得しようとすれば、他者の権利の侵害は免れません）基盤として政治的に利用しようとする力学が働くためです。民族アイデンティティを正当化する資源としては血統や言語、慣習、歴史などが、やはり変形（解釈や認識の変化も含む）を伴いつつ、主に用いられます。自らを省みれば分かるように、私たちは明確な民族意識を生まれた時から持っているわけではありません。自らを取り巻く多様な外部要素の影響の中で、当該意識を身につけるかつけないか、あるいはその意識の持ち方の強弱とその定義を、状況に応じて選択していくものなのです。

図6-7　アフスカ系の協会機関誌『ビズィム・アフスカ』2号（2005年）

トルコの例に戻せば、後述する民族系文化協会は、今でこそ、それぞれ出自を同じくする民族同士が構成員で、協会内の活動に積極的に参加するという構図がありますが、設立当初の一九五〇~六〇年代には事情は異なりました。一例を挙げるならば、当時のチェルケス系文化協会の機関誌には、チェルケス系のみではなく、グルジア系の知識人たちも執筆をしていたのです。先に述べたハイリイェ村の文化協会の設立者でもありグルジア系の機関誌『チュヴェネブリ』の発行を始めたアフメト・オズカンは、こうした執筆者の一人で、アンカラの北コーカサス文化協会の定期刊行物『カフカスヤ』に、ほかのグルジア系たちとともにグルジア文化についての記事を数度執筆していました。

このように一九五〇年代に多くの民族系文化協会が設立された当初は、互いの境界が先鋭化していなかったようですが、ここ五〇年の間に、徐々にその境界がはっきりと示され、排他的な傾向を帯びてきている部分もあります。チェルケス系の場合は、アブハジア紛争の勃発など、故郷における自民族の悲劇への共感覚から、グルジア系とは特に九〇年代以降冷えた関係が続いていました。この現象は、現在民族同胞がマジョリティとして一定の権利を有して生きている場所、その中心地、そしてそこに生きる同胞たちの存在を主な帰属対象として生成された民族アイデンティティが、それぞれの帰属先の抱える問題をも取り込んでいる例の一つです。しかしこの冷えた関係は徐々に雪解けの方向にあるようです。

民族意識の形成の場として重要な要素の一つに民族系文化協会が挙げられます。ここではコーカサス系の中でも全国レベルでの強いネットワークを持つチェルケス系の文化協会を事例として、協会における民族意識啓蒙の様子、彼らの活動の中でも特に都市のチェルケス系の人々の舞踊・音楽活動と、それを通してみえるアイデンティティに焦点を当てたいと思います。なお、チェルケス系を含むネットワークには、北コーカサス文化協会などのようにイスラーム共同意識に根ざすものと、コーカサス基金などのように民族意識に根ざすものとの二つがありますが、ここでは前者を取り上げます。

彼らの文化保存活動の柱には、故郷である北コーカサス諸国とのネットワークも重要なものとして挙げられます。ソ連崩壊以降、それまで鉄のカーテンの向こうで遠い存在であった北コーカサスが、一挙に彼らにとって身近なものとなります。人々の往来、親戚探し……。ソ連崩壊以前にも、もちろん北コーカサスの情報は入ってきていました。舞踊でいえば、有名で実力のある舞踊団のビデオテープは人づてにトルコ国内に入り、協会の人々はそれを何度もみながら、自らの舞踊として練習をし、公演を企画してきたのです。近くて遠い故郷との接点を、そうした形で彼らは維持し続けていました。しかし、ソ連崩壊以降は、人や物の往来がより自由になり、現地とのより密接なコミュニケーションがとれるようになりました。これにより、隔絶されている間に広がってきた両者間の差異も明らかになりました。胸躍らせて故地を訪問したチェルケス系トルコ国民の多くは、ロシア化された故地のチェルケス人のさまざまな慣習の変化にとまどいました(これは、自分たちが維持してきたチェルケス文化との相違もありますが、自らが持つほかのアイデンティティの一つであるトルコ国民としてのさまざまな慣習との相違も含みます)。祖国への帰還の波も継続していますが、その数はそれほど多くありません。協会の民族理念に賛同して通ってくる協会メンバーの多くは中産階級が多く、自らの社会的位置あるいは経済的位置に何らかの形で満足しきれていない状態を感じています。しかし、故地の経済・社会情勢はさらに不安定要素が多いため、二の足を踏むのが大勢です。

一方、音楽・舞踊分野においては、積極的な現地文化の模倣が推進され続けました。協会は現地から有能な舞踊教師を招き、協会に所属する舞踊グループの育成に力を注ぎました。また、近年では舞踊のみでなく、合唱指導のためにも北コーカサスから音楽教師を招聘し、子どもたちに自言語の歌を教える活動も行われています。協会でのこうした活動に参加した若者たちは、参加後の民族意識を参加前に比べて同じ、あるいは強くなったと話します。日々の家庭での生活や非チェルケスのトルコ国民たちとのコミュニケーションの場ではあまり意識することのないチェルケスとしての民族意識が、協会活動を通じて強化されている一端がうかがえます。

協会参加者の血統――誰がチェルケスなのか?

チェルケス系の文化協会参加者には、血統、言語、歴史、集団として結束する上で重要な地理的中心など、個々人レベルでは同一ではないが、集団として共通性を保ち得るいくつかの特徴があります。そして、これらの認識や使用能力の再構築および統一が時世に適した民族観念の形成のために行われていることが、民族系協会活動の特徴の一つです。ここでは協会参加者の特徴の一つとして、血統という観点を例に紹介します。彼らの多くは、何らかの形でチェルケスとしての血統を持つ者が大多数です。しかしその血統の保ち方はさまざまです。

チェルケス系も含めトルコ国内の民族集団の中には親族ごとにスラーレと呼ばれる自言語での親族名称を持つものがあり、これは彼らの戸籍上の姓とは異なります。トルコでは一九三四年に氏姓制度が制定され、トルコ語あるいはトルコ語風の姓が用いられることが義務づけられるようになりました。しかしその三四年以降もスラーレは出自を同じくする者同士の間では、忘れられることなく用いられ続けています。通常は父方の血統が重視され、子は皆父方のスラーレを継承します。チェルケスの場合、母方のスラーレは引き継がれないため、非チェルケス(チェルケスは一般に非チェルケスのトルコ国民をテュルクと総称しています。自らの帰属意識が強い集団内――この場合父方のチェルケス――の差異には非常に敏感ですが、同じく帰属しているにもかかわらず帰属意識の稀薄な集団――この場合母方のチェルケス――の差異には無頓着であることがわかります)が母でも父がチェルケスであれば、その子はチェルケスとされ、父のスラーレを名乗ります。また、子どもにとっては引き継ぐ以上父親のスラーレがより重要になるため、母親のスラーレがすぐには思い出せない、あるいは日常生活において記憶していない人たちもいます。

では、母がチェルケスで父が非チェルケスの場合にはどうなるでしょう。これは家庭や周囲の環境によって変わります。父がチェルケス文化にさほど理解を示さず、母もチェルケスとしての出自をそれほど強く保持しようとしていない場合、チェルケスとしての自己認識が薄まる要因が多くなり、いくつか世代を経るとチェルケスの血は入っていても、自らをチェルケスと自覚しない者も多くなります。この場合、言語はもちろんスラーレの存在すら忘れられることが多くなります。しかしながら、その一方でチェルケス文化に理解があり、子どもをチェルケス系の文化協会に通わせるような家は、子どもへのチェルケス文化の教育は自ずとなされていきます。そして子どもは母方のスラーレを名乗ります。

協会の規定では、会員になるための出自の制約はありません。全くチェルケスの血が流れていなくとも、なりたい者は会員になれるのです。しかし、非チェルケスの人々はまずチェルケス系の文化協会に興味を示すことはありません。また、協会側も何らかの形でチェルケスの血が入っていることが分かる人々にきてもらいたいという希望があるようです。もちろん、メンバーになってもらいたい人々を、父母ともチェルケスである者や、父方がチェルケスである者のみに限定してはいません。実際、母方のみがチェルケスの者も、多数参加しています。さらに協会側は、血筋を遡ると、どこかでチェルケスも混ざっているということを親などから聞いて認識している人々にも参加してもらいたいと考えています。しかしながら、こうした人々は、普段の生活においてチェルケスとしてのアイデンティティはほかのアイデンティティに比して極めて低く、民族系協会活動にはまず関心を持ちません。

つまり、現在チェルケス系の協会にくる人々は、チェルケスとしての血統を純粋に保っているかどうかではなく（純粋に保っている人でも協会活動に参加しないチェルケス系の人々はたくさんいます）、非チェルケスの要素が混在していても自分はチェルケス系であるという出自の帰属意識をほかの帰属意識よりも強く持ち、出自を同じくする人々と集って自文化の中で過ごす時間を持ちたいと願う人々とその家族、あるいは将来強く持つ潜在的可能性が高い人々とその家族たちが多いといえます。

アイデンティティの所在

民族系文化協会におけるこれまでの音楽・舞踊活動では、舞踊・合唱教師の招聘、故国の舞踊・音楽レパートリーの習得、両国の舞踊グループの交流などが中心となってきていました。すなわち故国との交流を重視し、故国がロシア・ソ連時代より発展させ続けている音楽・舞踊の模倣を行うことで、故国のチェルケスたちと自分たちを同一視しようとする傾向が強くみられました（図6－8）。しかしながらこうした中で、彼らが徐々に失いつつあるものがあります。それは、一九世紀に移動してきた彼らの祖先たちがアナトリアの地へもたらした諸文化です。

幸いなことに、共同体内の誰もが参加できる舞踊は専門的な技術をあまり必要としないために、変化しつつも比較的残っている状態にあります。しかしながら、言葉の理解が必要な歌は忘れられつつあります。これは地域によっても差があります。チェルケス文化の保存状態が比較的よい内陸部のウズンヤイラなどでは、まだまだ多くの歌が残っており、そこの出身者の中にはまだまだたくさんの歌を歌えるという者もいます。しかし、大都市との交流が頻繁で、かつさまざまな移民集団とともに暮らしているデュズジェなどのトルコ西部地域出身者には、何一つ歌を歌えないという人々もいるのです。

専門的技術を要する楽器演奏の継承は舞踊よりも困難です。しかも、現在までかろうじて継承されてきたものは、コーカサスに一九世紀に入ってきたアコーディオンの類（チェルケスの人々は小型の「ムジカ」と呼ばれる

図6-8　チェルケス系ネットワークを束ねるコーカサス文化協会アンカラ本部の子ども舞踊グループの練習(2007年，撮影・筆者)

楽器を奏でます。特に一定年齢以上の女性にとっては、ムジカを弾くことはチェルケス女性としてのたしなみの一つとして、重要なものでした。無論このたしなみの始まりは一九世紀以降とごくごく最近なのですが)と、それ以前からリズムをとるのに使われてきた拍子板の類です。ムジカはメンテナンスが容易であったため、生き残ったとされていますが、ムジカが流入する以前からあったハープ属やリュート属の楽器類は、残念ながら楽器職人も奏者も途絶えてしまったとされており、楽器自体の保存もごくごくわずかです。

換言すれば、協会は自分たちの祖先が一九世紀にオスマン帝国の地に移動した際にもたらしたトルコ国内のチェルケス文化の「保存継承」を行っていたのではなく、ソ連・ロシアにおいて発展してきた故国の舞台上におけるチェルケス文化の「模倣継承」を行ってきたことになります。故国に強いシンパシーをみせる協会においては、ある意味では納得できる活動結果であるともいえます(他方、ラズなどのように自集団が主体となる故国を国外に持たない民族、つまり民族アイデンティティのよりどころとなる核を現時点で他国に求められない協会では、舞台舞踊は手本としたいものがないため発展せず、日常で自分たちが踊る舞踊を練習する傾向にあります)。

しかし、「協会の舞踊や音楽は、私たちの舞踊や音楽を表現してはいない」といいきるチェルケス系の人々もいるのです。そうした中で、現在、アナトリアの地に移住してきた自らの先祖たちがもたらした文化の保存・活性化に進む兆候が、協会レベルにおいても若干ながら認められつつあります。トルコは、コーカサス以上に古いチェルケス文化の様相を未だに留めているとされる点も多く、いわばチェルケス文化の変遷を知るための宝庫でもあるのです。写真(図6-9)はデュズジェのアブハズ系の村での結婚式の一場面です。近隣在住のアブハズ系の人々が集まって週末の二日間にわたって両者の結婚を祝いました。写真は二日目の午後で、集まった人々が輪を作り、その中心で祝いにかけつけた男女が体を触れ合わせることなくアプスアというアブハズ系の舞踊を踊っています。左の男性たちは長い板の前に一列に並んで、木片で板を叩いて、歌いながら拍子をとっています。その後ろにムジカを持った女性も小さくみえます。協会は彼らの通過儀礼に用いられるこうした踊りではなく、華やかで難技がたくさん含まれる故国の舞台上の踊りを重視する傾向にありましたが、今こうした芸能――踊りの動作側面のみでなく、踊りが踊られる場や、踊りを構成する伴奏楽器や歌、参加者などのさまざまな要素も含めて――の再評価が、より高まりつつあります。

アイデンティティの多面性およびその流動性

こうした下位集団としての民族意識と上位の国民意識とは、先に述べたようにそれぞれ異なるネットワークの属性ですから、両立は基本的に可能です。出自に根ざした文化活動を行う人々は、自民族の集団意識のみが強いような誤解を受けがちですが、ここでご紹介するように、必ずしもそういう例ばかりではありません。彼らは同系集団との連携も大切にする一方で、日常において異なる民族系のトルコ国民たちとも良好な関係を保ち、トル

図6-9　トルコ西部デュズジェ県のアブハズ系の結婚式(2007年8月，撮影・筆者)

コへの愛国心も高い人々が多いのです。

二〇〇五年九月三〇日、アブハジア戦勝記念行事の一環で、アブハジア文化互助協会の舞踊グループがイスタンブルのカデゥキョイで行ったパフォーマンスでは、トルコとアブハジアの二つの国旗を手に踊るアブハズ系トルコ青年を中心に舞台が締めくくられました。ここでは彼らは、この二つの旗で彼らの二つの属性を示しています。舞台上で彼らが着用している衣裳や踊っている舞踊、鳴り響く音楽は、チェルケス文化を表象しており、それらを表面的にみている限り、彼らのチェルケスとしての属性しか捉えることができません。しかし、最後の一シーンで二つの国旗が出ることで、彼らがアブハジアへの帰属意識を持つと同時に、トルコへの帰属意識も持つことが明らかにされるのです。

旗によるアイデンティティの象徴化は、舞踊の中でのみならず至るところに見受けられます。写真(図6-10)は二〇〇七年三月にアダパザルで行われた「コーカサスの夕べ」という行事の舞台に飾られているトルコ(左)とアブハジア(右)の国旗を写したものです。舞踊パフォーマンスの中だ

図6-10　トルコ西部アダパザル県でのアブハズ系の公演（2007年2月，撮影・筆者）

けではなく、さまざまな公演が舞台の上で繰り広げられる間中、二つの国旗は、彼らの属性を示すものとして機能し続けます。こうした出自関連の行事には、通常同じ出自の人々が集まるのがほとんどですが、貴賓として市長など行政に携わる人々も呼びます。出自に対する熱を帯びた参加者たちの思いとは距離のあるこうした外部からの貴賓の人々に対しても、飾られたトルコの国旗は、そこに集まった人々の属性の一つをポジティブに伝える重要なアイコンとなるのです。

二つの帰属意識は、旗だけで表されているわけではありません。チェルケス系文化協会で舞踊グループの主導的役割を果たしている青年たちは、協会外部で、二〇〇〇年以降トルコに登場し始めたプロフェッショナルな民俗舞踊グループにも参加しています。こうしたプログループは私営であるため、国家舞踊の範疇には現在含まれておりません。しかし、これらプロのグループの中核人物たちはトルコ政府が提供してきたさまざまな国家舞踊習得機関——例えば国立音楽院の民俗舞踊学科など——で民俗舞踊の練習をつんできた人々です。演目も、バレエなど世界的に知名度が高く普及している舞踊技術を織り込みつつ、国家舞踊がデフォルメされたものになっています。

すなわち、国家舞踊の普及に伴って確立されてきた舞踊の練習方法や、グローバルに普及している異種の舞踊技術、それらを表現できる身体の基礎トレーニング、舞台上での身のこなしや表情など、文化協会では学ぶことのできなかったさまざまな身体動作を彼らは身につけ、それを文化協会の舞踊グループの公演に還元しているのです。しかも、国外公演で、チェルケス以外のトルコ国民メンバーたちとともに舞台を踏み、トルコからの舞踊団として公演旅行をする間、彼らはトルコの舞踊団員としての誇りを感じます。それとともに、彼らが懐かしく思うのはトルコであり、日常の生活で家庭の食卓に上がるトルコ料理であり、早くトルコに帰りたいと思うそうです(チェルケス固有の料理は、都市のチェルケス家庭においては毎日作られるものではなくなっています。イスタンブルのアブハズ系文化協会舞踊活動に参加しているアブハズ系トルコ国民の少女たちが、アブハジア訪問時に朝食が重すぎて食べられなかったと私に話したことがありました。パンにオリーブ、チーズ、トマト、紅茶といった「トルコ国の」スタンダードな朝食に慣れている彼女たちは、朝から肉料理が出てくるのにたいそう驚いたそうです。血統としてチェルケスであることを自らのアイデンティティの一つとして自認する彼女たちですが、この会話で示された彼女たちの食文化とそれに対する好みは、一般トルコのものであり、トルコ国民としてのアイデンティティの方が強く現れています)。

彼らは、プロの舞踊団にて、コーカサス舞踊部分の重要な役割を担うという、出自文化(彼らが自らの文化として長年習得してきた故国の舞台舞踊)の外部への還元も行っていました。故国の舞台舞踊を踊れるということは、協会における彼らのアイデンティティのよりどころの一つであったのと同様、プロの舞踊団においても自分がコーカサス系であるというアイデンティティの証となっていたのです。しかし、これらプロの舞踊団には、二〇〇六年からコーカサス出身の舞踊手が入り始め、二〇〇七年には団員として舞台に出るという現象が起き、波紋を広げています。技術水準の高いコーカサスからの舞踊手たちに「(トルコでは)コーカサスの舞踊に他者よりも通じている」立場を危うくされたチェルケス系トルコ国民の若者たちの中には、自分たちの舞踊であるとこれまで疑いもしなかった故国の舞台舞踊と自らの関係を、見直し始めている者もいます。常に揺らいでいるアイデンティティに、一つの衝撃が加わって、その所在が別の場所に移り出す場面の一つといえるでしょう。

まなざしの向け方

すでに述べたとおり、コーカサス系トルコ国民の文化および文化活動は、協会レベルにおいてはソ連・ロシアのシステムの中で発展してきた故国文化の模倣継承が主流でした。しかしながら、彼らの日常を彩る舞踊や音楽は、こうした故国文化の模倣継承とは異なるものであり、中にはより古い形をとどめているものも多く、中高齢層を中心に、彼ら自身の中で再評価が行われ始めてきています。このようなコーカサス系トルコ国民の草の根文化、いわば民衆舞踊や民衆音楽のさらなる調査は、コーカサス本国の舞踊・音楽との比較研究を行う上で、極めて重要な発見が多くできる可能性に満ちあふれていると考えられます。

トルコの民俗舞踊や音楽は作者不詳であることが前提とされるため、舞台上における過度の振付や技術は避けられる傾向にありました。そのため、ルーツを同じくする舞踊でも、トルコとコーカサス諸国の表演形態には大きな差が生まれています。一見すると、コーカサス諸国の表演形態は名人芸が多く、舞台芸術として高度に発展したものが多くみられます。一方、トルコにはできるだけ村での表演形態に忠実な形を舞台上でも再現することが好ましいという見解があるため、当然ながら目をみはるような派手な名人芸というものは発展しにくい構造が生じます。例えば、グルジアの舞踊ホルミは、トルコ側でも国立舞踊団のレパートリーに入っていますが、その表演形態はグルジアとはかなり異なります。

音楽についても同様です。音楽活動を行っているグルジア系イベリヤ・オズカン（先述のアフメト・オズカンの息子、一九五六〜）と歌手バヤル・シャヒン（一九六五〜）が現地調査の末に組織した老人たちによるマチャヘル合唱団（図6-11）は、トルコ国家主導の音楽活動ではありませんが、その表演形態はトルコにおける民俗音楽の規範を踏襲しています。彼らは全員アマチュアで、その唱法も舞台用に脚色したものではなく、村で歌われている形そのものを舞台にそのままのせるという方法がとられています。これに対してグルジアの舞台合唱は、一般にはすでに高度に舞台化されてしまっています。

こうした両国の表演形態の差異は、巧拙や文化の高低の問題として捉えるべきではなく、舞踊や音楽を取り巻く理念・制度・変形プロセスの問題として捉えるべきでしょう。二〇〇二年にトビリシ音楽院の主導でトビリシにて開催された世界ポリフォニーフェスティバルにトルコから参加したマチャヘルの合唱団の歌を聞いて、「私たちが失ってしまった歌がまだ残っていた」とグルジアの合唱関係者が感動したというエピソードは、高度に舞台化された歌唱法を高く評価してそれを代表文化として打ち出すだけではなく、トルコがこれまでしてきたように、過度の脚色をせず共同体レベルで維持されている歌唱法をも評価する態度に通じるものです。トルコの事例をみることは、コーカサスにおける舞踊や音楽に関わる理念・制度・変形プロセスが、コーカサス文化がとることのできる唯一可能であった選択肢ではないことを再認識させ、異なる諸制度や理念の下で、どのように同類の文化が異なる変形プロセスをたどるかという興味深い研究結果を導き出すためにも、極めて有益かつ重要であると考えられます。

図6-11　Maçahela: Georgian Vocal Music From Turkey, Bayşah Müzik, 2002.

トルコは表現の自由や少数民族の権利などがEU加盟に向けて徐々に整いつつある途上にあり、こうした民族系文化活動を組織的に運営する人々は法の改善を注視しています。しかしクルド系やアルメニア系の一部あるいは彼らの立場を擁護するような発言をした人々が表現の問題などで告発されるのをみている彼らは、強行的な手段で民族性や権利を強調しようとは考えません。そのため、国外などから安易に分離主義者とか虐げられた人々と判断する他者に困惑する場面にも遭遇します。

　こうした状況には、私たちも無関係ではありません。私はトルコにいるコーカサス系の人々と出会うようになってから一〇年になりますが、その間彼らの喜びや悲しみ、さまざまな感情について聞いてきました。聞くということは、受動的であるようで、実は話し手に対してもかなりの影響を与えます。話を聞いての私の反応や素朴な質問などに対して彼ら自身も反応を示し、自分たちの活動に反映させている部分があります。彼らとともに、眼前にみえる切り取られたある情報を取り囲むさまざまな状況に対する想像力や寛容性を持ち、よりよき将来を導くための前向きな行動を模索する姿勢が大切でしょう。私たち自身も彼らの文化と将来に影響を与える要因の一つなのです。

〈参考文献と解説〉

コーカサス諸国の音楽・舞踊関連のうち本章で楽譜を引用した文献。

- Komitas, *Armenian Sacred and Folk Music*, Surrey: Curzon, 1998.

ガヤネーの楽譜例。

- Aram Khachaturyan, *Gayaneh: First suite from the ballet for big symphony orchestra*, Moscow: State Music Publishers, 1959.（組曲版）
- Aram Khachaturyan, *Gayaneh*, Moscow: State Publishers "Muzyka", 1988.（ボリショイ版）
- 『ハチャトゥリアン　ガイーヌ　第一組曲』、全音楽譜出版社、二〇〇三年。（組曲版）
- 『ハチャトゥリアン　ガイーヌ　第二組曲』、全音楽譜出版社、二〇〇五年。（組曲版）
- 『ハチャトゥリアン　ガイーヌ　第三組曲』、全音楽譜出版社、二〇〇三年。（組曲版）

ガヤネーのＣＤ例。

・Aram Khachaturian, *The Gayaneh Ballet*（チェクナヴォリアン指揮）ＢＭＧビクター（BVCC-8905～6）（原典版）Aram, Khachaturian, *Gayne*（ゴルコヴェンコ指揮）ビクターエンタテインメント（VICC-6008～9）（ボリショイ版）

トルコ共和国の民族集団について。

・Peter Alford Andrews ed., *Ethnic groups in the Republic of Turkey*, Wiesbaden: Ludwig Reichert Verlag, 1989.

トルコの舞踊についてナショナリズムと絡めて論じた文献。

・Melissa Cefkin, "Choreographing culture: dance, folklore, and the politics of identity in Turkey," PhD dissertation, Texas: Rice University, 1993.

・Arzu Öztürkmen, *Türkiye'de Folklor ve Milliyetçilik*, İstanbul: İletişim Yayınları, 1998.

・Nahoko Matsumoto, "Folk Dance Activities and Nationalism in Turkey," *Annals of Japan Association for Middle East Studies* 18/1, 2003, pp. 53–94.

トルコのグルジア系に関する外国語文献例

・Paul J. Magnarella; with contributions by Ahmet Ozkan. *The peasant venture: tradition, migration, and change among Georgian peasants in Turkey*. Cambridge: Schenkman Pub. Co., 1979.

近年執筆されたトルコのチェルケス系に関する外国語文献例。

・Ayhan Kaya, "Political Participation Strategies of the Circassian Diaspora in Turkey," *Mediterranean Politics*, Vol. 9, No. 2 (Summer), 2004, pp. 221–239.

・Ayhan Kaya, "Türkiye'deki Çerkes Diasporası: Diasporada Kültürel Tözünün Yeniden Üretimi," Gönül Pultar ve Tahire Erman ed., *Türkiye Kültürleri*, Ankara: Tetragon, 2005, pp. 225–248.

・Ayhan Kaya, "Cultural Reification in Circassian Diaspora: Stereotypes, Prejudices and Ethnic Relations," *Journal of Ethnic and Migration Studies*, January, 31 (1), 2005, pp. 129–149.

日本語によるトルコ国内のチェルケス系に関する文献。

・宮澤栄司「知られざる悲劇と歴史のはざまで――チェルケス人の「大追放」」鈴木董他編『カフカース　二つの文明が交差する境界』彩流社、二〇〇六年。

・宮澤栄司「ウズンヤイラ高原のチェルケスにおける故郷の原風景の再構築——村名と名付けにみる「記憶の風景」と「記憶としての風景」」『オリエント』第五〇巻、第一号、二〇〇七年、一二八—一五五頁。
トルコのコーカサス系で、自民族系の出版物以外の媒体に掲載された自民族の音楽・舞踊関連
・İberya ÖZKAN, "İberya Özkan ile Gürcü müziği üzerine söyleşi," *Folklora doğru.* 1996, Vol. 62: pp. 227–244.

＊　本章の一部は、平成一八年度国際交流基金知的交流フェローシップ（派遣）の助成を受けた調査「音楽・舞踊活動に見るトルコ国民のアイデンティティの多面性——コーカサス系を中心に」および平成一九年度東海大学文明研究所個別プロジェクトの助成を受けた調査「揺れる民族概念　音楽・舞踊行動に表象されるアイデンティティ——混血トルコ国民を例として」の成果の一部を反映しています。

あとがき

本書編集が終盤に差し掛かった二〇〇八年八月、コーカサスで再び民族間紛争の悲劇が繰り返されました。八月七日夜に軍事作戦を発動したグルジア軍は旧南オセチア自治州の州都ツヒンヴァリを攻略。対して、ロシアは一月前に北コーカサスで大規模な軍事演習を終えたばかりの第五八軍を動員し、グルジア領内に侵攻しました。ロシア軍はグルジア軍を撤退させるだけでなく、中部から西部にかけて広い範囲でグルジアを占領し、軍事施設などの徹底的な破壊活動を繰り広げました。犠牲者の実数は詳細には明らかにされていませんが、死者だけでも双方合わせて数百名以上にのぼったと考えられています。残念ながらコーカサスで再び流血の大惨事が繰り返されてしまいました。

その後、事態は表面的には安定していますが、コーカサス全域での治安の悪化が懸念されています。本書でも明らかにしたように、コーカサスで起こっている民族紛争の多くは、地域固有の問題ではなく、周辺国を含めた地域システム全体の問題であり、また「国際社会」そのものが原理的に抱えている問題でもあるのです。したがって、コーカサスの問題は、決してこの狭い地域の中で解決できるものではありません。ユーラシアの心臓部に位置するコーカサスの命運は、トルコやロシア、イランといった隣国、さらには世界の平和と安定に責任を持つすべての国の関心事です。今回の事件では改めて「国際社会」の無力さが露呈してしまいましたが、地域全体の平和構築を真剣に考慮しなければならない時期にきているといえるでしょう。

本書では、また、近代という時空が消し去ろうとする文化の多様性や伝統的周縁の豊かさについても注目しました。文化・政治・経済・歴史・宗教といったあらゆる分野において、万華鏡のようにさまざまな側面をみせるコーカサスには、狭い地域ゆえにぎっしりと詰まった知的魅力が溢れています。雄大な自然と優美な文化の魅力そのものは本書では十分扱うことはできませんでしたが、読者諸氏には関連書籍の講読を是非お勧めします。

本書出版の契機になった公開講座から本書刊行まで二年以上の時間を要してしまいました。これは在外研究などにかこつけた、ひとえに編者の怠慢によるものです。優れた原稿の準備に余念のなかった執筆者各位にお詫びするとともに、「多様な」述語も含めて細部にわたって検討の労を惜しまなかった北海道大学出版会の滝口倫子、今中智佳子両氏ならびに素晴らしいデザインと図版を制作してくれた伊藤薫氏に深く感謝申し上げます。

平成二〇年一一月三日

コーカサスの人々の平和と繁栄を祈念しつつ

編　者

索　引

＊詳しく述べられている人名・地名等を中心とした見出し索引である。

執筆者紹介

前田弘毅（まえだ　ひろたけ）
所　属―北海道大学スラブ研究センター客員准教授
大阪大学世界言語研究センター特任助教
専門分野―コーカサス地域研究、イラン・グルジア史

宇山智彦（うやま　ともひこ）
所　属―北海道大学スラブ研究センター教授
専門分野―中央ユーラシア近現代史

廣瀬陽子（ひろせ　ようこ）
所　属―静岡県立大学国際関係学部准教授
専門分野―国際政治、コーカサス地域研究

北川誠一（きたがわ　せいいち）
所　属―東北大学大学院国際文化研究科教授
専門分野―東洋史、現代コーカサス研究

松里公孝（まつざと　きみたか）
所　属―北海道大学スラブ研究センター教授
専門分野―旧社会主義諸国の政治と歴史

中村唯史（なかむら　ただし）
所　属―山形大学人文学部准教授
専門分野―ロシア文学、ソ連文化論

松本奈穂子（まつもと　なほこ）
所　属―東海大学教養学部専任講師
専門分野―音楽学、舞踊学

北海道大学スラブ研究センター
スラブ・ユーラシア叢書 5
多様性と可能性のコーカサス——民族紛争を超えて
2009 年 3 月 25 日　第 1 刷発行

編著者　前 田 弘 毅
発行者　吉 田 克 己

発行所　北海道大学出版会
札幌市北区北 9 条西 8 丁目北大構内(〒 060-0809)
tel. 011(747)2308・fax. 011(736)8605・http://www.hup.gr.jp/

㈱アイワード

ISBN 978-4-8329-6702-1

スラブ・ユーラシア叢書について

「スラブ・ユーラシア世界」という言葉は少し耳慣れないかも知れません。旧ソ連・東欧地域と言えば、ああそうかと頷かれることでしょう。旧ソ連・東欧というと、どうしても社会主義と結びつけて考えたくなります。たしかに、二〇世紀において、この広大な地域の運命を決定したのはソ連社会主義でした。しかし、冷戦が終わり、社会主義がこの地域から退場した今、そこにはさまざまな新しい国や地域が生まれました。しかも、EU拡大やイスラーム復興のような隣接地域からの影響がスラブ・ユーラシア世界における地域形成の原動力となったり、スラブ・ユーラシア世界のボーダーそのものが曖昧になっている場合もあるのです。たとえば、バルト三国などという地域名称は冷戦の終了後急速にすたれ、その一部は北欧に吸収されつつあります。こんにちの南コーカサスの情勢は、イランやトルコの動向を無視しては語れません。このようなボーダーレス化は、スラブ・ユーラシア世界の東隣に位置する日本にとっても無縁なことではありません。望むと望まざるとにかかわらず、日本は、ロシア極東、中国、朝鮮半島とともに、新しい地域形成に関与せざるを得ないのです。

以上のような問題意識から、北海道大学スラブ研究センターは、平成一八年度より、研究成果を幅広い市民の皆さんと分かちあうために本叢書の刊行を始めました。今後ともお届けする叢書の一冊一冊は、スラブ・ユーラシア世界の内、外、そして境界線上で起こっている変容にさまざまな角度から光を当ててゆきます。

北海道大学スラブ研究センター

キズリャル
ズドク
チェチェン
テレク川
カスピ海
アクタウ
グデルメス
グロズヌイ
ナズラン
アルグン
シャリ
ハサビュルト
ウルス・マルタン
ヴェデノ
マハチカラ
テブロス山
(4,494m)
ギムルィ
イングーシ
ダゲスタン
デルベント
パンキシ渓谷
トビリシ
アラザニ川
ミンガチェヴィル湖
アゼルバイジャン領
アゼルバイジャン
アルメニア領
セヴァン湖
バクー
ヴァン
クラ(クル)川
ナゴルノ・カラバフ
ハンカンディ
アラス川
アゼルバイジャン領
ナヒチェヴァン
ナヒチェヴァン
自治共和国
イラン